EXTRATERRITORIALIDAD
DEL
DERECHO EXTRANJERO

HORACIO DANIEL PIOMBO

Extraterritorialidad del derecho extranjero

Aplicación de su método a todas las ramas

Colaboradores

ANALÍA CONSOLO • EUGENIA LUNQVIST • HORACIO J. J. PIOMBO
JORGE SANTI • BRUNO TONDINI • RODOLFO VIZCARRA

Prólogo de
ALEJANDRO ALDO MENICOCCI

ASTREA
BUENOS AIRES - BOGOTÁ - PORTO ALEGRE
2020

Piombo, Horacio D.
Extraterritorialidad en el derecho extranjero / Horacio D. Piombo
1ª ed. - Ciudad Autónoma de Buenos Aires: Astrea, 2020.
296 p.; 23×16 cm.

ISBN 978-987-706-352-3

1. Derecho Internacional. I. Título

CDD 341.42

Astrea está indexada como Editorial de Calidad Científica
con Claro Prestigio Internacional (Fondecyt).

Esta obra ha sido evaluada conforme a los estándares internacionales de calidad científica de referato externo, con sistema doble ciego.

Lavalle 1208 - (C1048AAF) Ciudad de Buenos Aires
(54-11) 4382-1880 - 0800-345-ASTREA (278732)
www.astrea.com.ar - editorial@astrea.com.ar

La edición de esta obra se realizó en Editorial Astrea, y fue impresa en su taller, Berón de Astrada 2433, Ciudad de Buenos Aires, en la segunda quincena de agosto de 2020.

Queda hecho el depósito que previene la ley 11.723
IMPRESO EN LA ARGENTINA

A nuestros padres y madres o a su memoria,
porque, además de darnos vida,
amor y educación, nos legaron
la percepción de los valores y el entusiasmo
que guiaron esta empresa intelectual

PRÓLOGO

Alguna vez leímos –ya no recordamos la autoría– que un prólogo puede incurrir en dos vicios: anticipar el índice de una obra u ofrecer su síntesis. Trataremos aquí de evitarlo, siendo fieles a la primera acepción del vocablo que, según el Diccionario de la Real Academia, es aquel *texto preliminar de un libro [...] que sirve de introducción a su lectura*. En esta función signada por la utilidad, presentamos la obra del profesor platense y sus discípulos.

No es por azar que el comienzo de la sistematización del derecho internacional privado haya tenido lugar con Federico Carlos de Savigny, el más grande representante de la Escuela Histórica del Derecho, y quizá el más grande jurista de todos los tiempos. Y ello porque, como señaló hace casi cien años Gutzwiller, en *Droit international privé, "l'histoire est tout"*.

Emulando a Savigny, el profesor Horacio Daniel Piombo y un reconocido grupo de autores advierten que la presencia de la extraterritorialidad del derecho extranjero (el dato sociológico) no se ciñe al estricto marco del derecho privado, sino que lo trasciende, para constituir un efecto común a los derechos público y privado. Este fenómeno otorga al derecho internacional privado el honor de exportar su primer método constitutivo –indirecto– a la totalidad del mundo jurídico. De alguna manera –y como el título de la obra lo anticipa– hablamos hoy de un derecho de la extraterritorialidad, presidido por un "enfoque unitario de todo lo que la extraterritorialidad signifique".

La obra del profesor platense da cuenta que la extraterritorialidad del derecho, restringida al ámbito privado, se explica solo por las razones históricas de la codificación civil. Como apuntara González Campos, los primeros nidos donde se alojó el derecho internacional privado fueron los Códigos Civiles (europeos y latinoamericanos) y ello aparejó la exclusión de lo "no civil"; concretamente, las relaciones mercantiles, las de derecho público y las de derecho procesal. Este alojamiento, útil para el tratamiento de las relaciones de derecho privado de carácter mixto, funcionó con una eficacia similar a la de Cerbero, impidiendo la entrada de la realidad no civil en el tratamiento de la extraterritorialidad y la salida de su método originario hacia aquella. Y por los efectos –aún vigentes– de la exégesis, tal limitación se proyectó a los ámbitos teórico y académico.

Es hora de superar el corsé que, paternalmente, la historia brindó al derecho internacional privado y darle un nuevo rol al pensamiento. La obra comienza concibiendo primeramente un sistema de actuación del derecho extranjero fuera del tradicional esquema abarcado por la aplicación de la ley, extendiéndose al reconocimiento genérico de actos administrativos y jurisdiccionales extranjeros y la validación de criterios de aceptación y de reconocimiento de lo jurídico extranjero empleados por otros Estados. Y decimos que hay que dar nuevamente un lugar al pensamiento –o la razón– en tanto reclamación de un marco teórico, porque en la realidad –como de manera incontrovertible se exhibe en la obra– una parte importante del derecho público, presente en la misma génesis del derecho internacional privado, ya lo hace.

El objetivo, ocioso es destacarlo, se presenta como sumamente complejo y requiere, con carácter imprescindible, de la teoría general del derecho. La herencia del profesor GOLDSCHMIDT es reconocida y tributada, y esta circunstancia –que afortunadamente, los estudiosos del derecho internacional privado no ignoran– invita a fortalecer los andamios ante el extraordinario crecimiento del edificio por sostener. Tal es la consigna: repensar el fenómeno de la extraterritorialidad, su proyección actual y una vocación común de los derechos público y privado: afianzar la dignidad de la persona humana. Aquella –afirma PIOMBO– ha sido impedida de dar todos los frutos que es capaz de producir en beneficio de la humanidad.

A las tradicionales exposiciones doctrinarias de actuación de derecho extraño al foro en tres casos –aplicación, reconocimiento y ejecución de decisiones jurisdiccionales extranjeras y validez de actos relacionados con el estado civil de las personas– se suman otros que constituyen una aplicación (actuación directa) o reconocimiento (actuación indirecta) o la muy reciente "asimilación de efectos". Pues más allá de la actuación del derecho extranjero mediante una conexión competencial, se presentan otras formas, tales como la colaboración o cooperación para que un procedimiento extraño al foro logre su finalidad, o validación de actos de autoridad llevados a cabo por un funcionario extranjero o perteneciente a otra jurisdicción con plenos efectos en la jurisdicción local. Estas modalidades (y otras) son examinadas pormenorizadamente para exhibir las posibilidades teóricas de la extraterritorialidad en su dimensión amplia, en su manifestación en todo el mundo jurídico, con el aporte imprescindible de la parte general del derecho internacional privado.

La extraterritorialidad –concluye Piombo– representa un camino propio de la teoría general del derecho para articular los diferentes sistemas jurídicos, con su faceta externa –en un proceso de microintegración de sistemas que se complementan para generar la norma aplicable– e interna –enfocando la problemática propia del tratamiento del derecho extranjero y de las normas de contenido directo que abordan el tema–. Cada rama del derecho que aloja en su ámbito situaciones mixtas cuenta con la posibilidad de aprovechar el arsenal teórico que no es patrimonio exclusivo del derecho internacional privado.

Una obra esperada, original y que, sin duda, generará múltiples encuentros y desarrollos futuros.

Arroyo Seco, 8 de marzo de 2020, Día Internacional de la Mujer.

Alejandro Aldo Menicocci

RESUMEN

La realización de la justicia reclama, al ser el individuo humano un género único, la utilización de categorías y cartabones más omnicomprensivos al compás de la mayor unidad que posibilita el vigoroso progreso en las comunicaciones. Pero también el empleo de métodos que sirvan para superar diferencias puramente formales cuyo alcance dependa de contingencias meramente locales.

Uno de ellos es el que conduce a armonizar componentes oriundos de los diferentes sistemas jurídicos que las ideas de soberanía y exclusión territorial modelaron durante siglos. Tiene un nombre inconfundible y que suena con particular energía, como es el de "actuación extraterritorial del derecho extranjero". Su misión es mantener indemne la personalidad del hombre, ante la multiplicidad de sistemas jurídicos (WERNER GOLDSCHMIDT). Precisamente, este libro aspira a transmitir una visión de esa extraterritorialidad adecuada a los tiempos que corren. En rigor, nunca como ahora esa noción había sido tan intensamente movilizada y multiplicada en sus efectos. Centralmente por la actuación en red de Estados y organismos internacionales; pero también difundida en su alcance por los acuerdos interestatales, los sistemas de transmisión de datos y el comercio internacional. Todo esto en una medida tal que impone cambios copernicanos, primordialmente en la percepción de sus funciones, en la apreciación de sus perspectivas y en el alcance de sus doctrinas.

Con franciscana modestia intelectual, los autores anhelan transmitir lo que estiman esencial de este particular fenómeno jurídico.

Palabras claves: ley extranjera, extraterritorialidad, funciones que puede asumir el derecho extranjero.

ABSTRACT

The realization of Justice demands, being the human individual a unique gender, the use of more omnicomprensive categories and bevels to the beat of the greater unity that enables vigorous progress in communications. But also the use of methods that serve to overcome purely formal differences whose scope depends on purely local contingencies.

One of them is the one that leads to harmonize native components of the different legal systems that the ideas of sovereignty and territorial exclusion modeled over the centuries. It has an unmistakable name and that sounds with particular energy such as "extraterritorial action of foreign law". Its mission is to keep the personality of man unscathed, given the multiplicity of legal systems (WERNER GOLDSCHMIDT). Precisely, this book aims to convey a vision of that extraterritoriality appropriate to the times that run. In fact, never before has this notion been so intensely mobilized and multiplied in its effects. Centrally due to the networked action of States and international organizations; but also disseminated in its scope by interstate agreements, data transmission systems and international trade. All this to a degree that imposes Copernican changes primarily in the perception of their functions, in the appreciation of their perspectives and in the scope of their doctrines.

With Franciscan intellectual modesty, the authors wish to convey what they consider essential of this particular legal phenomenon.

Keywords: foreign law, extraterritoriality, functions that can be assumed by the foreign law.

ÍNDICE GENERAL

C) Características

D) Despliegue funcional

CAPÍTULO II

CONDICIONANTES EN LA EXTRATERRITORIALIDAD

Capítulo III

VICISITUDES EN LOS ÁMBITOS ESPECIALIZADOS

A) Perspectiva desde lo penal

B) Facetas extraterritoriales que exhibe la actividad fiscal

C) Derecho previsional: la caída de las restricciones a la extraterritorialidad

D) Expansión internacional del derecho administrativo

CAPÍTULO IV

LIMITACIONES FORMALES A LA EXTRATERRITORIALIDAD

CAPÍTULO V

LA MATERIALIZACIÓN DEL DERECHO INTERNACIONAL PRIVADO COMO FACTOR GRAVITANTE

Capítulo VI

PERSPECTIVA FUNCIONAL DE LA EXTRATERRITORIALIDAD

A) Despliegue de su problemática

B) El tema en el siglo XXI

Capítulo VII

CONSECTARIOS

INTRODUCCIÓN

§ 1. ***Horizonte de la tarea.*** – No es usual mostrar la extraterritorialidad del derecho extranjero de la manera que aquí se lo hace. En la literatura más difundida, ella se perfila circunscripta al momento en el que el derecho extranjero es aplicado en el ámbito interno. En cambio, este trabajo la concibe como un fenómeno de instancias sucesivas que se acoplan mutuamente exhibiendo al menos dos momentos estelares. El primero de ellos es cuando se produce el fenómeno de microintegración del derecho propio con el derecho extranjero en un plano aledaño al del derecho internacional público. El segundo, cuando se configura la producción de efectos centrales en el sistema jurídico al cual la solución importada es llamada a insertarse, asumiendo funciones gravitantes en una totalidad crecientemente interdependiente.

Esta labor procura poner de manifiesto que las restricciones opuestas a la universalización de la extraterritorialidad, casi siempre montadas sobre argumentos de arcaica contextura, resultan hoy doctrinalmente estériles y, por ende, carentes de real interés. Esto acompañado en todo momento del objetivo de subrayar las vinculaciones metodológicas que rodean la presencia del elemento jurídico extranjero, recalando en este punto especialmente en las que se relacionan con el derecho internacional público y la teoría general del derecho.

Es que no cabe perder de vista la particular ocasión que torna oportuno llevar adelante el cometido, dado que la rama del mundo jurídico que había adoptado la extraterritorialidad como su método característico, o sea, el derecho internacional privado, la ha relegado a ser solo una parte de su objeto que ahora se estima complejo y distinto.

§ 2. ***La clave del desafío.*** – La tarea se dirige hacia el más formidable aporte al mundo jurídico realizado por la cultura europea durante la Edad Media.

Allí y entonces, con la finalidad de favorecer el intercambio comercial en el marco de una incipiente economía capitalista, los glosadores propusieron admitir la aplicación del derecho extranjero para mantener la unidad de la ley regulatoria de la capacidad de los comerciantes, en peligro de operar fragmentadamente por la división en burgos y señoríos dotados de autonomía legislativa. Desde luego que esto significó un paso decisivo hacia la universalización de los derechos.

Paulatinamente, tal actuación de una ley extraña al foro amplió su perspectiva a todos los estamentos de la sociedad, abarcando también tópicos referidos a obligaciones y contratos y al derecho de familia. Empero, esa mayor extensión no significó que su abordaje fuera sistemáticamente parejo, habida cuenta de que mientras respecto de la etapa de inserción interna se elaboraron estructuras teóricas de particular nivel técnico –tal como las concernientes a las problemáticas del orden público y del reenvío–, en el marco doctrinal referido al fenómeno mismo de la extraterritorialización quedaban soslayados los temas de mayor generalidad vinculados al derecho internacional. Esto, pese a que la aplicación de la ley extranjera implica, primero, un reconocimiento de la existencia de otro Estado –reconocimiento, por cierto, distinto del instaurado como acto diplomático por el derecho emergente de la Paz de Westfalia–, y segundo, también un reconocimiento a la existencia, dentro de la estructura identificada como estatal, de órganos competentes para crear, validar u homologar reglas de derecho.

Ante la existencia de tal engarce internacional, a cuya significación se añade que el componente extranjero aparece solo condicionado, en principio, por el orden público del país donde tiene lugar su inserción, torna hacedero que la extraterritorialidad, que reclama la universalidad del derecho, sea operativa en todas sus ramas. Esto conduce a que el método indirecto extravase el continente de la materia dentro de la cual ha sido tradicionalmente encapsulado –identificada con la equívoca denominación de derecho internacional privado–, para poder ser estimado, por medio de su plasmación concreta que constituye la extraterritorialidad, como un verdadero patrimonio común de todo el ordenamiento, integrando así la teoría general del derecho, junto con otros temas centrales como la estructura de la norma jurídica o la naturaleza del acto ilícito. De esto se desprende que las restricciones a la aplicación o al reconocimiento de ese derecho extranjero, articuladas sobre las bases del distinto objeto o finalidad de las normas o de las instituciones, carecen de verdadera operatividad impediente. Otra consecuencia es que las ramas del mundo jurídico –acudiendo al método indirecto como también a las normas directas que conforman el orden público internacional y a los preceptos de extranjería propios del área de que se trate– irán perfilando la faceta internacional de cada materia –estas denominadas como “asignaturas” en la pedagogía propia de la enseñanza jurídica–, que se conjugarán para operar en el espacio común que comienzan a dibujar el derecho internacional y el derecho interno, espacio identificado por la presencia de elementos propios de un derecho global[1].

Al abarcar la posibilidad de actuación del método de la extraterritorialidad del derecho extranjero todo el espectro jurídico, resulta de importancia capital establecer qué funciones desempeña en ese vasto ámbito, como también la incidencia que estas tienen en los distintos sectores, no solo para establecer su alcance operativo, sino también, por el análisis de sus efectos, contribuir a determinar el área objetiva de la rama que incorpore esa función. Vale tener muy presente que si bien la actuación de la ley extranjera fue, en un principio, el impulso totalizador de una rama del derecho identificada desde el siglo XIX como derecho internacional privado, actualmente tal sector jurídico apunta, según las doctrinas de mayor predicamento, al tratamiento de los casos o controversias que contengan elementos extranjeros o al de las situaciones relacionadas con el tráfico jurídico externo de un determinado sistema de derecho.

La anotada situación conduce, en el plano de los estudios, a postular una metodología en la cual prima el enfoque unitario respecto de todo lo que la extraterritorialidad signifique. Esto, sin desatender que, dadas sus características, se trata de un método fundamental de generación normativa que, por su naturaleza y conforme se ha puntualizado, tiene plena vinculación con la teoría general del derecho. También, por los procesos de reconocimiento e integración, la extraterritorialidad se vincula con el área del derecho internacional público. A su vez, el derecho internacional privado, como disciplina dotada de una parte general enderezada a la problemática de la actuación del derecho extranjero (ver § 3 y 107),

[1] Ver, entre una literatura que se perfila como frondosa, Oslé, *¿Qué es el derecho global?*, p. 105 y siguientes.

es el ámbito donde debe tener asiento el estudio de los problemas inherentes a la aplicación concreta del derecho perteneciente a otro país, o inherentes al reconocimiento de los actos y procedimientos emergentes de otra jurisdicción, o a la validación de situaciones ya reconocidas por otro Estado o sistema jurídico[2].

Al correrse el telón del aislamiento respecto de otras ramas del mundo jurídico, la sumatoria de fenómenos de actuación extraterritorial muestra que ella cumplimenta una importante cantidad de funciones. Fundamentalmente, asumir decisivo protagonismo en la defensa de la persona humana y en el aseguramiento de algunos de los principales presupuestos de la paz, de la libertad y del comercio internacional.

§ 3. ***Proyección teórica.*** – Hasta la presente división temática, la extraterritorialidad ha sido observada desde la perspectiva que brinda su despliegue práctico. Sin embargo, tal como se señaló, la variedad y alcance de la problemática que suscita su actuación permite también conjeturar posibles repercusiones en la parte general del derecho internacional privado dentro de una perspectiva conflictualista (ver § 2).

En verdad, la noción de "parte general" de una rama del mundo jurídico lleva consigo la idea de ser el sector que mejor expresa la consolidación técnica de esa rama. Configura la porción estructural que de manera más concluyente patentiza la homogeneidad lógica, ontológica y valorativa del material agrupado, o sea, la posibilidad de generar hilos conductores que otorguen al todo la necesaria dosis de unidad y cohesión. Mediante una especialización creciente se ha llegado a las decenas de asignaturas que exhiben los currículos universitarios; pero solo un grupo reducido de ellas cuentan con partes generales de sólida conformación donde se concitan las cuestiones comunes a todo lo que participa de la esencia de la materia[3]; así, las edificadas en el ámbito del derecho penal a

[2] Para complementar lo aquí dicho, remítase el lector a los § 53 y 69.

[3] Esa nota se da con relación al derecho penal (ver www.iberley.es/temas/general-derecho-penal-46551). Tal porción de la construcción jurídica también se identifica con la idea de "nociones fundamentales" (Gómez, *Nociones fundamentales de derecho penal. Parte general, adaptado al EEES*). Cuando de los derechos civil y comercial se trata, la referencia suele dirigirse a "nociones generales introductorias" [conf. Saux (dir.), *Tratado*, t. I].

partir del delito, y en el marco del derecho civil, con apoyo principal en el sujeto de derecho y en el negocio jurídico.

El derecho internacional privado pertenece a este último grupo, puesto que muestra una parte general compleja, cuyo acrecimiento por agregación de nuevas problemáticas se produjo en un tiempo históricamente breve, de poco menos que un siglo. Incluso, en épocas más cercanas a nosotros se incorporaron esfuerzos de metodización, sobresaliendo por mucho la construcción de Werner Goldschmidt acerca de la inserción de la problemática general en el marco de la concepción normológica. Casi paralelamente, se concretaron los sustanciosos debates a que dio lugar la recepción del pluralismo metódico de origen doctrinal francés, con profundas repercusiones en orden al objeto del derecho internacional privado (DIPr). Posteriormente, advino la doctrina hispánica que centra el objeto de la materia en el tráfico jurídico externo del Estado, ocasionando esta idea reverberaciones en algunas de las estructuras clásicamente incorporadas a la disciplina. Más allá de todo esto, excepto el protagonismo que paulatinamente va adquiriendo el acto jurisdiccional, de común sucede que sólo los tópicos propios de los derechos civil y comercial y de la ayuda interjurisdiccional ocupan la atención de los aportes ocurrentes en ese espacio intelectual. No obstante, lo expresado puede dejar de ser reflejo de la realidad en un tiempo próximo, si atendemos a la ocurrencia de situaciones jurídicas que estimamos asumen particular impacto en la formación conceptual de la materia en trato. Así las cosas, pese a la brevedad que se impone en esta parte introductoria, entendemos conducente mencionar por lo menos dos.

Primeramente, la formación de un sistema de actuación del derecho extranjero fuera del tradicional esquema abarcado por la aplicación de la ley, extendiéndose al reconocimiento genérico de actos administrativos y jurisdiccionales extranjeros, y la validación de criterios de aceptación y de reconocimientos de lo jurídico extranjero empleados por otros Estados. Nuevas formas de actuación que perfilan canales vinculatorios en organismos internacionales conducen a fenómenos hasta ahora prácticamente desconocidos, como la inserción automática de reglamentaciones, o la más común encarnada en la difusión internacional de actos o disposiciones mediante mecanismos *ad hoc*, tal como ocurre con la aspersión en distintos ordenamientos estatales o subnacionales del requerimiento de auxilio jurisdiccional motorizado por estructuras intergubermentales.

También la réplica seriada de una normativa por el carril de la actuación en red de organismos interestatales o, incluso, privados con trascendencia internacional. Con esa actuación, diversificada y en todas las ramas constitutivas del ordenamiento jurídico, resulta indetenible el reacomodamiento de la extraterritorialidad que pasa a ser no solo un mecanismo de vinculación puesto en marcha por órganos jurisdiccionales locales, sino una avalancha de procedimientos de conexión que se originan en otros Estados y en organizaciones internacionales.

En segundo lugar, una parte importante del derecho fiscal y del administrativo, sin reparar en el sistema de ley aplicable, toma como existentes actos, contratos y personas jurídicas con tal de que un Estado extranjero vinculado a esas situaciones o hechos les otorgue alguna forma de validez. Con esto último queda delineada una extraterritorialidad de dos velocidades. La clásica, en la cual tienen su lugar el análisis de las problemáticas que emergen de la aplicación del derecho extranjero (reenvío, cuestión previa, etc.) y aquella que ya aplican, por ejemplo, los organismos que hacen a la praxis del derecho penal fiscal y económico donde, más allá de los temas concretos de la autenticidad y comprensión idiomática, solo gravitan las cuestiones concernientes a calificaciones y, en particular, el fraude a la ley que esos organismos tienen como misión combatir.

Atento a esas incontrastables realidades, cabe asumir que necesariamente debe ocurrir, en el análisis a nivel de parte general, al menos un reacomodamiento estructural (o de ubicación) del estudio de los temas enunciados, de cara a un futuro no lejano, donde lo internacional será el ingrediente de más vivo acrecimiento en todas las ramas del mundo jurídico.

Capítulo Primero

APROXIMACIONES

A) Introducción

§ 4. ***La constelación temática en derredor de la extraterritorialidad.*** – La labor de que dan cuenta estas páginas no contiene nuevas concepciones teóricas. Su aporte, pequeño por cierto, se circunscribe a sugerir y ensayar un rumbo distinto en la percepción de ciertos temas fondales enclavados actualmente en el derecho internacional privado.

El sendero seguido fue propicio para efectuar una mirada sobre el significado actual de algunos temas no totalmente explorados, tales como el papel del derecho internacional público en la generación de la respuesta jurídica interna, la incidencia de la teoría general del derecho en la consideración del método indirecto, las particularidades de la extraterritorialidad en el marco del derecho fiscal o las funciones que asume la importación del derecho extranjero. Mirado desde el derecho internacional privado puede afirmarse que lo elaborado conforma una visión externa de esa rama en su concepción clásica, esto es, distinta de la perspectiva centralmente interna contemplada en los tratados y manuales usuales en los países de derecho de raíz latina.

El tema central es la extraterritorialidad del derecho extranjero. Significa la aplicación por magistrados o funcionarios locales de leyes originadas en otros sistemas jurídicos; también, el reconocimiento de efectos en el orden local de actos y procedimientos concluidos por autoridades extranjeras en cumplimiento de sus leyes o la validación de los criterios que al respecto pueden cobijar otros Estados. La idea fundante de la extraterritorialidad constituye el más significativo aporte que el pensamiento medieval europeo efectuó a la aceptación universal de los derechos de cada ser humano. En épocas más cercanas, dio lugar a la formación de la teoría de la norma indirecta, elemento básico de la parte general del derecho internacional privado denominado conflictualista, cuya estructura permite ordenar y sistematizar los problemas que apareja la introducción del derecho extranjero –disímil en principios y en fuentes de validez–, con miras a mantener armonía con el resto del derecho del Estado receptor.

La visión antes apuntada –que alcanza envergadura jusfilosófica en el marco de la doctrina trialista del mundo jurídico acuñada en el siglo XX por Goldschmidt– debe ser conectada en el siglo XXI con otra faceta de la problemática, concretamente la marcada por el derecho internacional público, presente en la génesis misma de la extraterritorialidad. En efecto, no debe echarse en saco roto que esta, al producirse merced a la integración de dos o más ordenamientos jurídicos nacionales, presupone, conforme se adelantara, tomar como existentes y valederos un Estado extranjero, sus órganos jurídico-productores y las reglas emergente de estos. A su vez, en la medida que la extraterritorialidad del derecho extranjero se basa en una integración que compromete los ordenamientos que se vinculan, excede notoriamente el marco alcanzado por una rama de la enciclopedia jurídica; incluso aquella operó a la manera de un primer puente entre el derecho interno y el derecho internacional y actualmente tal integración es permanente por el carril de una praxis inveterada y común a todos los Estados. Se impone tomar razón de que no se trata de una solución limitada, propia de una rama especializada, sino de un camino que emerge con la amplitud propia de las herramientas de la teoría general del derecho. O sea que la extraterritorialidad configura un verdadero patrimonio común del mundo jurídico[1], pródigo en efectos multisistémicos, exteriorizados en la pluralidad de funciones que asume (ver § 98) y que, al propio tiempo, son las que resultan atribuibles al derecho internacional privado, tomado este en el sentido tradicional de la expresión. Convergemos con quienes aseveran que habría una simplificación si se proclamara que las relaciones horizontales internacionales entre Estados las gobierna el derecho internacional público, porque una cualidad del derecho internacional en sus di-

[1] Nos inspiramos para esta denominación en la Convención sobre la Protección del Patrimonio Mundial Cultural y Natural del 16/11/1972.

versas manifiestaciones es el ser "multicapa", plasmándose vínculos verticales entre sectores distintos como lo nacional y lo local y entre lo estatal y lo privado[2].

§ 5. ***Resistencias opuestas al avance del derecho extranjero.*** – Pese a que la idea de extraterritorialidad fue difundida atendiendo a un objetivo beneficioso para todo el género humano –como era conservar la capacidad de las personas en los desplazamientos internacionales y asegurar los derechos adquridos con miras a posibilitar el comercio transfronterizo–, su despliegue ha enfrentado una fuerte resistencia que no ha disminuido. Incluso, en pleno siglo XXI, centuria en la que ya existe conciencia arraigada de que la extraterritorialidad es *condicio sine qua non* para que funcione, con dimensión universal, el derecho humano más importante luego del derecho a la vida, que es el de ser considerado persona, o sea, sujeto portador de derechos. La observación de los intereses en juego resalta la existencia de una conjunción de valoraciones negativas –ligadas con el territorialismo, los nacionalismos, la defensa de las instituciones tradicionales, el temor ante al posible predominio de los imperialismos y de las corporaciones transnacionales, así como con los intereses profesionales de operadores y enseñantes, los conflictos políticos y las guerras económicas–, que han desencadenado restricciones, limitaciones y exclusiones que perjudican la operatividad de las funciones que tiende a satisfacer la extraterritorialidad del derecho extranjero. Dentro de la materia indicada sobresalen:

a) Eliminación de la extraterritorialidad en sectores importantes del denominado derecho público.

b) Reducción del ámbito gravitante de la extraterritorialidad a la resolución de casos controvertidos o litigiosos.

c) Esmerilamiento de la importancia de la extraterritorialidad por la "materialización" del derecho internacional privado.

d) Opacidad al separar la extraterritorialidad de aquellas operatorias de sometimiento parcial a un derecho extranjero determinadas convencionalmente (imposición a las filiales de una empresa multinacional de las reglas de buen comportamiento exigidas

[2] Basedow, *The law of open societies*, "Recueil des Cours. Collected Courses", vol. 360, p. 35 a 41.

por la ley que rige el desenvolvimiento de la casa matriz; esto es, *compliance*; remitimos al § 21).

e) Insuficiencia en la enseñanza brindada en sede universitaria para comprender cabalmente la dimensión actual de la extraterritorialidad.

Se advierte, entonces, una actitud reduccionista del alcance natural de la importación del derecho extraño al foro, con tendencia a producir notorio aislamiento con relación a los fenómenos de transnacionalización que ocurren en otras ramas de la enciclopedia jurídica distintas de los derechos civil y comercial (p.ej., derechos penal, previsional, tributario y administrativo), generando esto incerteza, al grado de no permitir conocer el exacto alcance del método que ha caracterizado, desde su origen medieval, al conflicto de estatutos y actualmente al derecho internacional privado.

§ 6. ***El reto de la transnacionalización.*** – Otro tema fondal fluye de la problemática consignada con el literal *c* del parágrafo anterior, desde que la transnacionalización ha invadido todos los sectores del espectro jurídico, provocando –incluso– un fenómeno de fusión entre derecho internacional y derecho interno, por ejemplo, en sectores como derechos humanos, crímenes contra la humanidad y arbitraje internacional. Un examen de las posiciones materiales en derecho internacional privado, traducidas en el poblamiento de esta disciplina con reglas de policía o de derecho uniforme, demuestra que en realidad aquellas constituyen propuestas que conciernen a la organización de las ramas transnacionales en cada uno de las materias abarcadas, actualmente representadas, de manera predominante, en sectores de los derechos civil, comercial y de la navegación. O sea que se produce una superposición de áreas de análisis entre los estudiosos del derecho internacional privado y de las disciplinas jurídicas que operan por los andariveles de la acrecida internacionalización ocurrida en temas tales como compraventa internacional, mercado de capitales, seguros marítimos y aeronáuticos e inversiones extranjeras.

Desde el mirador didáctico y pedagógico los temas antes señalados no significan que su estudio y explicación, por razones basadas en una mejor comprensión, no pueda ser abordado en el área del derecho internacional privado, al cual sí le compete –por antonomasia– todo lo que atañe a la problemática de la inserción del derecho extranjero en el derecho local. Pero sí importa advertir que la extraterritorialidad, por su autonomía, no puede estar condicionada en su alcance por elementos provenientes de hontanares generadores de normas materiales (derecho uniforme, de extranjería, etc.) que se incorporen a los programas de estudio como componentes de la rama o sector articulado con los contenidos asignables al derecho internacional privado.

§ 7. ***Las notas de complejidad.*** – Bucear en la extraterritorialidad del derecho extranjero en pleno siglo XXI resalta la existencia de un fenómeno complejo, puesto que coetánemente operan el reconocimiento de actos cumplidos –también actos registrados[3]–, así como las actuaciones transfronterizas originadas por autoridades extranjeras y las decisiones emergentes de organismos internacionales que llevan a cabo funciones de administración de una actividad o de un recurso operando en red con los países miembros[4]. Esto último es de particular interés, si tenemos presente que los Estados gravitantes en el escenario mundial pueden procurar, mediante las organizaciones internacionales, la realización de objetivos que no puedan plasmar por sí a raíz de la oposición interna a sus políticas[5], en particular la que se manifiesta en sede parlamentaria[6]. Retomando aquel derecho ajeno al sistema jurídico local pero activado por este, remarcamos que asume funciones tales como asegurar el reconocimiento de la prerrogativa a ser considerado persona, potenciar al individuo poniéndolo en condiciones de construir su propio orden en materia de derechos de contenido económico, fortalecer la igualdad y la no discriminación, formar intelectualmente en orden al respeto de los derechos y garantizar el acceso a la jurisdicción en todos los foros nacionales. Repárese que la sumatoria de esas funciones indica la medida de la importancia del sector de que se trata, esto es, la porción abarcada por la extraterritorialidad del derecho originado en ajena jurisdicción y, con ello, la utilidad que brinda al resto del mundo jurídico. Más

[3] Complementar lo aquí dicho con lo desarrollado en el § 53.

[4] Complementar lo aquí dicho con lo desarrollado en el § 69.

[5] Benvenisti, *The law of global governance,* "Recueil des Cours. Collected Courses", vol. 368, p. 59 y siguientes.

[6] Ramírez León, *El control parlamentario y el rediseño de las políticas públicas,* particularmente p. 56 y ss.; Faus, *Los cierres de la Administración pública estadounidense provocados por desacuerdos congresionales entre demócratas y republicanos*, "El País", Madrid, 20/1/2018.

aún, la determinación del alcance de estas funciones lleva a lo que constituye otro tema fondal al que se procura dar respuesta: concretamente qué sectores jurídicos abarca y para qué sirve al abogado la extraterritorialidad del derecho extranjero, sector que representa la porción esencial del derecho internacional privado en su concepción conflictualista. Incluso, la determinación de las funciones, que no son otra cosa que los efectos institucionales de la disciplina, arroja luz acerca del objeto del derecho internacional privado, área controvertida[7] que, naturalmente, pierde una porción de su gravitación cuando la extraterritorialidad, como método de construcción institucional y de solución de controversias, se inserta en el ámbito de la teoría general del derecho. Asimismo, la extraterritorialidad tiene la virtud de mostrar que toda fragmentación del mundo jurídico que obedezca a la ubicación en el plano interno o en el ámbito internacional de un tema, responde a motivos de forma que, por cierto, desaparecerán en algún momento de la historia y que solo pervivirán en el tiempo las especializaciones que fincan en la captación de la esencia y particularidades de las problemáticas, lo cual, por cierto, permite crear agrupamientos homogéneos y aptos para producir cambios en avance.

§ 8. ***Programa por desarrollar.*** – En consonancia con lo expresado, este trabajo desarrolla un programa que consta de los siguientes pasos.

a) Explicar qué es la extraterritorialidad y en qué sectores este concepto ha experimentado un redimensionamiento.

b) Analizar qué limitaciones la restringen.

c) Reseñar cuál es su alcance en un contexto de transnacionalización.

d) Qué funciones asume[8] (o qué utilidad brinda) en el siglo XXI.

[7] Bücher, además de afirmar que el derecho internacional privado está lleno de complejidades e incertezas, observa que las discusiones sobre su método son encaradas con pasión sin ser seguidas de la insoslayable comprensión (*Cours général de droit international privé,* "Recueil des Cours. Collected Courses", vol. 341, p. 27).

[8] Barrios de Ángelis anota que hay dos conceptos de "función", una como causa o capacidad de funcionar y otra la como consecuencia (eficacia, conjunto de actos producidos por aquella capacidad). En el texto el empleo del vocablo gira en torno a este sentido, que se aproxima al uso cotidiano de tareas que cumple u objetivos que realiza o satisface (*El proceso civil, comercial y penal de América*

El logro que se anhela consiste en que no se perciba a la extraterritorialidad de la ley extranjera simplemente como un esquema, sino que se la vivencie como método de integración de distintos sistemas legales, tendiente a fortalecer valores fundamentales como justicia, igualdad, no discriminación, libertad, cooperación y seguridad, cumpliendo funciones que son esenciales para el progreso del derecho y la realización de la personalidad jurídica del hombre en un hábitat que trasciende todas las fronteras nacionales.

B) Sitial de la problemática

§ 9. ***Coordenadas básicas. Interrogantes fundamentales.*** Tomamos como punto cardinal que guiará lo sustancial de la tarea el derecho internacional privado.

Empero, tal coordenada opera con una advertencia: vamos a dejar de lado la mayoría de las estructuras que hoy caraterizan a ese sector, concentrándonos en la que dio origen a esa parcialización del derecho. Consiste ese aporte, conforme se ha acotado, en que una relación jurídica nacida en el ámbito de un ordenamiento estatal determinado, unida al derecho que la rige y le da sentido desde su nacimiento, sea admitida, sin perjuicio de que su validez pueda ser contestada, en otro ordenamiento distinto. Este fenómeno, dentro de un contexto de distribución espacial del poder político, tal como tuvo lugar con el feudalismo y luego con la creación del Estado moderno a partir de la Paz de Westfalia, es conocido como extraterritorialización de la ley. En su inicio fue la aplicación de una preceptiva oriunda de otra comarca dentro del marco político trazado por el Sacro Imperio Romano Germánico, es decir, una solución de carácter interlocal que actualmente hallaría paralelo en situaciones propias de los sistemas federales con competencias legislativas retenidas por parte de las unidades subnacionales. Luego, en las centurias posteriores, la aplicación se convirtió en la actuación de un derecho extranjero, esto es, de otra entidad soberana. En su perspectiva actual, la extraterritorialidad abraza no solo la aplicación de la norma extranjera por las autoridades del

---

Latina, p. 59). Bertolino señala que cada dato debe ser examinado en su función, debiéndose tener en cuenta, a su respecto, el fin y el resultado (*El funcionamiento del derecho procesal penal*, p. 9 y siguientes).

país receptor, sino el reconocimiento[9] e incorporación[10] de actos dictados por autoridades foráneas, como también la inserción directa en el orden jurídico del Estado de decisiones y procedimientos producidos por los mecanismos propios de una organización internacional, cuando estos son recibidos y puestos en práctica por los Estados miembros en sus relaciones recíprocas. El reconocimiento mira hacia el pasado, a una aplicación ya hecha; mientras que

[9] Lehmann explica que "hay reconocimiento cuando una situación jurídica registrada en un documento o una inscripción tiene efectos en otro Estado sin que este último identifique y controle el derecho aplicable a dicha situación jurídica" (Lehmann, *El reconocimiento: ¿una alternativa al derecho internacional privado?*, "Cuadernos de Derecho Transnacional", vol. 8, nº 2, oct. 2016, p. 240 a 257). En rigor, el articulista postula extender este modo de importación del derecho extranjero sosteniendo que "el reconocimiento sirve, en cierta medida, como sustituto al método tradicional del derecho internacional privado". En esta inteligencia Lehmann recuerda que la Comisión Europea "realizó dos propuestas diferentes en su *Libro verde* de 2010. Primero, sugirió suprimir la apostilla y otros procedimientos de legalización de los actos extranjeros [...] los Estados (entonces) deberían aceptar que un órgano administrativo del Estado de origen sea el verdadero autor de un documento. En este caso, los Estados reconocerían la autenticidad del documento (*instrumentum*), sin que puedan exigir la entrega de textos adicionales que prueben su autenticidad. La segunda propuesta de la Comisión es (que) los Estados miembros deben reconocer el contenido de un documento o una inscripción, es decir, su *negotium*. Así, un Estado debería aceptar que una persona natural tenga el apellido que consta en un acto administrativo extranjero, sin necesidad de verificar cuál es el derecho aplicable al apellido o el contenido de este derecho. Según el *Libro verde* de 2010, sería suficiente el hecho de que otro Estado miembro haya otorgado el apellido. Si se llevan a cabo estas dos propuestas, el reconocimiento tendría potencial para reemplazar el conflicto de leyes" (ver especialmente p. 243).

No cabe duda que esta posición se vincula con la usual en la extraterritorialidad que articula el derecho fiscal internacional, conforme se verifica en los trabajos de los profesores Tondini y Santi incorporados en § 53 y 54.

[10] En la Cumbre de Tampere (Finlandia), llevada a cabo en octubre de 1999, concretamente los puntos 33 a 36 de las conclusiones de la presidencia erigieron el reconocimiento mutuo de las resoluciones judiciales en materia civil y penal en piedra angular de la cooperación judicial en la Unión Europea. Sobre esta base se solicitó al Consejo y a la Comisión la adopción de un programa de medidas destinadas a poner en práctica tal principio antes de diciembre de 2000 (punto 37). El 26 de julio de 2000 la Comisión presentó al Consejo y al Parlamento una comunicación sobre el reconocimiento mutuo de resoluciones en materia penal, aprobándose al respecto unas orientaciones en el Consejo Informal de Ministros de Justicia y de Interior de Marsella del 28 y 29 de julio de 2000 (Ybarra Bores, *La implantación del principio de reconocimiento mutuo en el ámbito de las sanciones administrativas pecuniarias en la Unión Europea*, "Revista Electrónica de Estudios Internacionales", nº 11, 2006, p. 1).

la aplicación tiene puesta su mirada en el futuro, hacia un hacer. Por ello, una y otra están hermanadas y en el fondo no son sustancialmente distintas.

La actuación del derecho extranjero también presupone una consecuencia íntimamente vinculada con la problemática del derecho internacional público: el reconocimiento de las fuentes de ese orden extranjero, pues, de otra forma, no podría decirse que lo aplicado constituye derecho. También importa en este peldaño previo la determinación de si esta integración con el derecho extranjero[11] se realiza en el marco de una rama especial del mundo jurídico o en un ámbito mayor, considerándolo producto de un método con emplazamiento en la teoría general del derecho[12], con consecuencias distintas en uno u otro supuesto. Si es lo primero, tratándose de un plexo de sectores diferenciados, emerge la cuestión concerniente a su relación con las otras ramas que también actualmente experimentan el impacto de la transnacionalización. Si concierne a lo segundo, surge cuál es la extensión del fenómeno en todo el mundo jurídico, aunque en ambos supuestos la actuación del derecho extranjero se enlaza con los valores que hacen a la paz, a la convivencia y a la cooperación internacionales, plasmando las funciones que se detallan a partir § 88 y siguientes. Bien entendido que la división del derecho en ramas, así como la atribución que se haga de los distintos contenidos, no representa cambio sustancial en la naturaleza de las reglas, aun cuando tenga consecuencias en la hermenéutica y alcance de los conceptos que se emplean. Es

[11] La idea manejada en el texto deja abierta una puerta de comunicación con los desarrollos de Boggiano referidos al derecho de las relaciones entre los ordenamientos jurídicos: *ius inter iura* (*Curso de derecho internacional privado. Derecho de las relaciones privadas internacionales*, capítulo I).

[12] Que enfoca lo abarcativo de todo fenómeno jurídico, centrado esto último en la finalidad común que comparten las ramas del derecho, es decir, la regulación de la "vida del hombre", comprendiendo aquellos conceptos, institutos jurídicos y principios generales que no son exclusivos de un área jurídica determinada, sino comunes a todas o varias de ellas (Vazzano, *La teoría general del derecho como asignatura necesaria en el plan de estudios de la carrera de abogacía*, "Docencia y Derecho. Revista para la Docencia Jurídica Universitaria", t. 8, p. 6 y 7). En un estudio especializado sobre esa área vecina a la filosofía del derecho, Pedrais García de Cortázar pasa revista a temas que forman parte de este abordaje desde una perspectiva unitaria y genérica, como el estudio de los procesos jurídicos, de las funciones del derecho y de las estructuras normativas adecuadas (Pedrais García de Cortázar, *Fundamentos de teoría general del derecho*, caps. VIII, XI y XIV).

que tal distribución no es otra cosa que una consecuencia de la creciente complejidad de un mundo en el que relaciones económicas, sociales y políticas se encuentran en permanente interacción, exhibiendo cada porción de la realidad que debe regularse las particularidades que le imponen los usos de los operadores y la naturaleza de los objetos que dan vida a las relaciones respectivas, como también el marco temporal y espacial en que se desenvuelven las actividades gravitantes. Tales particularidades gradualmente van conformando agrupamientos de cierta coherencia interna, ramas que facilitan inducir principios y, también, soluciones similares o concordes para los nuevos casos ocurrentes. Así, la inserción del derecho extranjero en los derechos locales es parte de lo que se denomina derecho internacional privado y, con esto, su particular problemática apontocada en temas concretos como los referidos a la calificación o definición de los conceptos empleados por la norma aplicable. Empero, insistimos una vez más que el método que conduce a la importación de aquel derecho, fruto de una integración normativa entre ordenamientos distintos, finca en un sitial de entidad mayor, concretamente en el marco de la teoría general, como instrumento propio de todo el ordenamiento y plenamente apto para desempeñarse en cada uno de sus sectores.

Sin perjuicio de lo hasta ahora consignado, opera la realidad de que fenómenos de extraterritorialidad pertenecientes a ciertas ramas del derecho no son admitidos como propios del área donde de común se estima que actúa el derecho internacional privado, perjudicando así la existencia de una visión de conjunto acerca de un sistema de medios comunes que aspira a objetivos también comunes. Fluye, entonces, la pregunta de cuál es el alcance actual, seguida de otra acerca de cuáles son las funciones que cumplimenta esa extraterritorialidad. O dicho de otra forma, qué sectores abarca y para qué sirve en la actualidad la extraterritorialidad del derecho extranjero.

§ 10. ***Señalación de una tendencia.*** – En verdad, aparenta no estar dotado de sentido práctico preguntarse para qué sirve una parcela jurídica de carácter internacional en un momento en el que la globalización[13] y la transnacionalización marcan el rumbo

[13] Con la voz "globalización" hacemos referencia a un fenómeno multifacético, que en materia de comunicaciones significa un mundo interconectado en tiempo real por redes electrónicas, que en materia comercial se distingue por la caída

en casi todos los ámbitos del derecho de los Estados[14], y en el que fenómenos formalmente análogos sacuden el derecho internacional público[15]. Sin embargo, tal interrogante está dotado de plena razonabilidad desde el momento mismo en que el elemento metódico clásico del derecho internacional privado aparece como un fenómeno múltiple y vasto pero al cual la literatura especializada, tal como se ha adelantado, no le adjudica la importancia que verdaderamente asume en la experiencia jurídica contemporánea. Más aún, es significativo que en muchos desarrollos de especial calidad científica la doctrina se orienta tanto a restringir su alcance material como a esmerilar parcialmente el significado teórico y sistemático de que es portador.

La situación consignada es, en cierto modo, esperable habida cuenta de que el derecho conforma un sistema, un todo organizado cuyas partes interactúan entre sí en función de objetivos prefijados, que procura alcanzar un equilibrio entre el orden y la dinámica de los hechos que ocurren en cada comunidad. Dentro de un sistema tal, el cambio en las relaciones económicas, sociales y culturales, entre otros que cobran significación axiológica o fáctica, conduce

de las barreras cualitativas y la minimización de las cuantitativas al intercambio, que en lo político se patentiza por la erosión del principio de la soberanía, y que en lo cultural se caracteriza por la difusión del consumismo y de los modelos basados en ídolos musicales, televisivos o deportivos (examen detallado de alguno de los aspectos que mencionamos en Alegria, *Globalizacion y derecho*, "Pensar en Derecho", 2012, p. 187 y siguientes).

14 El concepto que se emplea en el texto refleja la dimensión vertical de la expansión del derecho por medio de modelos edificados por encima de los esquemas nacionales, según la observación de Richard Rowlings recogida por Restrepo Uribe, *Transnacionalización de normas legales, apuntes sobre el caso de la propiedad intelectual*, "Con-texto", 1998-I, p. 48 y 49).

15 El de integración con una perspectiva ideológica brindada por otras civilizaciones distintas de la europeo occidental y anglosajona, cuyas ideas modelaron hasta la actualidad, por ejemplo, lo concerniente a las fuentes mismas del derecho internacional, dando allí particulares contenidos al elemento consuetudinario y sobrevaluando la importancia del precedente jurisdiccional (ver Yasuaki, *Questioning prevalent cognitive frameworks in the emerging multi-polar and multi-civilizational world of the twenty-first century*, "Recueil des Cours. Collected Courses", vol. 342, p. 130 y siguientes). El fenómeno resulta perceptible con la influencia que despliegan China, India, Irán, Rusia y Turquía en los acontecimientos regionales y mundiales. Sobre el aporte del profesor de la Universidad de Tokio antes mencionado, ver Brunnée, *International law in a transcivilizational world, book review*, "Harvard International Law Journal", t. 59, nº 2, 2018, p. 431.

a la necesidad de redefinir ligámenes, innovar en las instituciones y producir resultados que acompañen o rectifiquen los aconteceres producidos o en marcha. Incluso, con la finalidad de subsistir, el sistema debe morigerar el impacto de las mutaciones más significativas para mantener cierta armonía entre sus distintas partes componentes. Dentro de estas mutaciones se hallan los cambios estructurales que se fueron produciendo al compás de la aparición de nuevas ramas[16] o especializaciones en sectores[17] que, junto con la proliferación de fuentes –en especial las internacionales–, hicieron más complejo el contenido al inserir, de manera cada vez más exigente, la noción de jerarquía institucional y normativa que actualmente amerita hasta cuatro análisis de validez de alcance fondal, como son los concernientes a supranacionalidad[18], convencionalidad[19], constitucionalidad[20] y legalidad, especialmente este

[16] Ver Ciuro Caldani en § 31. En un enfoque genético, el derecho dedicado a la navegación aérea, impulsado por un nuevo fenómeno técnico, dio origen al derecho espacial aun cuando pesaron tempranamente en su desarrollo los problemas del derecho internacional público referidos al teatro mismo de la actividad absorbiendo la gran mayoría de los logros convencionales y doctrinarios (v.gr., Irigoin Barrenne, *El derecho espacial,* www.anepe.cl/el-derecho-espacial/). Del mismo modo, el derecho de las radiocomunicaciones albergó los primeros desarrollos en punto a la transmisión de datos por la World Wide Web (www), hoy subsumidas en la congerie del derecho informático (en relación con un enfoque contemporáneo, Altmark - Molina Quiroga, *Tratado*, especialmente el t. I). Más conocida, por cierto, es la evolución de la locación de servicios de los códigos civiles del siglo XIX hacia el derecho del trabajo, estructurado este internamente primero al hilo de las leyes de accidentes laborales y luego –en el plano internacional– con la actividad de la OIT después de la Primera Guerra Mundial.

[17] A nivel de estudios jurídicos, por ejemplo, los dedicados a arbitraje internacional, actualmente impulsados en la Argentina por la sanción de la ley 27.449 concerniente a dicha temática; fenómeno que en paralelo ocurre en Panamá con los profesionales dedicados a facilitar inversiones bajo regímenes de baja o nula imposición fiscal mediante la formalización de sociedades *offshore* (ver lo consignado en la colaboración del profesor Santi en § 54).

[18] Afirmado por el Tribunal de Justicia de las Comunidades Europeas a partir de "Costa c/ENEL", 17/7/1964, y "Handelsgesellschaft", 17/12/1970 (ver Figueroa Véjar, *Los principios de supremacía y operatividad en el derecho comunitario como fundamento de la integración*, "Revista Chilena de Derecho", número especial, 1998, p. 389 y ss., especialmente p. 390 y 391).

[19] Ver Sagüés, *El "control de convencionalidad", en particular sobre las constituciones nacionales*, *LL*, 2009-B-761.

[20] En el ordenamiento patrio, exigencia que brota del art. 31 de la Const. nacional.

último en el marco de la actividad administrativa[21]. En el derecho de la extraterritorialidad, el sistema ha operado mostrando esa faceta restrictiva, que recurrentemente aflora en circunstancias análogas, por medio de un marcado desbalance, habida cuenta que mientras en la realidad un tipo de relaciones extraterritorializadas ha tomado el camino de una curva ascendente, el cuerpo doctrinal se ha ceñido a un escenario que se caracteriza por su apego a una estrechez ya clásica.

§ 11. ***Origen del pensamiento aquí vertido.*** – Advertimos que lo antes expresado, como también las conclusiones que se volcarán a lo largo de esta obra, no son el fruto de un arranque inspirador, a la manera del *Sturm und Drang* de la literatura alemana[22], sino algo más cercano a un *brain storming* colectivo vecino de las elaboraciones originadas en el pensamiento anglosajón[23]. Las ideas emergen como el producto de una decantación de explicaciones, hipótesis y propuestas vertidas durante años de ejercicio docente, articuladas ante las dudas y observaciones arrimadas por quienes fueron compañeros en la enseñanza, como también fruto de las inquietudes formuladas por los alumnos, apuntando a los temas relacionados con el alcance del derecho extraño al del foro en la creación de respuestas jurídicas, cuando el alcance de aquel no se halla enteramente precisado. Preguntas esenciales tales como qué es la extrerritorialidad y cuáles eran sus funciones con miras a la utilidad que prestaba en el mundo jurídico, recibían respuestas doctrinales incompletas y, por ende, insuficientes. El pensamiento aquí compilado, procurando dar algo más de claridad a las contestaciones, no trae, por cierto, cambios revolucionarios. Consiste

[21] Gordillo, *Tratado de derecho administrativo y obras selectas,* t. 11, p. 711.

[22] Literalmente traducido del alemán: "tormenta e ímpetu". Se trata de un movimiento literario juvenil que surgió entre 1770 y 1785 como reacción contra la Ilustración y acaso una primera manifestación del movimiento romántico alemán, en cuanto foco europeo de primera manifestación del Romanticismo, ante todo juvenilista ("Sturm und Drang", artículo de Mario Hernández Sánchez Barba, en el periódico "La Razón" de Madrid, España, del 23/11/2014.).

[23] Ver las ideas de su creador y difusor en Osborn, *Applied imagination: principles and procedures of creative thinking, passim.* Su utilidad y lineamientos más elementales, en Sociedad Latinoamericana para la Calidad, *Brainstorming,* http://homepage.cem.itesm.mx/alesando/index_archivos/MetodolDisMejoraDeProcesos/LluviaDeIdeas.pdf.

en repensar lo conocido para así fijar algunos puntos de partida y objetivos que se estimaron necesarios para imaginar el sentido actual del sector del mundo jurídico que otorga dimensión internacional –y también universal– al sujeto de derecho y que actualmente, no nos cabe duda, alcanza a toda clase de actuaciones y procedimientos.

§ 12. *Inserción en un objetivo común*. – La tarea propuesta no configura un ensayo aislado, sino que pretende reafirmar el objetivo, trasuntado en obras precedentes, de no conformarse en el tratamiento de problemáticas jurídicas con las posiciones clásicas, sino intentar penetrar en aquellos aspectos fondales en los que no estuviese suficientemente presente la literatura especializada o se hallara ausente la necesaria dosis de precisión que debe acompañar a una doctrina destinada a ser enseñada y aplicada. Este desafío no solo movió, en su momento, a orientar el trabajo docente siguiendo las paradigmáticas enseñanzas de Goldschmidt[24], sino que nos impulsó, al tiempo que aquel preparaba la 5ª edición de su *Derecho internacional privado*, a explorar la dimensión normológica en el marco del derecho argentino[25], encontrando que en las fuentes convencionales vigentes para nuestra patria había decenas de normas indirectas que no solo enriquecían los horizontes de su actuación,

[24] En este orden de ideas, el aporte de una parte general del derecho internacional privado, concebida en un marco tridimensional como sistema inserto en la estructura propia de la norma indirecta, transparentada como reflejo del método indirecto; concatenando rigurosamente esa parte los problemas basales que comprenden tanto los elementos positivos, o sea, que dan andamiento a la actuación del derecho extranjero, como los negativos, esto es, que excluyen su actuación, insertando allí los hechos sociales contenedores de los componentes extranjeros que configuran controversias sobre bienes jurídicamente relevantes y enfocando las soluciones, en un aporte de central importancia, a la luz de un riguroso respeto positivo por todo lo que es extraño al foro propio. Asimismo, gravita su concepción del derecho extranjero como hecho notorio en materia probatoria, como también su aplicación entendida como creación imitativa de la probable decisión de la autoridad jurisdiccional del país al cual pertenece el derecho aplicado; temas a los que se añade un ensayo de tipología clasificatoria para la reubicación sistemática de las instituciones pertenecientes a la parte especial del derecho internacional privado. Ver una aplicación de la metodología trialista en Soto, *Temas estructurales del derecho internacional privado*, p. 177 y siguientes.

[25] Piombo, *Estructura normativa del derecho internacional privado. Sistemática de la dimensión normológica*, 1984, con sendas actualizaciones en 1987 y 1991.

sino también la tarea profesoral que, por entonces, se restringía a una mostración de los Tratados de Montevideo[26]. Años más tarde, acompañado por un grupo de profesores y docentes con los que habíamos compartido la tarea de enseñar en la carrera de abogacía, examinamos el aporte de las ideas argentinas a la formación de algunas doctrinas básicas del derecho internacional[27], cuyo estudio no había sido emprendido –salvo con relación a las enunciaciones de Drago y de Podestá Costa–, ni en forma sistemática ni unida por la bibliografía patria y latinoamericana, con la sola excepción del aporte de nuestro primer premio Nobel, el otrora canciller Carlos Saavedra Lamas. Resultado de esa tarea fue una obra colectiva sosteniendo que muchas de aquellas ideas son todavía un modelo por seguir con miras a los objetivos de afianzar paz, seguridad y justicia en la comunidad universal. A su vez, en lo atinente a este libro, es necesario acompañar a una idea en cierto modo semejante, según la cual la extraterritorialidad del derecho extranjero ha sido impedida de brindar todos los frutos que es capaz de producir en beneficio de la humanidad.

§ 13. ***Cuestionable coherencia del derecho internacional privado en la doctrina.*** – Pese la existencia de un respaldo formado por aportes vertidos en la misma dirección del trabajo que estamos realizando[28], preexiste un gravamen que opera como obstáculo. El derecho internacional privado –y, consiguientemente, la extraterritorialidad del derecho extranjero como instituto–, desde hace más de una centuria vive una situación de permanente con-

[26] Ello a la postre determinó que el inolvidable maestro distinguiera al de mención en lo inmediato precedente como "complemento indispensable de su obra".

[27] Piombo (coord.), *Doctrinas argentinas de derecho internacional*, con la colaboración de los docentes Lucía Barazzutti, Analía Consolo, Carlos Marucci, Hugo Matrángulo, Federica Palacio, Augusto Paulos, Mónica Rocco, Guillermo Salgán, Jorge Santi, Adriana Spinelli, Bruno Tondini y Rodolfo Vizcarra.

[28] Por ejemplo, las múltiples elaboraciones realizadas en el pasado siglo en punto a la extraterritorialidad de la sentencia penal (ver Piombo, "Reconocimiento y ejecución de sentencias penales extranjeras", Informe al III Congreso Ordinario de la Asociación Argentina de Derecho Internacional). Casi de más está decir que esa orientación se ha afianzado en el siglo que vivimos como lo demuestra la Convención de las Naciones Unidas contra la Delincuencia Organizada Transnacional –que aprobada en diciembre del 2000, entró en vigencia en la primera década de esta centuria–, cuyos arts. 13 a 22 se articulan sobre la base de la plena validez de las actuaciones jurisdiccionales extranjeras de carácter penal.

troversia acerca de los tópicos centrales que hacen a su método, objeto y fines. Una coyuntura de tal magnitud se atribuye a causales tales como las siguientes.

a) Inexistencia de una respuesta de general aceptación respecto del objeto y métodos de la materia.

b) Ausencia de noción acabada acerca de las funciones que cumple la aplicación de un derecho ajeno al foro en la actualidad.

c) Inseguridad respecto del alcance de la disciplina desarrollada bajo la influencia de la extraterritorialización del derecho extranjero, como efecto reflejo de tendencias empeñadas en reducirle el ámbito material, sea omitiendo contenidos[29], sea quitándole significado político o importancia institucional[30].

d) Incerteza generada, en definitiva, por haber dejado de lado el objetivo central en ese sector del mundo jurídico que es, tal como lo afirmara Goldschmidt, el de configurar un "derecho de la extraterritorialidad del derecho extranjero"[31].

e) Escasa coherencia doctrinaria al negar, por una parte, la aplicación de los mecanismos del derecho internacional privado al denominado derecho público, mientras por el otro se incorporan

[29] Por ejemplo, Uzal, *Derecho internacional privado.*

[30] Muir Watt, *Private international law beyond the schism*, "Transnational Legal Theory", 2011, p. 347 y siguientes.

[31] Aclarando que el maestro consideraba a todos los fenómenos de avance de la extraterritorialidad en el derecho público, como dando origen a materias afines o conexas a lo que constituía lo medular de su doctrina, sin que la metodología y los institutos del derecho internacional privado fueran rigurosamente aplicables en los respectivos ámbitos de aquellas. Dejamos constancia de que este pensamiento se hallaba, poco tiempo antes de su muerte, en proceso de reelaboración, apuntando hacia la unidad de sentido y la presencia de la extraterritorialidad en todo el espectro jurídico.

Resulta ilustrativo que los jurisconsultos franceses y alemanes de la primera mitad del siglo XIX, y, en parte, los estudiosos ingleses y estadounidenses de esa misma época, se ceñían a resolver el concurso de leyes o de competencias contemplando determinar el efecto de las sentencias, de las decisiones y de los actos administrativos en el dominio de otro sistema jurídico. A eso se agregaban las disposiciones de cada legislación referidas a la adquisición y alcance del cambio de la nacionalidad y la condición de los extranjeros, como también la idea de confiar a un único profesor la enseñanza del derecho internacional privado y del derecho internacional público para explicitar mejor una vinculación que se avizoraba en varios sectores (con relación a lo puntualizado en esta nota, ver Pillet, *Principios de derecho internacional privado*, § 11).

a la materia, sin evidenciar vacilaciones, instituciones del derecho procesal internacional, como el reconocimiento y la ejecución de sentencias extranjeras[32], incluyendo en ellas las decisiones dictadas por tribunales arbitrales operantes en el seno de organismos internacionales de crédito[33].

f) Menosprecio del enriquecimiento en figuras y mecanismos de actuación que, en sede de asistencia judicial y administrativa[34],

[32] Ley federal suiza del 18 de diciembre de 1987 sobre el derecho internacional privado, art. 1°, inc. *c*.

[33] Con referencia al último de los temas, Sommer, *El reconocimiento y la ejecución en los laudos arbitrales del Ciadi: ¿ejecución directa o aplicación del exequatur?,* "Revista Electrónica Cordobesa de Derecho Internacional Público", 2011-I, https://revistas.unc.edu.ar/index.php/recordip/issue/view/38.

[34] Los términos cooperación y ayuda o auxilio mutuo son utilizados como equivalentes. Empero, el primer vocablo hace hincapié en el actuar conjunto sin otras distinciones mientras que el otro término pone el acento en la actividad desplegada en favor de otro. Asimismo, se ha hecho notar, acertadamente por cierto, que es preferible el término asistencia jurídica en lugar de asistencia judicial, toda vez que el primero abarca, además de la cooperación entre órganos judiciales, la que se hace efectiva entre órganos de naturaleza administrativa. A su vez, dentro del género cooperación o ayuda cabe distinguir la asistencia directa como nuevo mecanismo distinto de la carta rogatoria procurando mayor celeridad. En la relación primigenia, solo eran partes los Estados, pero actualmente también movilizan las relaciones de cooperación los tribunales penales creados por la ONU utilizando el carril establecido por las leyes nacionales que implementan la adhesión a cada uno de tales órganos jurisdiccionales, por ejemplo, con relación al Estatuto de Roma, la ley argentina 26.200. Cuadra advertir que las solicitudes transnacionales a las que aludimos en lo inmediato precedente siguen, en un sentido amplio, los cartabones establecidos por el derecho internacional procesal recogidos en el marco del derecho internacional privado. Acerca de puntos de vista relacionados con lo expresado en esta nota al pie, ver Cervini, "La cooperación judicial penal internacional. Concepto y proyección", en AA.VV., *Curso de cooperación penal internacional,* p. 1; Adriasola, "El principio de reserva política en la cooperación penal internacional", en AA.VV., *Curso de cooperación penal internacional,* p. 95; Tavares, "Los límites dogmáticos de la cooperación penal internacional", en AA.VV., *Curso de cooperación penal internacional,* p. 123; Di Giovanni, "La cooperación penal internacional", en AA.VV., *Curso de cooperación penal internacional,* p. 189; Gorosito Zuluaga, "Una visión macropolítica de los procesos de cooperación judicial internacional penal. La construcción de la cooperación en el contexto del emergente orden post estatal", en AA.VV., *Curso de cooperación penal internacional,* p. 253. También Opertti Badán, "La asistencia judicial internacional. Un enfoque general. Últimos desarrollos en materia penal", en AA.VV., *Curso de derecho procesal internacional y comunitario del Mercosur*, p. 133; Ramazzini Bechara, *Cooperação jurídica internacional em matéria penal. Eficácia da prova produzida no exterior*, p. 42, 43, 141 y correlativas.

surgen como logros en algunas ramas del denominado derecho público en su proyección internacional.

g) Escasez doctrinal en tema de reconocimiento de actos y procedimientos oriundos de foros subnacionales o interlocales en comparación con la magnitud de los estudios vertidos en derredor de la aplicación jurisdiccional del derecho extranjero.

h) Vacío teórico acerca de si el método típico del conflictualismo emerge como un modo de construcción normativa que debe ser enclavado en el mundo de la teoría general del derecho.

§ 14. ***Las dificultades en derredor del objeto del derecho internacional privado.*** – No cabe duda de que la diversidad de pareceres acerca del objeto del derecho internacional privado, así como la debilidad técnica de alguna de sus concepciones, ocasionan la situación de confusión más saliente que vive la materia. O sea que partiendo de la actuación excluyente del derecho extranjero en la solución de controversias, se pasa, siguiendo otras orientaciones, a una actuación compartida con otros elementos. En este orden de ideas se concitan las normas materiales que enfocan la solución de casos con elementos extranjeros o que marcan los límites que fluyen del orden público. También el entramado marcado por la concurrencia de los temas emergentes de la nacionalidad y de la extranjería, o de la competencia jurisdiccional como elemento acompañante y, a la vez, condicionante de la aplicación de la ley. En un último tramo, la incorporación integral de la problemática de las relaciones privadas en el ámbito internacional o, dicho de otra forma, el tráfico jurídico privado externo del Estado, como también al de idéntica naturaleza que se verifique entre comunidades subnacionales. No obstante, aun abroquelándose al fenómeno que le dio entidad al conflicto de estatutos en el orden político después de Westfalia, esto es, la extraterritorialidad del derecho extranjero, sea para resolver sobre derechos controvertidos, sea para reconocer las aplicaciones que se hayan hecho en otro marco jurídico concediendo derechos o privando de su goce, tampoco el camino aparece como libre de obstáculos para determinar con justeza las funciones asumidas. De ahí que transitando ese tema sobre cuatro concepciones diferentes, al menos, configuran todos elementos fondales para poner en permanente duda lo referido al alcance propio de la materia, o sea, sobre qué aspectos de la vida humana influyen sus reglas y soluciones.

§ 15. ***Mutaciones significativas experimentadas por el derecho internacional privado.*** – A las inconsistencias anotadas en el § 13 se suman cambios que han vuelto más compleja su estructura y, a la vez, más dificultosa la inteligencia de sus instituciones fondales, tales como:

a) Respecto del núcleo originario de la materia –íntimamente relacionado con la aplicación del derecho extranjero por medio de la norma indirecta–, la aparición de una parte general nutrida de problemáticas propias y específicas[35].

b) En lo concerniente a la esencia del sector del derecho de que se trata, la irrupción del pluralismo metodológico que incorpora como parte del objeto de la materia las normas directas referidas a casos multinacionales y las leyes de policía[36]; incluso, con un sentido más totalizador, la aparición de una corriente de pensamiento que identifica el tráfico jurídico externo o las relaciones privadas de carácter internacional, cualquiera sea su formulación normativa, como el adecuado y concreto objeto de la materia[37]. Cabe aclarar que quienes llegan un paso más allá, asignando al derecho internacional privado el significado de una rama del derecho que abarca las relaciones privadas transfronterizas, subrayan que el derecho de los conflictos ha invadido el ordenamiento intervencionista del Estado de bienestar, como el derecho del trabajo, la reglamentación de la competencia comercial y la responsabilidad por los productos, penetrando en el orden social de cada país; vale decir, que se halla presente en todos los sectores donde el Estado manifiesta su intervención[38].

[35] En la Segunda Conferencia Especializada Interamericana sobre Derecho Internacional Privado (CIDIP II), el 8 de mayo de 1979 se suscribieron siete instrumentos, entre ellos la Convención Interamericana sobre Normas Generales de derecho internacional privado, aprobada por ley 22.921. Ver, asimismo, la ley de la República Popular de China sobre las leyes aplicables a las relaciones civiles con elementos de extranjería, adoptada el 28 de octubre de 2010, arts. 3°, 4°, 5°, 6°, 7°, 8°, 9° y 10.9; la ley italiana de derecho internacional privado 218, del 31 de mayo de 1995, arts. 13 a 18; la ley federal suiza de 18 de diciembre de 1987 sobre el derecho internacional privado, arts. 13 a 19, etcétera.

[36] Najurieta, *El pluralismo metodológico en el derecho internacional privado actual*, *ED*, 161-1064.

[37] Abarca Junco (dir.), *Derecho internacional privado*, t. I, p. 35 a 37.

[38] Basedow, *The law of open societies*, "Recueil des Cours. Collected Courses", vol. 360, p. 47 y 48.

c) En lo vinculado a su exteriorización normativa, el avance del proceso codificatorio reviste en algunos casos una forma autónoma como código o ley especial, mientras que en otros asume la forma de especialización capitular en el marco de una legislación dedicada al derecho privado[39].

§ 16. ***La experiencia docente como reactivo.*** – Ante la situación de crisis y de cambio que de consuno ponen de relieve las circunstancias apuntadas en los § 13 y 15, creemos necesario utilizar, tal como lo adelantamos en el § 11, el precipitado intelectual de un empeño profesoral de más de cuatro décadas –acompañado también aquí por las ideas de los integrantes de las cátedras que he dirigido–, para encarar una tarea de exploración y determinación que guarda analogía con aquel impulso encarnado en el libro mencionado en primer lugar en el § 12. Ahora, el objetivo consiste en movilizar elementos que tornan la extraterritorialidad en un instrumento mucho más amplio que lo usualmente aceptado y con una estructura abierta a todas las ramas del derecho.

Asimismo, y vinculado con el impulso materializado en el libro "Doctrinas argentinas de derecho internacional", procuramos agregar una pequeña contribución destinada a brindar un enfoque parcialmente diferente a temas abordados por doctrinas que, como la europea, la anglosajona y –ahora también– la asiática, se caracterizan por ser prolíficas, documentadas y profundas en el tratamiento de los problemas. Va de suyo que el resultado final –consistente en el mejor conocimiento de las funciones que asume la extraterritorialidad como sistema de solución de controversias o de reglamentación de situaciones–, de tener éxito, significará una más ajustada contestación a los interrogantes formulados en el § 9, que no dudamos en calificar de vitales para pensar, con visión adecuada al porvenir, la actuación del derecho extranjero llamado a integrar nuestro sistema, y así tornar más consistente y ágil la práctica enderezada a su manejo. Desde luego que ese mayor conocimiento no aleja totalmente las objeciones que se hacen reparando en la existencia de cierta secuela de incertidumbre que provienen de movilizar derecho extranjero, cuyas soluciones no se pueden conocer

[39] Ejemplo de codificación autónoma en la ley de la República de Venezuela del 6 de agosto de 1998, arts. 1° a 10. Representa una codificación dependiente el Código Civil y Comercial de la República Argentina, ley 26.994, arts. 2594 a 2671.

enteramente hasta el momento de integrarse todos los aspectos de la cuestión[40], pero sí para reafirmar la mayor dosis de justicia asequible en función del respeto por la naturaleza de los temas y su vinculación con determinadas esferas de irradiación jurídica.

C) Características

§ 17. ***La extraterritorialidad en el marco del objeto del derecho internacional privado.*** – El punto de inicio propuesto en el § 9 significa adoptar como piedra basal el único sector no discutido cuando se trata de identificar el objeto de la materia por parte de las corrientes doctrinales vigentes en el derecho internacional privado. Si bien es cierto que la extraterritorialidad ha dejado de representar un papel excluyente pues se ve acompañada por otros elementos de sentido material que han transformado el objeto de dicho sector del orden jurídico de único en complejo, ninguna corriente de pensamiento científico pone en duda que aquella es siempre parte integrativa de ese objeto. Incluso, el fundamento de la extraterritorialidad se identifica con el basamento mismo del derecho internacional privado, inteligido en otras épocas como la *comitas gentium* invocada por la escuela holandesa[41], los principios de nacionalidad, libertad y soberanía sustentados en la doctrina de Pascual Estanislao Mancini[42], y la comunidad jurídica de los pueblos propugnada por Von Savigny[43], entre otras proposiciones.

[40] Basedow, *The law of open societies*, "Recueil des Cours. Collected Courses", vol. 360, p. 41.

[41] Amorin Pereira, *A doutrina holandesa comitas gentium*, "Revista da Facultade de Direito de la Universidade Federal de Minas Geraes", nº 3, 1963, p. 105.

[42] Rodríguez Prieto, *Reseña del libro de Pasquale Stanislao Mancini sobre la nacionalidad*, "Revista Internacional de Pensamiento Político", vol. 2, 2006, p. 282. Ver una síntesis de las ideas de este constructor del derecho internacional privado en Bogoslavsky Minoli, *A 160 años del desarrollo de la teoría de la nacionalidad. Pascual Estanislao Mancini*, "En Letra Digital", https://enletra.wordpress.com/2014/03/05/.

[43] Ruiz Díaz Labrano, "Friedrich Karl von Savigny y el derecho internacional privado", en AA.VV., *Derecho internacional privado. Derecho de la libertad y del respeto mutuo. Ensayos a la memoria de Tatiana B. de Maekelt*, p. 145 y ss., poniendo especial énfasis en la conclusión savigniana de que tal comunidad justifica que cada relación jurídica sea regida por el derecho más adecuado a su naturaleza propia y esencial, sin importar su carácter nacional o extranjero.

Empero, tal extraterritorialidad no es idéntica a la abordada por los estatutarios ni tampoco enteramente similar a la manejada en el siglo XIX y gran parte del XX, pues se ha tornado más compleja; puntualmente ha ganado en intensidad, en cuanto ya no se limita a la aplicación del derecho extranjero sino que engloba otras manifestaciones portadoras de diversas formas de reconocimiento y actuación. En verdad, estamos frente a una verdadera "irradiación" indetenible y que, a la manera de un *iceberg*, en una primera aproximación, muestra solo una parte de sus verdaderas dimensiones.

Se entiende que el alcance de esa extraterritorialidad dependerá del nivel de necesidad que se experimente en la sociedad para encarar una forma de cooperación con lo que está más allá de las fronteras políticas o de las jurisdicciones internas y, por cierto, de los medios de vinculación que estén al alcance de sociedad en un tiempo y espacio determinados.

§ 18. ***Distinciones.*** – Lo que aquí sigue responde, en principio, a un pensamiento doctrinalmente asentado, excepto en dos temas ya señalados que enmarcan una porción del contenido de las respuestas. El primero, referido a que el origen de la extraterritorialidad finca en una integración normativa que anida en un área que actualmente se define como perteneciente al derecho internacional público. Se entiende que la norma se halla en un derecho nacional determinado, pero al dirigirse a la parte del derecho extranjero aplicable vincula dos ordenamientos en una fusión que tiene relevancia en el ámbito del derecho internacional. En las descripciones de la norma indirecta cuadra tener en cuenta un espacio, hasta la actualidad teóricamente vacío, que se halla ocupado por un derecho enderezado a producir el engarce mismo entre dos o más legislaciones. A su vez, el segundo de los temas, que se vincula con el hecho de que la respuesta extraterritorial, en rigor de verdad, no configura un sector equiparable a una rama del mundo jurídico, sino una metodología genérica y propia, por ende, de la teoría general del derecho. Contemplando lo hasta aquí expuesto y lo que desarrollamos, nos permitimos arriesgar que este es un ensayo de abordaje en punto a reubicar contenidos, reinsertar áreas en la actualidad postergadas, amplificar el alcance material y determinar funciones de la temática en examen.

Así las cosas, advertimos que la extraterritorialidad impone dejar sentado que su opuesto, la territorialidad en el derecho, se articula sobre la existencia de unidades políticas de base espacial donde la observancia de la ley se halla ligada al accionar de autoridades que actúan en cada una de ellas y que aplican, en tales áreas geográficas, el derecho allí creado. A su vez, que el concepto de extraterritoralidad no tiene significado unívoco. Así, tanto puede hacer referencia a la aplicación del derecho propio a hechos ocurridos fuera del ámbito espacial de actuación del sistema jurídico, como también a la actuación, por las autoridades locales, del derecho oriundo de otro país soberano o de una jurisdicción subnacional o, por extensión, internacional; o a la admisión de los actos y procedimientos producidos por tales entidades equiparándolos, total o parcialmente, a los similares producidos por la jurisdicción o la administración locales. La extraterritorialidad significará siempre un modo de reacción opuesto al propio de la soberanía espacial, implicará cooperación y, en muchos casos, a la vez, reemplazo, dado que los sistemas jurídicos abarcan toda la superficie terrestre. Da una idea, al mismo tiempo, de que el Estado no es autosuficiente para reglar las cosas y las personas y de que existe una necesidad de interconexión entre los actores de la comunidad mundial. Por último, no cabe identificar la extraterritorialidad con el conflicto de leyes, pues la primera es anterior y presupuesto de lo segundo, que tendrá lugar cuando la relación o la situación jurídica se vincule, por sus elementos gravitantes, a dos o más ordenamientos jurídicos pertenecientes a países o jurisdicciones subnacionales distintas.

§ 19. ***Extraterritorialidad activa o de atracción.*** – El primero de los aspectos que muestra la extraterritorialidad activa no implica innovar en el clásico esquema en el cual la autoridad que aplica el derecho pertenece a la misma soberanía que dicta las reglas aplicadas. La problemática que pueda generarse, sin perjuicio de interferencias[44] o conflictos internacionales que eventualmente se susciten con la aplicación del criterio[45], no tiene consecuencias

[44] Un ejemplo de esas interferencias por un tema propio del derecho de familia es la presión que ejercen los Estados comunitarios, cuyas leyes civiles siguen el sistema de la nacionalidad, sobre la India, para desalentar el turismo procreativo a este Estado, cuyas leyes aceptan la subrogación de vientres (Audit, *Bioéthique et droit international privé,* "Recueil des Cours. Collected Courses", vol. 373, 2014, p. 231).

[45] Por ejemplo, si el juzgamiento por el país *A* de ilicitudes cometidas en territorio del *B*, puede ser reputado por este último como interferencia en sus asuntos internos. Así, las acciones promovidas por la premio Nobel de la Paz Rigoberta Menchú ante la Audiencia Nacional española por el genocidio ocurrido en Guatemala, sus-

en el ejercicio jurisdiccional. Lo que caracteriza esto se perfila en los sistemas penales contemporáneos que con raíces en las soluciones establecidas para punir la piratería marítima a comienzos de la Edad Moderna, persiguen, cualquiera sea el lugar en que se perpetren, delitos que lesionen el accionar del Estado[46], sus instituciones o bienes esenciales, como también los intereses jurídicamente protegidos propios de la humanidad y de la comunidad internacional organizada[47].

§ 20. ***Extraterritorialdad pasiva o "de recepción"***. – En el segundo de los aspectos que exhibe la extraterritorialidad, el precepto actuado por los órganos locales se vincula con otro centro de poder dotado de soberanía o autonomía. También, enmarcándose en otro particular de la misma variante, se brinda validez a decisiones ya tomadas por el poder soberano o la jurisdicción autónoma extraña al foro. En uno y otro supuesto se genera un sistema de inserción destinado a adaptar, con resguardo de los intereses esenciales protegidos por el sistema local[48], el derecho extranjero que debe dar validez tanto a la decisión por asumir, como la respuesta consistente en otorgar efectos a los actos dimanados de autoridades extrañas al foro. La manifestación de la extraterritorialidad mencionada en primer lugar –activa o "de atracción"– no es totalmente extraña a la situación que plantea la segunda –pasiva o "de recepción"–, dado que el acto, hecho o negocio que no se inserta en

citaron en este último país una denuncia contra la nombrada por el delito de traición a la patria (*Debimos acudir a España porque en Guatemala se nos niega justicia*, "Página 12", www.pagina12.com.ar/2000/00-03/00-03-31/pag20.htm).

46 Considerándolo *hostis generis humanis*, creando la primera especie en la categoría de los delitos contra la ley de las naciones o delitos contra el derecho internacional (Colombos, *Derecho internacional marítimo*, p. 299 y correlativas; Sandiford, voz "Piratería", en *Novissimo digesto italiano*, 1966, t. XIII, p. 111; Convención de Ginebra sobre el Alta Mar, 27/4/1958, art. 19).

47 Blakesly, "Extraterritorial jurisdiction", en Bassiouni, *International criminal law*, vol. II, p. 31 y siguientes.

48 Con la excepción de aquellas situaciones en las que el sistema, coordinado por un organismo internacional, abre las puertas a una incorporación sin previo examen de compatibilidad o adaptabilidad (p.ej., órdenes de detención cursadas por intermedio de la Organización Internacional de Policía Criminal, lo cual es considerado título suficiente para proceder al arresto provisorio en la mayoría de los ciento noventa y cuatro Estados miembros de Interpol (ver la página del Ministerio Público Fiscal de la Nación: www.mpf.gob.ar/cooperacion-e/interpol/) en lo referido al aspecto institucional.

el cuadro de competencia excluyente trazado por la ley local tiene, en potencia y en principio, la posibilidad de dar andamiento a la ayuda prevista en aquellos sistemas de cooperación jurisdiccional y administrativa que abren la asistencia sin condicionarla al previo vínculo convencional específicamente destinado a ello (art. 3º, ley argentina de extradición y cooperación penal internacional 24.767). Empero, remarcamos que es la actividad del derecho extraño al foro en el ámbito local la que suscita la problemática que se halla en mira.

§ 21. ***Situaciones equivalentes a la extraterritorialidad.*** – Fenómenos de similar naturaleza a los enfocados por la extraterritorialidad se verifican en ámbitos total o parcialmente desarraigados de lo espacial cuando disposiciones contenidas en el ordenamiento de un organismo internacional son puestas en práctica por las autoridades o agentes de otro organismo. O sea que más allá de la actuación en red de sus Estados miembros, configuran supuestos que guardan estrecha afinidad con la extraterritorialidad, tal como ocurre en las hipótesis consideradas por la ley argentina 26.200 de cooperación con el Tribunal Penal Internacional.

Distinta es la faceta que perfila la extraterritorialidad en el marco de un ordenamiento societario o empresario, obligado por la ley que rige su casa matriz, a que sus filiales o sucursales en el exterior adopten en su comportamiento las normas de conducta ética responsable en la contratación con los poderes públicos. En rigor, la materia, denominada *compliance* en el mundo económico-financiero, asume un contenido mayor, comprendiendo la conformación de los mecanismos internos de prevención, gestión, control y reacción frente a los riesgos legales y operativos que puede experimentar la empresa[49]. Es claro que esta extraterritorialización va más allá de la aplicación de la ley del domicilio o del lugar de constitución que apunta a regular la estructura y funcionamiento de la entidad, avanzando sobre aspectos de su comportamiento con otras empresas o con las autoridades locales que, en principio, se inordinan al ejercicio del poder de policía del Estado donde tiene lugar

[49] La página web de la asociación que nuclea a quienes realizan esta especialidad ilustra con detalle las actividades propias de la nueva figura en la estructura administrativa societaria: www.worldcomplianceassociation.com/que-es-compliance.php. Para las repercusiones de la *compliance* a nivel de la integración del personal de una empresa, ver "La Nación", ejemplar del 19/8/2018, suplementos.

el ejercicio de la actividad propia de la sociedad o empresa. En la problemática aquí planteada, generalmente hay una imposición de reglas que no son, en principio, exigibles a personas jurídicas distintas de la entidad matriz; pero que en virtud de los vínculos económico-financieros terminan influenciando al conglomerado formado en derredor de aquella. De ahí que se sancione no solo a quienes dirigen la empresa sino a esta misma por los perjuicios que causa su actividad ilícita, así como a todas las estructuras e individuos relacionados[50]. Sin embargo, esta situación no encaja, tal como se adelantó, en la extraterritorialidad de la ley que contempla este trabajo, sino en la exigibilidad de normas que operan encaballadas sobre un contexto contractual que una legislación extranjera tiene en cuenta para desencadenar comportamientos estimados como debidos.

§ 22. ***Modalidades bajo las cuales se presenta el derecho extraño al foro.*** – Aun cuando la exposición doctrinal se limita por lo común a enfocar la actuación del derecho extraño al foro en relación con tres casos –esto es: aplicación a la solución de controversias, reconocimiento y ejecución de decisiones judiciales extranjeras y validez de actos relacionados con el estado civil de las personas–, una consideración de mayor cercanía permite discernir que esos temas cubren solo una parte y que, al menos, corresponde inventariar otras posibilidades de extraterritorialidad derivadas de la aplicación (actuación directa) o reconocimiento (actuación indirecta), como también la muy reciente en el tiempo de la asimilación por igualación de efectos (acuerdo con Chile citado en § 101). Así, dejando acotado el supuesto de actuación del derecho extranjero mediante una conexión competencial que remita a un ordenamiento determinado e invariable, repárese en la colaboración o cooperación para que un procedimiento extraño al foro logre su finalidad[51] y en la validación de actos de autoridad llevados a cabo por un funcionario extranjero o perteneciente a otra jurisdicción en el ámbito del territorio nacional o lugares sometidos a la jurisdicción

[50] Ley 27.401 de responsabilidad de las personas jurídicas, arts. 22 y 23, prevé la implementación de programas de integridad societaria e, incluso, los hace obligatorios para aquellas empresas que celebren con el Estado contrataciones que su texto determina.

[51] En el derecho penal internacional, el procedimiento de extradición (ver Piombo, *Tratado de la extradición*, t. I, 1997, t. II, 1999, *passim*).

local, con plenos efectos en esta[52]. En el marco de un temperamento similar está la incorporación de procedimientos realizados en conjunto por funcionarios propios y extranjeros, llevados a cabo con sujeción a las formalidades exigidas en las legislaciones de los Estados representados por esos servidores públicos[53], dado que campea aquí una idea de actuación representativa. Además, sin que esto implique obliterar la enunciación, encontramos la recepción de reglamentos y resoluciones de organizaciones intergubernamentales que, al propio tiempo, son parte del ordenamiento de los Estados miembros que incorporan tales normativas a sus

[52] Convenio interjurisdiccional de fecha 25/4/1973, aprobado en el orden nacional por ley 20.711, art. 8º: "Los funcionarios policiales de cualquiera de las partes signatarias, provistos de documentos que los acreditan como tales, que persiguieren desde su territorio y sin solución de continuidad a un imputado, condenado o autor de flagrante delito, que se internare en territorio de la otra parte, podrán continuar la persecución y proceder a su detención cuando la policía local se encontrare materialmente imposibilitada por la celeridad de los hechos para cumplir eficientemente su cometido de aprehender al perseguido, debiendo inmediatamente entregarlo a la autoridad policial local, con expresión por escrito de las causas del procedimiento. La autoridad policial local pondrá de inmediato al detenido a disposición del juez de instrucción de turno del lugar de la aprehensión, quien procederá según lo disponen los artículos anteriores. Si se persiguiere a un imputado o condenado por un delito de competencia federal, el detenido deberá ser puesto directamente a disposición del juez federal con competencia territorial en el lugar de la aprehensión, quien procederá en igual forma. En caso de flagrante delito, el magistrado pondrá al detenido a disposición del juez competente, observando lo prescrito en los arts. 4º a 7º". Este convenio visto desde el marco federal argentino, en Piombo, *Teoría general y derecho de los tratados interjurisdiccionales internos,* capítulo XVIII.

[53] Tal como lo define la página de Eurojust (www.eurojust.europa.eu/), un "equipo conjunto de investigación (JIT) es una herramienta de cooperación internacional basada en un acuerdo entre autoridades competentes tanto judiciales (jueces, fiscales, jueces de investigación) como de aplicación de la ley, de dos o más Estados por un período limitado y para un propósito específico, para llevar a cabo investigaciones criminales en uno o más de los Estados involucrados". Según esta misma fuente constituyen una herramienta de cooperación que facilita la coordinación de las investigaciones y procesos llevados a cabo paralelamente en varios casos o en casos con una dimensión transfronteriza (como ejemplo: punto 9 del Practical Agreement on arrengements of cooperation between Eurojust and OLAF, sigla estas última que identifica a la European Anti-Fraud Office, celebrado el 24/9/2008, inserto en la misma página web). Acerca de los parámetros más generales, remitimos a la decisión del Consejo de Europa del 28/2/2002 estableciendo Eurojust con miras a reforzar la lucha contra las formas agravadas de la delincuencia grave (art. 6º).

sistemas jurídicos[54]. Sobre esto último vale aclarar que no solo las resoluciones del organismo internacional que vinculan a sus miembros en función de una actividad común, sino también las resoluciones dictadas por estos últimos en cumplimiento de lo resuelto por los órganos de la entidad intergubernamental de que se trate, se proyectan con la virtualidad de ser extraterritoriales. Incluso, puede discernirse la existencia de dos mecanismos que exceden las meras adhesiones o adopciones: uno de "aspersión" de la extraterritorialidad (tal como el utilizado por Organización Internacional de Policía Criminal mediante la difusión de las notificaciones "rojas" u órdenes de detención internacionales)[55]; otro de "replicación", cuando al menos uno de los Estados miembros de una organización intergubernamental que administra actividades internacionales incorpora lo resuelto por aquella a su ordenamiento, toda vez que lo decidido por las autoridades locales en cumplimiento de esa resolución es valedero en los demás Estados parte de la organización[56].

Respecto de todas las hipótesis mencionadas debe tenerse presente que los fenómenos de extraterritorialidad del derecho extranjero que se observan en las distintas ramas son parte de un mismo género y comparten una misma sustancia. El distanciamiento que todavía experimentan obedece a circunstancias tales como la diversidad de orígenes o su aparición en épocas distintas o en ámbitos jurídicos sin estrechas conexiones entre sí, máxime cuando algunas exteriorizaciones fueron reconducidas, como si fueran actividades puramente políticas[57], al mundo de la actuación diplomática.

§ 23. ***La extraterritorialidad de doble vía.*** – Cabe acotar que en un procedimiento internacional de cooperación se configura

[54] Por ejemplo, la reglamentación del Anexo 8 al Convenio OACI, referido a aeronavegabilidad, conforme se desprende de la página web de la Administración Nacional de Aviación Civil de la República Argentina (www.anac.gov.ar/anac/web/uploads/normativa/anexos-oaci/anexo-8.pdf).

[55] Ver www.interpol.int/es/Como-trabajamos/Notificaciones/Ver-las-notificaciones-rojas.

[56] Fenómeno que tiene su paralelo en los casos del reconocimiento de actos de países ajenos a una comunidad por uno de los Estados miembros (ver § 34, en especial la cita de Vettorel).

[57] Resulta paradigmática la evolución de la extradición, concebida en un principio como una figura excepcional y atípica de cooperación entre soberanos (Piombo, *Tratado,* t. I, 1998, p. 115 y siguientes).

una extraterritorialidad de "doble vía" (ver § 100), por ejemplo, en el orden civil y comercial, en cuanto estos implican una cadena de actos verificados en dos Estados a lo menos, desde luego enderezados a una finalidad común, cada uno de los cuales adquiere valencia extraterritorial en el otro; esto, no obstante que casi siempre se divise la secuencia desde el mirador del magistrado requerido, en la medida que todo se verificará a la luz de la ley local, no obstante que cada uno de los actos pueda ser examinado por el juez del proceso, en caso de impugnación, conforme con la ley que los rige en su sistema jurídico[58].

§ 24. ***Génesis de la extraterritorialidad como instrumento.*** – Resultan escasas las instituciones jurídicas que tienen, aun utilizando cierta dosis de convencionalismo, lugar y tiempo precisos de nacimiento. La aplicación extraterritorial del derecho extranjero, y con ello la rama del mundo jurídico que a la postre se formó con sus contenidos, esto es, el derecho internacional privado, por excepción, la poseen[59]. En efecto, transitando la Baja Edad Media, en el norte de la península itálica se produjo un renacimiento de las artes y del pensamiento clásicos en un marco trazado por el florecimiento de la actividad económica y la formación de importantes capitales dedicados al intercambio comercial en los ámbitos geográficos europeo y medio orientales[60]. Fruto de ese

[58] Los criterios en el Tratado de Montevideo de Derecho Procesal Internacional de 1940, arts. 13. 2. En cuanto a enfoque desde las medidas asegurativas, ver Fresnedo de Aguirre, *La cooperación cautelar internacional en el Mercosur*, http://hedatuz.euskomedia.org/6422/1/14055072.pdf. Las diferencias fundamentales entre el proceso típico de los países latinoamericanos y el derecho anglosajón, en lo que toca a la validez de las medidas de recolección de pruebas en etapas previas al juicio y su inmersión en el problema de la validez internacional, Siqueiros, *Cooperación procesal internacional. El sistema norteamericano del discovery*, https://archivos.juridicas.unam.mx/www/bjv/libros/7/3343/27.pdf.

[59] Insertándose en un parecer unánime, la profesora Sara Feldstein de Cárdenas, al presentar su cátedra en el Portal Académico de la Facultad de Derecho y Ciencias Sociales de la UBA, puntualiza sobre el derecho internacional privado que "siendo tan anciano –tuvo su inicio con la famosa *Glosa Magna* de Acursio en el siglo XIII– continúa atrapándonos día a día al plantearnos nuevos problemas que nos embarcan en la búsqueda de soluciones". En el mismo sentido, Goldschmidt, *Derecho internacional privado. Derecho de la tolerancia (basado en la teoría trialista del mundo jurídico)*, p. 15.

[60] Goetz (dir.), *Historia universal*, t. IV, p. 287 y siguientes. En p. 284 se observa que "hasta fines del siglo XV y principios del XVI el banquero y comerciante italiano es el primero en toda Europa".

cambio de vida fue el renovado interés por el derecho romano codificado, que a la sazón se perfilaba como fuente de razonabilidad frente a la diversidad de las costumbres vigentes en las ciudades y regiones de Italia y en gran parte del Sacro Imperio Romano Germánico. En ese escenario se dieron los primeros comentarios al *Digesto*, denominados "glosas" por la forma que adoptaron, o sea, notas marginales que procuraban aclarar el sentido y adecuar la interpretación de textos romanos a la realidad de los siglos XII y XIII[61]. En el marco de ese movimiento intelectual, el abogado florentino Francesco Accursio (1182-1260), autor de la llamada *Glosa magna* –verdadero epítome de esa corriente[62]–, afirmó que de la misma manera que todos los súbditos del emperador romano quedaban siempre sometidos a su autoridad conforme lo imponía la ley del *Digesto* denominada de *cunctos populus*, quien litigaba fuera de su domicilio (p.ej., el boloñés que comparecía ante los tribunales de Módena), seguía sometido al estatuto de la ciudad de origen[63]. Consagró así el primado de la regla *statutum non ligat nisi subdito*, con lo cual el traslado desde los dominios de un príncipe a otros espacios dependientes de otro soberano, no debía "comportar un cambio en la ley aplicable"[64]. La problemática, también avizorada por otros juristas de la época[65], conformó el nacimiento

[61] Ricobono, "Glossatori", en *Nuovo digesto italiano*, t. VI, p. 430; Rossi, voz "Glossatori", en *Novissimo digesto italiano*, t. 7, p. 1141 y 1142; Mortari, voz "Glossatori", en *Enciclopedia del diritto,* t. XIX, p. 630.

[62] "Francesco Accursio", en *Enciclopedia italiana de scienze, lettere e arti,* t. I, p. 286 y 287.

[63] La posición adoptada por Accursio habría sido adelantada hacia el año 1200 en un manuscrito atribuido a Carolus de Tocco (Miaja de la Muela, *Derecho internacional privado*, p. 103).

[64] Paz Mesa-Moles Martel, *Génesis y formación del derecho internacional privado (una aproximación histórica*, p. 193, 196 y 203. Puntualiza la autora en la primera foja citada: "La rígida correlación entre el foro y el jus [...] tardó mucho en superarse. En la época de las glosas era muy difícil admitir el que un juez pudiese aplicar a la controversia juzgada un derecho distinto al propio. Se podía entender que se admitiese al extranjero como demandante o demandado, pero siempre aplicando al asunto el derecho del magistrado. Se podía aceptar que existiesen jueces especiales para extranjeros como el pretor peregrino pero separar juez y derecho no era fácilmente asumible".

[65] Fresnedo, *Curso de derecho internacional privado. Parte general*, t. I, p. 64 a 66. El prestigio de Accursio, emergente de la importancia de su obra, gravitó para ligar su nombre definitivamente al origen del derecho internacional privado. "Su *Glosa* [...] calificada de magna o grande [...] contenía una revisión

de una tesis cuyo primer despliegue apuntó a salvaguardar la capacidad jurídica del comerciante, mientras que el segundo consistió, por medio de la estabilidad extraterritorial de los derechos[66], vigorizar el comercio que si bien no era internacional en el sentido que actualmente damos a la expresión –dado que se ejercía entre unidades políticas (ciudades, regiones y señoríos) componentes de un mismo imperio–, en rigor se le aproximaba estrechamente, toda vez que la autoridad del emperador romano-germánico, envuelto en permanentes querellas con el papado y con los grandes señores feudales, se había ido transformando en meramente nominal en un sistema donde el régimen jurídico local primaba al resolver las controversias. O sea que por vez primera desde la implantación del feudalismo, un derecho distinto del territorial podía ser invocado con pretensión de validez. Asimismo, importaba un modo de inserción de lo jurídico extraño al foro por medio de su aplicación jurisdiccional articulada sobre el hilo conductor de una contienda tribunalicia. Además, proponía un nuevo espacio para el imperio de la ley en procura de una justicia diferenciadora, atendiendo a la mayor vinculación de la persona o el acto con otro sistema. Naturalmente que todo esto solo pudo desarrollarse a partir de una atmósfera de igualdad y cosmopolitismo como la que dominó en las ciudades italianas del siglo XII en adelante[67], fruto del advenimiento de sociedades menos cerradas que tornaban posibles los contactos con quienes habitaban más allá de los límites del burgo o señorío[68].

§ 25. ***Alcance de la actuación del derecho extranjero.*** – El hallazgo de un camino que implica una forma de actuación conjunta de dos o más sistemas jurídicos, integrando en uno la solución prohijada por el restante, conforma amalgama que lleva ínsita

---

de todas las precedentes, abarcando aproximadamente cien mil glosas (o comentarios) (62.577 para el *Digesto*, 21.933 para el *Código*, 4.737 para las *Instituciones*, 7.013 para el *Auténtico* y algunos centenares para los libros feudales)" (www.biografiasyvidas.com/biografia/a/accursio.htm).

[66] Crouzet (dir.), *Historia general de las civilizaciones*, vol. II, p. 390 a 393, dedicadas a los negociantes italianos. Allí se hace hincapié en la necesidad imperiosa de lograr seguridad jurídica frente a los grandes riesgos de entonces en punto a las aventuras comerciales marítimas.

[67] Wolff, *Derecho internacional privado*, p. 19 y 20.

[68] Basedow, condensando en sus enseñanzas el pensamiento de Henri Bergson y Karl Popper (*The law of open societies*, "Recueil des Cours. Collected Courses", vol. 360, p. 59 a 63).

una doble exigencia de respeto (o de aceptación). La primera, referida al contenido del derecho extranjero como emanación de órganos de otro gobierno con el que se coexiste en una comunidad al menos informal. La segunda, concerniente a los derechos subjetivos o facultades que ostenta el titular de las relaciones originadas en otro sistema, cuya pretensión de ser considerado persona con derechos semejantes al del regnícola se trataba de difundir. Tales ideas fue transmitidas por las escuelas estatutarias, así llamadas porque tenían como objetivo el estudio de los distintos ordenamientos (o estatutos) vigentes en la fragmentada realidad jurídica europea de los siglos XIV a XVIII y su aplicabilidad a los casos ocurrentes[69]. De ahí en más, la extraterritorialidad tuvo asiento efectivo en un sector del derecho primeramente denominado conflicto de estatutos y luego conflicto de leyes. En su origen, tal como se ha dicho, la doctrina exhibía como objetivo prioritario salvaguardar la capacidad otorgada al comerciante por las leyes de su domicilio; poco después, sostener la extraterritorialidad del derecho para otorgar valor a testamentos, obligaciones cartulares y contratos celebrados en jurisdicción ajena. No obstante, el aporte intelectual atribuido a Accursio[70] significaba algo más, y era que se daba entrada al derecho extranjero con la finalidad de facilitar el comercio interestatal; vale decir, sin otra limitación que las propias de la actividad mercantil en sí. Esto ya fue dicho, pero cabe insistir en su significado y proyección, pues era una finalidad propia del derecho internacional de formación –incipiente por entonces– y, además, reflejo de una política de Estado de las ciudades italianas de la época. Con miras a este último propósito, el derecho extraño al foro no solo era un esquema de solución aplicable por los tribunales propios, sino que también constituía un conjunto de disposiciones para tener en cuenta en la reglamentación del intercambio y en los pactos que este generara. En otras palabras: el derecho

[69] En los estudios sobre este período se suele distinguir, por el lugar donde desplegaron sus actividades, las escuelas estatutarias francesa y holandesa, agregando, ante la sucesión de corrientes, una determinación referente al siglo en que actuaron (francesa del siglo XVI). Ver Miaja de la Muela, *Derecho internacional privado,* p. 96 y siguientes.

[70] El emplazamiento de la estatua de Accursio en el exterior de la Galería de los Uffizi, junto con hombres que hicieron a la ciencia como Galileo, a la pintura como Buonarotti, a la orfebrería como Cellini, a la política como Macchiavelo o al gobierno como Cosme de Médici, revela la importancia que adquirió en su época la figura del jurista de que se trata.

extralocal era un elemento admisible en integridad, comprendiendo las dos facetas enmarcadas en la actuación extraterritorial, esto es: aplicación y reconocimiento. Pese a esto, excepto en la práctica marítima[71] –en cuyo ámbito las más antiguas codificaciones establecían que las costumbres del *home port* y los actos en su consecuencia concluidos eran de observancia en los puertos de destino ubicados en otras soberanías[72]–, lo referido al reconocimiento se circunscribió a actos con significado en el derecho internacional público[73] y solo afloró en contadas especies en el área jusprivatista.

§ 26. ***Alternativas que marcaron el reconocimiento de actos y procedimientos.*** – Sin perjuicio de lo anotado en lo inmediato precedente, la restricta actitud inicial frente al reconocimiento de los actos fundados en una ley extranjera emerge como natural teniendo en consideración que, al momento de la incorporación de la extraterritorialidad al acervo doctrinal del derecho, la principal fuente de decisiones, atestaciones o certificaciones necesitados de reconocimiento para cumplir su finalidad allende las fronteras, esto es, los provenientes del hontanar administrativo, prácticamente no gravitaban dado que la mayoría de aquellos –que por entonces eran los relacionados con las personas en su vida civil– los verificaba la Iglesia Católica que sobre esto tuvo competencia de alcance universal y que en parte fue asumida por las iglesias locales de credo protestante con el triunfo de la Reforma[74]. En esa inteligencia,

[71] Donde incidían temas como el ceremonial marítimo, practicado respecto de los buques de guerra extranjeros en épocas de paz. En cuanto al franco y libre acceso a puertos practicado en el marco de la Hansa Teutónica en favor de los navíos que acreditaban provenir de ciudades asociadas comercialmente, ver Cantú, *Historia universal,* t. VI, p. 227 y siguientes. Acerca de la formación y alcance de las compilaciones de reglas en materia marítima, Nussbaum, *Historia del derecho internacional,* p. 29 y 30.

[72] Carbone, *Conflicts de lois en droit maritime,* "Recueil des Cours. Collected Courses", vol. 340, p. 67 y ss. con referencia a las Rôles de Oléron. Este autor rememora que algunos ordenamientos como el Consulado del Mar, de inspiración catalana e italiana, anexaban listas de soberanos extranjeros que hacían observar las reglas sobre derecho marítimo allí contenidas.

[73] A manera de ejemplo, el reconocimiento de los Países Bajos como Estado independiente por España, de conformidad con el tratado del 30 de enero de 1648 (Frowein, "Recognition", en *Encyclopedia of Public International Law,* vol. 3, p. 33).

[74] Esto se dio de manera casi automática en Inglaterra, cuando Enrique VIII rompió con el papado y asumió la jefatura de la Iglesia, transformada en An-

se registraban actos que en muchos casos guardaban paralelo con los que actualmente da cuenta el registro del estado civil, tal como sucede con lo relacionado con el nacimiento, el matrimonio y las defunciones[75], aun cuando con relación al primero, en rigor, se tomaba en cuenta otro acontecer que guardaba proximidad temporal con este, como era el bautismo. A su vez, los que reflejaban actos del Estado como poder público en un principio no incidían desde el mirador de lo interjurisdiccional porque se trataba de una misma soberanía, que encarnaba el emperador –titular de un poder, en principio omnímodo, de emanación divina[76]–, actuando todos los servidores del imperio en su representación. En cuanto a los notariales, además de lo expuesto *ut infra* (consultar el aporte del profesor Vizcarra en § 43), la problemática mayor gravitaba sobre

---

glicana, en 1533, con lo cual dignidades y feligresía pasó a depender material e ideológicamente de la Corona, conservándose lo central de la doctrina y liturgia católica, con su fundamental intervención en los momentos centrales de la vida humana como lo eran el bautismo, el matrimonio y la defunción, en cada caso férreamente vinculados a sus connotaciones registrales y jurídicas [ver Fernández de Lis, *La Reforma en Inglaterra: antecedentes, desarrollo e intentos católicos por revertirla,* "Descubrir la Historia", 26/10/2018, https://descubrirlahistoria.es/2018/10/la-reforma-en-inglaterra-antecedentes-desarrollo-e-intentos-catolicos-por-revertirla/; Vega Carrasco, *Breve historia de la Reforma Protestante,* "Descubrir la Historia", nº 11, 2017; Roca, *La influencia de la reforma protestante en el Derecho,* "e-Legal History Review", t. 14, jun. 2012 (RI § 412120), www.iustel.com/v2/revistas/detalle_revista.asp?numero=14&id=15]; Canales, *La Inglaterra victoriana*, p. 51; Bentham, *Tratado*, p. 186, reiteran que en el siglo XIX seguía imperante que solo se registraban aquellos nacimientos, matrimonios y defunciones de quienes pertenecían al culto respectivo. Cabe acotar que la circunstancia de que las distintas doctrinas que integraron el cisma religioso fueran abrazadas por los príncipes y señores territoriales, llevaron a consecuencias similares a las ocurridas en Inglaterra en cuanto a la continuidad de la función jurídica productora de actos por parte de la Iglesia local, tal cual sucedió en Escandinavia y los Países Bajos (White, *El conflicto inminente*, capítulo 13, www.es.amazinghope.net/el-conflicto-inminente/).

[75] Decisivo es que siendo uno de los postulados de la Reforma protestante que las Sagradas Escrituras fueran accesibles e interpretadas por todos, idea que imponía su traducción del latín a los idiomas vernáculos –entre otros ideólogos propulsores: John Wicliffe y Hans Tausen–, provocó que los actos jurídicos de interés eclesial fueran redactados según el idioma y modismos locales, perdiendo en parte el signo de universalidad que teñía todo lo vinculado con la religión que tradicionalmente se expresaba en latín, con lo cual su validez allende las fronteras necesitaba, de ahí en más, acoplarse a las incipientes ideas en torno a la extraterritorialidad.

[76] Figgis, *El derecho divino de los reyes y tres ensayos adicionales, passim.*

la adveración que disipara dudas acerca de la autenticidad[77], lo cual llevó a consagrar como formalidad añadir a la firma el "signo notarial"[78]. Por otra parte, no cabe duda de que la aplicación, al intervenir en esto los jueces locales, otorga mayores posibilidades de control acerca de la compatibilidad de las reglas extranjeras con lo sustancial del derecho propio. Así las cosas, resultado de lo ocurrido en aquellos tiempos es la pervivencia, respecto del reconocimiento de actos, de un tratamiento casi de segundo orden, configurado sobre la base de adiciones no enteramente conexas, la mayoría con fuente en convenios internacionales sobre asistencia en materia civil[79]. No obstante el avance fragmentado, se fue perfilando una forma de verificación y admisión del acto extranjero que no llevaba consigo análisis del derecho aplicado por el órgano jurídico foráneo del cual emanaba, pero sí de la compatibilidad de lo decidido en el acto con el orden público del país en el cual se hacía valer y, desde luego, que la competencia ejercitada por la autoridad que lo otorgaba no interfiriera con la propia de la autoridad local. Con el paso del tiempo y el desarrollo del comercio, la aparición de la función consular significó la posibilidad de imponer su intervención, como representantes del Estado donde la documentación pública sería empleada; esto como medio de certificar la autenticidad de todos aquellos documentos que tuvieran incidencia en los actos contractuales de mayor importancia y en las atestaciones concernientes al derecho de familia, dejando libre de intervenciones certi-

[77] En el foro de Buenos Aires, durante el segundo tercio del siglo XIX, ante la ausencia de agentes consulares o diplomáticos que certificaran documentos provenientes de otras jurisdicciones, la solución pasaba por el testimonio de dos vecinos que tenían negocios que los ligaban con la ciudad donde el notario ejercía su menester, que declaraban si conocían sello, firma y signo notarial del fedatario y, en caso afirmativo, si los estampados en el documento precisado de reconocimiento que le era exhibido guardaba semejanza con los conocidos por los comparecientes. Así resulta de la consulta de los expedientes resguardados en el Archivo General de la Provincia de Buenos Aires, que patentizan la pervivencia de un uso que provenía de la Edad Media (la circulación del documento en tiempos medievales en Vizcarra, § 43).

[78] Se añadía a la firma y la rúbrica del notario, consistiendo en un dibujo complejo colocado abajo de aquellas; por cierto, tendiente a dificultar las falsificaciones, el cual comenzó a ser usual en las postrimerías de la Baja Edad Media (ver Mendoza García, *En testimonio de verdad: los signos de los escribanos públicos*, "Baética", 2013, p. 299 a 312).

[79] Meng, "Recognition of foreign legislative and administrative acts", en *Encyclopedia of Public International Law*, vol. 3, p. 50.

ficantes los actos que transitaran directamente de manos de la autoridad administrativa de un Estado a la de otro[80].

§ 27. ***La asimilación de lo extranjero por igualación.*** – Un fenómeno estructuralmente distinto pero de alcances similares se produce actualmente con motivo de la formación de zonas de libre comercio cuando se trata de arribar a una etapa superior que consiste en integrar una o más actividades o unificar procedimientos o protocolos de actuación. Consiste en la equiparación, de manera incondicional, de todas las partes ante cualquier trámite, estableciendo que cada parte, incluyendo sus entidades, otorgará inmediata e incondicionalmente a los bienes y servicios de la otra parte y a los proveedores de la otra parte que ofrezcan bienes o servicios de cualquiera de las partes, un trato no menos favorable que el trato más favorable que dicha parte otorgue a sus propios bienes, servicios y proveedores. De esta forma, sobre la base de una equiparación absoluta, todas las actividades de una parte son tan eficientes como las de otra, para lograr un contenido o resultado análogo. En otras palabras, estamos en presencia de una cláusula de igualación que conduce también a que los derechos de una y otra parte, por más que tengan contenidos disímiles, siempre que no sean contradictorios, operen armonizadamente con miras a un objetivo común (ver acuerdo con Chile de referencia en § 101). Una solución similar se adopta en el derecho internacional administrativo; así, ante lo evidente de que sólo los países que poseen mayor acervo científico-técnico se hallan en condiciones de elaborar, frente a las nuevas tecnologías y productos, exigencias en materia de seguridad y utilización, se otorga validez a los criterios ya fijados o que fijen en lo futuro los Estados u organizaciones que ejercen liderazgo en la rama de la actividad de que se trata (ver § 72).

§ 28. ***La aplicación de la ley extranjera como reconocimiento estatal implícito.*** – La importancia del tema amerita rei-

[80] La ayuda jurisdiccional mediante cartas rogatorias trae actualmente otra hipótesis que es la exención de formalidades de legalización cuando el requerimiento se cursa entre autoridades jurisdiccionales fronterizas (Convención Interamericana del 30 de enero de 1975, art. 7°). Aquí se presupone la posibilidad de conocimiento y contacto inmediato que facilita despejar cualquier duda.

terar, en ampliación, algunos conceptos. Cabe retomar la idea de que el elemento básico para que, en la creación del derecho, opere la posibilidad de relacionarse del ordenamiento local con otro ordenamiento soberano, es el reconocimiento de que las reglas por aplicar emanen de una competencia normoproductora, pues, de otra manera, no hay forma de identificar lo que integra el sistema jurídico al cual cabe remitirse. Esto equivale a decir que, en virtud de la doctrina elaborada en tiempos de la *Glosa*, los estatutos fueron motivo de reconocimiento como tales desde el momento mismo en que se decidiera su aplicación. Es que la actuación de una regla de derecho extraña al *forum* implicaba admitir, tal como se ha adelantado, la existencia de la soberanía que la había producido, como también la un poder de tipo estatal similar al que se forma parte. Muchos siglos después, un segundo paso en esa dirección lo constituyó el reconocimiento de un Estado como otro miembro más de la comunidad internacional, pues esto significó que su derecho público –especialmente las disposiciones constitucionales que fijaban cuáles eran las autoridades y los órganos de gobierno que intervenían en la vida internacional– pasaba a revistar como integrado por disposiciones notorias para el que efectuaba ese reconocimiento[81]. Más tarde, cuando nacieron las entidades internacionales de orden universal, la admisión en su seno implicó, al menos para los países que aceptaran esa inserción, un reconocimiento político acompañado de las anotadas consecuencias. Tal como actualmente es concebido en el marco iusinternacional publicístico, consiste en un acto de índole discrecional, asumido frente a una realidad externa, considerándola dotada de signos de estatalidad y susceptible de ser destinataria de un mínimo de cooperación activa. Empero, la existencia del Estado resulta en un todo distinta e independiente de su reconocimiento por otros entes (así lo reconoce el art. 13 de la Carta de los Estados Americanos).

Acerca de lo expresado cabe hacer hincapié en que si bien es cierto que las autoridades jurisdiccionales o administrativas de un país pueden, de manera aislada, dar efectos a los actos de una organización política, modernamente se plantea que a partir del reconocimiento diplomático asumido se establecen vínculos relevantes para el derecho en el plano internacional. Sin embargo, desde

[81] Entre muchos, Vallarta Marrón, *Derecho internacional público*, p. 114 a 116.

los orígenes mismos de las relaciones entre los gobernantes de los distintos Estados, la propia costumbre fue imponiendo la inserción gradual de un derecho público extraño al foro, comprendiendo actos, procedimientos y reglas cuya aceptación era absolutamente indispensable para la convivencia entre sujetos que se proclamaban como soberanos, puesto que de otra manera no había forma de establecer quiénes eran sus autoridades o sus órganos de gobierno, o qué significaban determinados ceremoniales. Vale decir que no había manera de tener por firmes las bases indispensables para establecer lo que actualmente se denominan relaciones diplomáticas, las que se asientan en disposiciones constitucionales que pasaron a ser, tal como se adelantara, reglas notorias para el Estado que efectuaba el reconocimiento. Más aún, estos actos sirven de punto de partida para la recepción del derecho interno de otro país –aun cuando este tema sea siempre objeto de discusión crítica–, como también para marcar un paso indispensable en el tránsito hacia una mayor generación de lazos en el ámbito internacional.

Desde luego que el reconocimiento de decisiones o resoluciones pasa por etapas o pasos; así, en la originaria, donde tal reconocimiento se efectuaba acto por acto, realizando un examen de fondo, es decir, de compatibilidad de lo decidido con el bloque de legislación del país que efectúa el reconocimiento[82]. Luego advino un reconocimiento circunscripto al examen formal y a determinados aspectos sustantivos arribando, a la postre, a manifestaciones automáticas o desformalizadas donde campea como único elemento obstativo lo ligado con el orden público. Esto, con independencia de las tesis que postulan simplificar el conflicto de leyes reconvirtiéndolo en un sistema de reconocimiento de actos y situaciones[83].

[82] Batiffol resaltaba esto con relación a la doctrina judicial francesa anterior al inicio del proceso de integración europea, que el contenido de la sentencia extranjera era revisado aunque "ello no significa que debe tramitarse un nuevo juicio". O sea que todas las demás cuestiones de hecho y prueba quedaban exentas del examen de los magistrados franceses (*Aspects philosophiques du droit international privé,* p. 301 y 302).

[83] Ver Lehmann, *El reconocimiento: ¿una alternativa al derecho internacional privado?,* "Cuadernos de Derecho Transnacional", vol. 8, nº 2, oct. 2016. En rigor, se trata de la proyección internacional del sistema al que da cuerpo el art. 7° de la Const. de la Nación Argentina, inspirado en el art. IV, Sección 1ª de la Constitución de los Estados Unidos de América.

D) Despliegue funcional

§ 29. ***La extraterritorialidad más allá de su dimensión restringida.*** – Aun cuando esta labor toma la extraterritorialidad del derecho extranjero como *leitmotiv* y pese a constituir la extraterritorialidad "de recepción" el origen mismo de la rama del mundo jurídico denominada desde el siglo XIX derecho internacional privado, este no es un trabajo que tenga como objeto los contenidos de esta materia tal cual es concebida en la mayoría de los países enlistados en el sistema jurídico latino; vale decir, generalmente circunscripta a la aplicación jurisdiccional del derecho distinto del foral en un marco iusprivatista. La intención es operar tomando el método de la extraterritorialidad en su dimensión amplia, abarcando el mundo jurídico en plenitud, o sea, incorporando todas las manifestaciones del derecho extranjero que, mediante su aplicación, reconocimiento o equiparación, se corporizan en las distintas ramas de ese mundo. Lo central es advertir que hay un fenómeno único, bajo formas similares y que esto necesita para su actuación los mecanismos ya existentes en el actual contenido de la parte general del derecho internacional privado.

§ 30. ***Incorporación de lo jurídico extranjero a las ramas locales.*** – En función de lo relacionado cabe retornar a lo que fue la idea primigenia que consistió en postular que el derecho del domicilio de origen debía acompañar, respecto de la regulación de la capacidad, estado y condición, a las personas dondequiera que estas se hallasen, desplazando así el imperio de la ley territorial. Con esta propuesta comenzó a espigarse un carril distinto del hasta entonces utilizado para elaborar los preceptos jurídicos. Incluso, desde el mirador político, significó impulsar un perfil del sujeto de derecho desapegado de la vinculación con el territorio donde se habitaba. Empero, el hallazgo de los glosadores concebido como instrumento orientado a determinar, entre pluralidad de regímenes jurídicos, aquel que debe regir la relación con elementos vinculados con otros foros, más que a una rama componente del sistema jurídico por entonces utilizado, se aproxima a un método de construcción de la prescripción jurídica. Esto con una consecuencia inmediata: la aptitud para actuar en todos los sectores del espectro abarcado por el sistema de que se trata. Pero hay más: históricamente existe una razón para argumentar también en este sentido que surge de la lógica dado que, en aquellos tiempos, el derecho civil era entendido como derecho común que alcanzaba la totalidad del espectro jurídico con excepción del derecho canónico y del público (o político) que regía las magistraturas imperiales y las sanciones penales. Así las cosas, cabe reflexionar que la esencia de las afirmaciones vertidas guarda afinidad –pero no coincidencia– con algunos aspectos del pensamiento clásico plasmados en aquellas posiciones que conciben el derecho internacional privado como "una especie de derecho supremo", vale decir, un verdadero "derecho de las leyes"[84].

§ 31. ***Aptitud para incorporar la extraterritorialidad.*** – Dada esa condición de poder operar ese método en cualquier sector del mundo del derecho cuando concurren aspectos internacionales o interlocales, cada rama de lo jurídico posee *per se* aptitud para integrarlo a su estructura. Así, están dadas las condiciones con miras a que en el marco especializado de un derecho civil internacional se articulen soluciones que recurran a normas indirectas y a normas directas enderezadas al tratamiento de situaciones contentivas de elementos extraños al derecho propio, como también a la atribución de efectos a documentos extranjeros –sean concebidos sobre soporte papel o directamente emitidos en forma electrónica[85]– concernientes a situaciones típicamente regidas por ese derecho (p.ej., relaciones de familia y transmisiones patrimoniales *mortis causæ*). Situaciones similares se perfilan en el ámbito del derecho fiscal, cuyas complejas

[84] Fernández Prida, "Prólogo", en Asser - Rivier, *Derecho internacional privado,* p. 9. Para Asser, el derecho internacional privado consiste en el conjunto de principios "que determinan la ley aplicable, ora a las relaciones jurídicas entre personas pertenecientes a Estados o territorios diversos, ora a los actos realizados en país extranjero, ora, en fin, a todos los casos en que se trata de aplicar la ley de un Estado en territorio de otro".

[85] En España, ley 59/2003, art. 24.3, certificados que funcionan con un dispositivo seguro de creación de firma electrónica que garantiza la identidad del suscriptor y del poseedor de la clave privada de identificación y firma (www.dnielectronico.es/PortalDNIe/PRF1_Cons02.action?pag=REF_430&id_menu=33). En Argentina, ver el sitio web de Autoridad Certificante Raíz de la República Argentina (ACRAIZ), donde se puntualizan las autoridades certificantes y los trámites que conducen a la obtención de los certificados digitales (www.argentina.gob.ar/modernizacion/administrativa/firmadigital/acraiz).

problemáticas internacionales ameritan la existencia de un sector especializado donde se concitan las consecuencias del sistema tributario basado en el principio de la "renta mundial" y de la imposición al patrimonio, como también para que dé albergue a temas íntimamente relacionados como, entre otros, la información sobre transacciones financieras realizadas en el exterior, la investigación de estructuras societarias *offshore*, y la validez extraterritorial de exenciones otorgadas por otros regímenes tributarios (sobre esto y lo precedente, ver § 53 y 54). Asimismo, dependiendo de las competencias atribuidas o delegadas en un entorno supranacional, tal como ocurre en la Unión Europea[86], habrá también un derecho fiscal y un derecho penal con el atributo de ser supranacionales. Entendemos, incluso, que dada la complejidad creciente de las sociedades modernas, se irá plasmando una mayor especialización, con la correlativa formación de nuevas ramas transnacionales, que acompañarán a las ya afianzadas[87]; del mismo modo que, al momento de llevar a cabo los Congresos de Montevideo de 1889 y 1940, se tomó en cuenta la existencia de un derecho civil internacional, de un derecho comercial internacional, de un derecho procesal internacional y de un derecho penal internacional. En verdad, el rol de lo internacional experimenta fuertes cambios que, en virtud de la aceleración de los acontecimientos en el plano de lo histórico, lleva a que ocurran en lapsos o períodos cada vez menores en cuanto a su extensión. Durante siglos la realidad del derecho se construyó desde adentro, a partir del Estado o núcleo nacional, hacia afuera. Actualmente, si bien tal carácter pervive, cada vez más los criterios y soluciones fluyen de afuera hacia adentro[88], especialmente en lo económico y en el ejercicio del poder en sus diversas perspectivas. No obstante, el distinto papel del Es-

[86] Ámbito que cuenta ya con estudios especializados de cuarto nivel tal como ocurre con la maestría en Fiscalidad Internacional de la Universidad a Distancia de Madrid, una de cuyas asignaturas es el Derecho Tributario de la Unión Europea (ver programa y cuerpo de profesores en www.udima.es).

[87] Entre las nuevas ramas requeridas por la realidad contemporánea se encuentran el derecho de la salud y el bioderecho, el derecho de la ciencia y la tecnología, el derecho del arte, el derecho de la educación y el derecho de la ancianidad (Ciuro Caldani, *Necesidad de un complejo de ramas del mundo jurídico para un nuevo tiempo,* "Investigación y Docencia", vol. 42, p. 113).

[88] Sánchez Lorenzo, "¿Cómo cuadrar democracia, globalización y derecho internacional?", en Von Bogdandy, *Hacia un nuevo derecho público*, p. 251 y siguientes, especialmente p. 257.

tado no significa la más de las veces decadencia sino adaptación a nuevas condiciones[89].

§ 32. ***Atribución de la cualidad de internacional a un elemento jurídico.*** – Es oportuno llamar la atención acerca de que, en rigor, lo internacional se aproxima más a la categoría que lo tiene como cuestión formal y no fondal. En efecto, lo que es comercial o fiscal o administrativo no cambia de naturaleza porque se dé en un plano de relaciones interprovinciales en un país federal, o de relaciones interlocales en un Estado dividido en autonomías regionales, o entre Estados soberanos en una relación de extranjería. Lo internacional es una cualidad que se agrega en razón de los contactos o vinculaciones. Ella cambia el tratamiento orgánico, como las formas jurídicas a las que se verán sometidos y el ámbito que abrace su validez. Esto lo habíamos tomado en cuenta al analizar la manera en que se administran las relaciones internacionales[90], donde se ha ido gradualmente pasando de un sistema en que el Estado gerenciaba mediante un ministerio encargado específicamente de todos los negocios extranjeros, a otro sistema que, sin perjuicio de la subsistencia de un departamento de relaciones exteriores o negocios extranjeros, abriga una diversificación en la que cada sector especializado de la Administración (salud, comunicaciones, educación, defensa) mantiene su propio sistema de relaciones exteriores, tanto con otros Estados nacionales o subnacionales[91], como con los organismos internacionales de alcance universal, continental o regional. En la actualidad llegan a través de sistemas de comunicación que transmiten imagen y sonido en tiempo real (es decir, no diferido) y medios de traducción que facilitan la comprensión de toda clase de expresiones orales o escritas en cualquiera

[89] Salmon, *Quelle place pour l'État dans le droit international d'aujourd'hui?*, "Recueil des Cours. Collected Courses", vol. 347, p. 76.

[90] Piombo, *Administración de las relaciones internacionales: defectos estructurales*, en AA.VV., *Estudios de derecho internacional en homenaje al profesor Ernesto J. Rey Caro*, *passim*.

[91] La provincia de Quebec, a raíz de su particular estatus dentro de la federación canadiense, tiene en su estructura gubernativa un Ministerio de Relaciones Internacionales y de la Francofonía, por medio del cual articula sus vinculaciones con otros Estados, particularmente de habla francesa (www.mrif.gouv.qc.ca/fr/, también a *France Diplomatie*, www.diplomatie.gouv.fr/es/fichas-de-paises/canada-y-quebec/quebec/).

de los idiomas oficiales de la ONU, o usuales en los principales organismos de integración[92]. Vale decir que la vinculación material, la originada en la comunidad de los asuntos o en identidad de las problemáticas, se va imponiendo por sobre cualquier idea de que la inclusión en un ámbito local o internacional cambia la naturaleza o esencia de la preceptiva.

§ 33. ***Extensión de la construcción normativa internacional.*** – Advertimos que el método va más allá de los casos multinacionales, en la medida en que resulta idóneo no solo cuando se trata de dos derechos estatales distintos, sino cuando el cometido se ciñe a aplicar reglas de otro ordenamiento jurídico autónomo dentro de un mismo derecho estatal. La metodología resulta siempre utilizable en la medida en que se trate de adoptar una solución en función de problemáticas vinculadas a un derecho que no sea el del operador. Se trata, en definitiva, de preservar criterios o decisiones originados o provenientes de otro sistema u ordenamiento. Resume en sí una cooperación que expresa un valor: el de otorgar, más allá del acto o situación, respeto a lo convenido, o sea a lo dispuesto por quien era el titular de los derechos o a lo decidido por la autoridad que compuso una controversia o regló una situación; todo lo cual, por cierto, supone también respetar las pautas directivas de un sistema jurídico no propio[93]. En otras palabras, aplicar un derecho con distintas fuentes de validez para ayudar a mantener la estabilidad de las relaciones jurídicas, aun cuando esto signifique allanar la posibilidad de que otro orden jurídico realice sus propios valores o criterios. Sin embargo, bien entendido que siempre el orden local plasmará sus objetivos fundamentales, centralmente de convivencia y paz social[94]. Lo hasta ahora expuesto parte de la

[92] Recuérdese que la Unión Europea reconoce veinticuatro idiomas como oficiales (ver el tema desde el punto del trabajo parlamentario en www.europarl.europa.eu/about-parliament/es/organisation-and-rules/multilingualism).

[93] Mahiou, *Le droit international de la dialectique del rigueur et de la flexibilité (cours général de droit international publique)*, "Recueil des Cours. Collected Courses", vol. 331, 2008, p. 29 y ss., quien sostiene que la doctrina atribuye la calidad de prioridades del derecho internacional contemporáneo el dar vigor a la interdependencia entre los Estados como también facilitar el avenimiento de una comunidad internacional.

[94] Ver Mayer, *Le phenoméne de la coordination des ordres juridique étatiques en droit privé (cours général de droit international privé)*, "Recueil des Cours. Collected Courses", vol. 327, p. 180 y siguientes.

convicción de que la solución consistente en la aplicación del derecho extranjero –sea concebida el marco de una rama jurídica autónoma, sea como articulación propia y característica de un particular método de construcción normativa–, siempre exhibe el atributo de una verdadera plurifuncionalidad acerca de la cual más adelante nos extendemos. También realiza la cooperación arriba señalada, aun cuando esto no significa que el derecho internacional privado, en su concepción tradicional, comporte un sistema de distribución de competencias jurisdiccionales o legislativas a nivel mundial o interestatal, a manera de un súper ordenamiento.

§ 34. ***El método de integración normativa internacional como patrimonio de la ciencia jurídica.*** – Al dejar de ser identificado el método indirecto como un elemento propio y excluyente de una determinada rama del derecho, opera otra visión que lo transforma en una herramienta general, de uso común, o sea apto para actuar en todos los sectores del mundo jurídico. Parafraseando la idea condensada en la locución "patrimonio común" (ver § 4), puede adelantarse la existencia de un bien instrumental especialmente útil a todos los sectores del sistema legal. La consecuencia adquiere resonancia práctica y ha sido adelantada poco más arriba, y consiste en que en todas las ramas, al conectarse con el derecho extranjero mediante los enlaces fruto de la actuación de las normas indirectas o del reconocimiento de actos y procedimientos o de la equiparación de efectos, pasarán a revistar, según la materia, como sector especializado del tronco material al cual accedan. Esto es, sector especializado que tendrá, para los asuntos que posean la característica de ser internacionales, un especial emplazamiento en el cual acompañarán también las normas locales directas que aporten para la solución del caso internacional o para la articulación de un régimen referido, por ejemplo, a la documentación expedida por una entidad intergubernamental[95]. Todo, desde luego, resulta

[95] Interesa también aquí la validez que un Estado componente de una organización supranacional puede otorgar a los actos de un país exterior a aquella entidad en cuanto a sus efectos respecto de los demás Estados componentes de la organización [Vettorel, *EU regulation n. 2016/1191 and the circulation of public documents between EU member states and third countries = Il regolamento (UE) n. 2016/1191 e la circolazione dei documenti pubblici tra stati membri e paesi terzi,* "Cuadernos de Derecho Transnacional", vol. 9, nº 1, 2017, p. 342 y siguientes].

extensible a las problemáticas subnacionales, interlocales e, incluso, interculturales.

§ 35. ***Rumbo a la transnacionalización.*** – Luego de la Primera Guerra Mundial y, en particular, después de la Segunda Guerra Mundial, medió un cambio fundamental en la extraterritorialidad consistente en el acrecimiento de la actuación de organismos internacionales que generaron una congenie de actos, procedimientos y materializaciones, que facilitó el recíproco reconocimiento de la actividad que ellos desarrollaban –primordialmente de índole administrativa– en cada uno de los Estado parte, verificándose así una virtual inundación de derecho distinto del vigente en el foro cuyo contenido se tornó, en sectores donde primaban razones de seguridad y urgencia, en automáticamente ejecutable. Es decir, que se ha sobrepasado el esquema nacional de interrelación para ir más allá en un universo en el que las relaciones registran vasos comunicantes y donde las categorías de tiempo y de espacio gravitan con mucha menor fuerza. Lo nacional pasa a transnacionalizarse, con una nueva realidad en la que los centros de producción normativa se multiplican y fincan tanto a nivel de otras estatalidades como de los órganos internacionales. Cada rama del mundo del derecho experimenta el aumento de la presencia de lo jurídico extraño al foro que, junto con las disposiciones locales de contenido material que contemplan las situaciones de extranjería y –además– el régimen de orden público de cada sector, conforma una porción específica en relación con la particular materia de que se trate. En este marco, la idea de una porción del mundo jurídico centrada en el método conflictual puede ser mantenida si se la completa con un esquema en el que, a nivel de cada rama del derecho sustantivo, ante el fenómeno de la acelerada internacionalización de las problemáticas propias, se forman sectores orientados a absorber el impacto de la transnacionalidad en los que confluyen aquel método con el de solución exteriorizado bajo la forma de normas directas como también con el reconocimiento de actos ajenos al foro.

§ 36. ***La extraterritorialidad como instrumento de vinculación.*** – La circunstancia de que la extraterritorialidad suponga la actuación de más de un derecho para realizar el valor justicia pone en realce su función vinculante. Opera como un instrumento que liga un ordenamiento con otro o con sectores autónomos

–p.ej., subnacionales– de un mismo ordenamiento. Esto implica discernir a su respecto la calidad de fenómeno de integración (ver § 4). Durante siglos tal modo de proceder, o sea, de integrar una decisión acudiendo a contenidos de una ley proveniente de distinta soberanía o foro, fue vista como propia de un sector o rama de la enciclopedia jurídica sin potencialidad expansiva alguna. Sin embargo, se trata de una metodología cuyo alojamiento propincuo corresponde hacerlo en la teoría general del derecho (remitimos a § 4 y 9). A partir de allí su accionar no puede sufrir obstáculos, ni lógicos ni ontológicos, en ningún sector del mundo jurídico. Se trata, concretamente, de operaciones que si bien resultan aisladas reflejan una idea de actuación de conjunto entre partes de sistemas que, aunque distintos, atienden a la misma finalidad. Es cierto que el punto de arranque no coincide con el criterio que sostiene que la norma de conflicto se limita a otorgar competencia a una ley extranjera[96], sino que encaja en la idea de una norma indirecta, que regula el fondo a través de la reglamentación extranjera. Empero, aun de adoptarse la idea puramente competencialista, no se conmoverían las conclusiones centrales vertidas en este libro.

[96] Ver Batiffol, *Aspects philosophiques du droit international privé,* p. 137.

Capítulo II

CONDICIONANTES EN LA EXTRATERRITORIALIDAD

§ 37. ***Circunstancias operantes.*** – Históricamente, toda invasión proveniente del extranjero ha suscitado resistencia y rechazo. Siempre conlleva una idea de subyugación. Lo ocurrido en la historia de Europa desde los tiempos prerrománicos ilustra sobradamente al respecto. En cambio, la invasión del derecho extranjero que no viene acompañada de una finalidad de dominación, sino de lograr una mejor concreción del valor justicia en todos sus despliegues, vale decir, un tratamiento más adecuado y equitativo con referencia a cada caso y a cada situación, no tendría por qué suscitar una reacción adversa. Sin embargo, pese a su estrecha vinculación con una manifestación del bien común[1], el fenómeno de la extraterritorialidad, en los siglos transcurridos desde la aparición de la *Glosa magna*, ha experimentado condicionamientos y limitaciones en punto a su alcance. En verdad, la prédica de los estudiosos se ha empeñado en reducir el alcance del legado de Accursio y del derecho internacional privado en su concepción más clásica, sea sustrayéndole contenidos, sea restándole importancia política o significado institucional[2];

[1] En el sentido que Tomás de Aquino da a ese concepto en su aplicación política (ver Raffo Magnasco, *Bien común y política en la concepción filosófica de Santo Tomás de Aquino,* "Actas del Primer Congreso Nacional de Filosofía, Mendoza, Argentina", t. 3, mar.-abr. 1949, p. 2021 y ss., esp. 2026). En el texto de referencia se puntualiza que "el bien común 'político', esto es, al que es el propio (de la comunidad política), consiste en el orden que nace del fin último de la vida humana, la felicidad, o sencillamente en la felicidad de la vida humana".

[2] Biocca - Feldstein de Cárdenas - Basz, *Lecciones de derecho internacional privado. Parte general*, p. 30 y 31. En este libro se puntualiza: "Encontra-

en otras palabras, rebajando el papel que la aplicación del derecho extranjero debe tener en mérito a su significado en orden respec-

---

mos una constante observable en las amputaciones hechas al contenido de nuestra materia, que coinciden con una paulatina y permanente disminución, al menos en nuestro país fácilmente comprobable, del interés por su estudio e investigación, una constante minimización de su importancia cuya gravedad señalamos en nuestros cursos. *1*) Se limita su contenido al derecho civil y al derecho comercial, excluyéndose el derecho penal y el derecho fiscal; paulatinamente se abandona todo lo concerniente al régimen de propiedad industrial, patentes, marcas, importación de tecnología e inversiones extranjeras. *2*) Se mutila el propio derecho comercial internacional excluyendo de su contenido a las sociedades extranacionales o multinacionales. *3*) Se excluye todo lo concerniente al comercio exterior. *4*) Se lo limita y se centraliza el análisis, la enseñanza y la investigación a los problemas del derecho civil. Y así limitado y mutilado, se advierte que no solo se pierde el interés real por su estudio e investigación, sino que coincide con un debilitamiento de la estructura jurídica de la Argentina que además de endeble es inorgánica, y aunque los planes políticos y los proyectos programáticos se empeñan por asegurar a la Argentina un desarrollo económico independiente, la fractura de los mismos con su estructura jurídica hace inevitable una mayor dependencia que postra a la nación en un angustioso estancamiento, creciente endeudamiento externo y falta de rol en el ámbito internacional, agravado por tendencias erráticas en la inserción en la comunidad internacional. Mientras se centró la problemática fundamental del derecho internacional privado en los 'matrimonios mejicanos', se abandonó la esencia del mismo que atañe al alma del comercio exterior de la República, una coincidencia que va dejando inerme al país. 'Durante cincuenta años hemos introducido al país muchos millones de libras esterlinas de capital extranjero y algunos millones de inmigrantes, sin preocuparnos de nacionalizar ni las libras esterlinas ni a los inmigrantes, y estamos en peligro de que unos y otros nos equilibren el gobierno del país por acciones y presiones indirectas. Vosotros, que os enorgullecéis de nuestra independencia al celebrar sus aniversarios, ¿creéis que la independencia de la República Argentina está coronada cuando el agricultor que trabaja en las llanuras, el minero que horada las montañas y el leñador que vive en los bosques no tienen el derecho de exigir por sus productos el precio que marca la ley del intercambio y deben conformarse con el que el monopolio extranjero y la influencia extranjera imponen en tiempo de paz y tiempo de guerra?' [...] 'Estos consejos, señores, deben ser coronados por el magnífico verso de Byron escrito en el pizarrón: Apenas bastan mil años para formar un país, pero puede ser convertido en polvo en una hora'. Con estas palabras dejó cerrado el curso de derecho internacional privado en la Facultad de Derecho el entonces titular Estanislao Zeballos en la última clase del 31 de octubre de 1917. A través del tiempo sus palabras descubren la amarga realidad de nuestros días, y de ahí el auténtico desafío que nos cabe a quienes estudiamos el derecho internacional privado en su plena concepción".

En un marco doctrinal temporalmente más cercano, Giménez Corte también postula un redimensionamiento comprensivo de las áreas propias del derecho público (*La función del derecho internacional privado en la era de la globalización: un manifiesto jurídico*, *ED*, 265-774).

to del acercamiento cooperativo entre las entidades políticas y los pueblos. Más aún, las escasas ampliaciones que transparenta el sector son simples extensiones lineales que actúan sumando figuras de similar especie pero no sectores o áreas de distinta contextura material. Así, a partir de un emplazamiento en el sitial de las ramas jurídicas –esto es, como derecho internacional privado–, los condicionamientos y restricciones gravitantes a la hora de actuar derecho extranjero, además de los que surgen por incompatibilidad de principios entre la normativa del foro y la que aparece en trance de aplicación –p.ej., defensa del orden público local–, perfilan una pluralidad de situaciones y similitudes que se examinarán seguidamente.

§ 38. ***Cuadro de las limitaciones: principales componentes.*** – Condicionante material de muchos de los desarrollos posteriores fue que la inserción del derecho extranjero se limitó, en el pensamiento de los glosadores, a su aplicación, o sea que dejaba de lado –aun cuando no nominativamente– lo que entrañaba reconocimiento de actos o procedimientos.

Una segunda restricción, esta vez de índole formal, se exteriorizó al identificarse la actuación del derecho extranjero solo con su aplicación a los casos que se suscitaran, o sea, soslayando lo que no configura controversia, esto es que no contemplara un litigio o situación justiciable. Se dejaron así en un segundo plano los desenvolvimientos que se fueron acrecentando y que en la actualidad incluyen conformación de instituciones regulatorias, ejecución de actos oriundos de otro foro, actuación transfronteriza de órganos de integración mixta con autoridades locales[3], etcétera.

Otra se enlaza con la naturaleza del derecho extranjero, dejándose afuera lo que atiende a la actuación de las ramas que se anclan en el accionar del Estado (derecho público).

Una restricción más se relaciona con la especialización que abrazan los principales tratadistas, que los inclina a cerrar las com-

[3] Por ejemplo, los servicios aduaneros que operan integradamente o que realizan en común las tareas de control de bienes y declaraciones. En esto, y con relación al caso argentino-uruguayo, ver Sosa Pinilla (coord.), *Facilitación del transporte en los pasos de frontera de Sudamérica, asistencia técnica bilateral y apoyo en la implementación de ejercicios de controles integrados, IIRSA, capítulo V,* www.iirsa.org/admin_iirsa_web/Uploads/Documents/pfd_ftpf2_cap5_fray_bentos.pdf.

puertas de comunicación con los sectores jurídicos ajenos a su área de trabajo. Va de suyo que conexa a esta se encuentra la que dimana del encapsulamiento de los instrumentos de la extraterritorialidad en un continente inadecuado, esto es, limitado por la índole civil o comercial de las reglas codificadas o metodizadas en el cuerpo legislativo de que se trate y contagiado, también, del modo casuístico que envuelve la construcción de esas ramas del derecho.

§ 39. ***Incidencia de la etapa codificatoria.*** – Acerca del estrechamiento que supone inserir una materia en un continente inadecuado para recibir contenidos que lleguen a la línea de la afinidad, cabe recordar que en el siglo XIX se inicia una etapa codificatoria donde se sucedieron dos modelos bajo el mismo temperamento. Partiendo de que la aplicación del derecho extranjero solo funciona en el marco del derecho privado, concretamente en los dominios de los derechos civil y comercial, en un primer paso la regulación de la aplicación del derecho extranjero se insertó en los códigos destinados a ordenar y sistematizar tales materias. Eso ocurrió hasta transcurrida la mayor parte del siglo XX, en una primera tendencia en la que la inserción asumía forma dispersa[4], seguida por una segunda orientación que la cobijó en un capítulo especial (Código Civil alemán del 1/1/1900, Título Preliminar). Durante la segunda mitad del siglo XX, y en el marco de la centuria en curso, se ha reemplazado ese modelo, salvo contadas excepciones, insertándose en leyes autónomas los tres temas básicos comprendidos del derecho internacional privado contemporáneo, esto es, aplicación del derecho extranjero, competencia judicial para conocer en los casos con vinculaciones extranacionales y reconocimiento y ejecución de sentencias extranjeras. Esto produce, siquiera en mínima parte, un benéfico fenómeno de comienzo de desvinculación de la extraterritorialidad respecto de los principios específicos y propios del área de los derechos civil y comercial.

§ 40. ***Limitaciones vinculadas con el modo de actuación.*** – Aquí podemos mencionar dos.

[4] Código Civil argentino, aprobado por ley 340, vigente desde el 1/1/1871 y hoy derogado por el Código Civil y Comercial (ley 26.994), arts. 6° a 14, 400, 409, 410, 1210 a 1212, 3283, 3284, etcétera.

a) *Restricción a la idea de extraterritorialidad existente al fragmentarse el Sacro Imperio.* Cuando las ideas impuestas por el Tratado de Westfalia regimentaron políticamente Europa bajo un entramado monárquico[5], la ductilidad de un instrumento que permitía mantener incólume la capacidad de las personas y la validez de los actos jurídicos de contenido patrimonial, fue recibida y aceptada por los tratadistas y los órganos jurisdiccionales de entidades políticas que se consideraban, por entonces, como dotadas de soberanía en el sentido que Bodin diera al término[6]. Empero, gravitó fuertemente el hecho de que después de Westfalia cada Estado se había edificado a sí mismo; esto por medio de la estructuración de administraciones centralizadas, la adopción de uno o más idiomas como propios, el aseguramiento de un mercado comercial común y un sistema de comunicaciones orientado hacia la ciudad tomada como residencia de sus autoridades, como también la adopción de reglamentaciones únicas para las materias civiles y comerciales[7]. Entonces, para justificar la extraterritorialidad se acudió no a razones de justicia como habían invocado los glosadores, sino de conveniencia recíproca[8]. Así las cosas, pese a que ese tratamiento del derecho extranjero se originó con anterioridad al nacimiento del derecho internacional público como sistema orgánico[9] y con una clara finalidad de alto contenido político propia de este último ámbito jurídico como era la de facilitar el comercio entre las naciones, los juristas que conformaron las sucesivas escuelas ciñeron sus elaboraciones intelectuales, por regla general, al ámbito de las instituciones pertenecientes al derecho privado.

b) *Incidencia de una cuestionada denominación.* Lo puntualizado en la parte final del parágrafo inmediato precedente resalta que se transita por un sector del derecho cuyo designación actual,

[5] Cantú, *Historia universal,* t. VII, p. 425 y siguientes.

[6] Bodin, *Los seis libros de la República*, p. LIV y siguientes.

[7] Basedow, *The law of open societies, "Recueil des Cours. Collected Courses"*, vol. 360, p. 83.

[8] Amorin Pereira, *A doutrina holandesa comitas gentium*, "Revista da Facultade de Direito de la Universidade Federal de Minas Geraes", nº 3, 1963, p. 105.

[9] Operando como conjunto de instituciones aisladas vinculadas únicamente por su finalidad de asegurar un marco para las relaciones entre príncipes, primordialmente en la faz diplomática, en los conflictos bélicos y, en ocasiones, en lo comercial (Nussbaum, *Historia del derecho internacional,* p. 25 y ss.; Preiser, "History of the law of nations, ancient times to 1648", en *Encyclopedia of Public International Law*, vol. II, p. 736 y siguientes).

que en la primera mitad del siglo XIX reemplazó la entonces usual de conflicto de estatutos, luce actualmente como poco menos que inapropiada[10]. Primero, porque en la actualidad la parte más importante de sus fuentes son nacionales, además de que la materia históricamente se inició contemplando problemáticas que se daban en un contexto interregional y no internacional; incluso van en aumento los problemas subnacionales o intrafederales que tienen la misma impronta técnica que los que transitaron en los primeros tiempos de los conflictos de leyes (ver § 94). Segundo, porque lo privado, más allá de aparecer como circunscripto frente a los muy importantes roles que adopta la extraterritorialidad en temas de naturaleza penal, o de índole tributaria, o de contenido administrativo[11] o previsional, disminuye su gravitación frente al avance de sectores que hacen a la defensa de la dignidad humana y de la común asistencia jurídica internacional, circunstancias que, además, tienen vínculo de afinidad con algunas de las funciones centrales del método de construcción normativa bajo examen. De ahí que, en la actualidad, resulte más realista y productivo dejar de lado estereotipos o precalificaciones ajenas a la naturaleza del fenómeno de que se trata, importando –en su lugar– establecer a qué ramas del mundo jurídico llega aquella forma de generar derecho de manera cooperativa y qué funciones cumple en cada sector.

§ 41. ***Limitación vinculada a la esencia de la norma. Exclusión del derecho público del ámbito de la extraterritorialidad.*** – Del primer elemento utilizado para restringir la extraterritorialidad que se condensa, tal como ha sido acotado, en dejar de lado todo lo que no constituye aplicación, pasamos a la delimitación trazada por el encuadramiento formal de la norma. La categoría elegida para sustentar la restricción de la extraterritorialidad del derecho extranjero fue la del derecho público. Sin embargo, ade-

[10] Entre muchos en la literatura americana, Duncker Biggs, *Derecho internacional privado. Parte general*, p. 17 a 20; con restricciones, Guerrero, *Derecho internacional privado*, p. 15 a 17.

[11] Lo penal y lo administrativo corren por andariveles parejos con la finalidad de defender la competencia comercial en el marco de la Unión Europea acudiendo, ambas ramas, a un herramental sancionatorio, tal como lo ilustra el trabajo de Otero García Castrillón, *El alcance extraterritorial del derecho de la competencia y su utilización como medida comercial*, "Gaceta Jurídica de la Unión Europea y de la Competencia", nº 212, mar.-abr. 2001, p. 34 a 56.

lantamos que ella no puede constituir fundamento sólido para sustentar una toma de posición definitoria.

En efecto, la división entre público y privado es un legado del derecho romano clásico. Para sus fuentes, el derecho público era el que trataba del gobierno, abarcando sendas porciones dedicadas a la regulación del culto, de la función sacerdotal y de las magistraturas, incluyendo la organización de las asambleas (*comitia*) y del Senado. Vale decir, tanto el Estado como el gobierno y las relaciones de estos con los particulares, conformando así un orden que no podía ser modificado por los sujetos privados y cuyas reglas únicamente podían emanar de los órganos legislativos. A su vez, el derecho privado era el que hacía a la utilidad de los particulares, reglamentando sus relaciones y actividades, y podía ser modificado por las convenciones celebradas por los propios destinatarios de estas normas[12], aun cuando dentro de su estudio Ulpiano incluía el derecho natural (leyes que la naturaleza impone a todos los seres animados) y el de gentes (reglas aplicables a las relaciones con pueblos distintos que el romano)[13]. Con el transcurso de los siglos, al aumentar la presencia del Estado en la actividad privada, se incorporaron otros criterios con la finalidad de seguir utilizando las categorías apuntadas en medio de una cambiante realidad. En este orden de ideas, se distinguió por el tipo de norma, la obligatoriedad de ellas, la finalidad de la preceptiva, los intereses jurídicamente protegidos y los sujetos vinculados. A manera de ejemplo, se describió que un sector del ordenamiento jurídico estaba constituido por las normas de supraordinación y de subordinación, en tanto otras reflejaban coordinación; fueron las primeras –que regulan situaciones entre sujetos que no se hallan colocados en nivel de paridad– las que constituirían el derecho público, mientras que las restantes, que se basan en una situación de igualdad entre los sujetos, configurarían el derecho privado. También se postuló adoptar como criterio divisor considerar si las normas realizan funciones adaptativas o distributivas; las primeras fueron las que conforman el sector público de la regulación jurídica, y brilló allí la satisfacción

[12] Quintana Adriano, "Derecho público y derecho privado", en González Martín (coord.), *Estudios jurídicos en homenaje a Marta Morineau*, t. I, especialmente p. 409 y siguientes.

[13] "El derecho privado es tripartito, pues está compuesto por los preceptos naturales, de gentes y civiles" (*D*, L 1.1.1.2). Ver Kriegel - Kriegel - Hermann - Osenbrügen, *Cuerpo del derecho civil romano*, t. I, p. 197.

de las necesidades públicas y de los intereses comunes, en tanto las restantes hacen al interés privado. Empero, las distinciones caracterizantes pierden nitidez dado que cobran paulatinamente más fuerza en el derecho privado las normas imperativas, que se imponen a la voluntad de los particulares en asuntos sensibles al interés público, mientras que el Estado en la actualidad muchas veces asume rol de mediador y no de autoridad dirimente, frente a intereses sectoriales contrapuestos en los que se requieren acuerdos entre los sectores protagonistas[14]. Tal situación ha permitido afirmar, con miras a la generación normativa por vía del consenso de los Estados por la vía convencional, que el derecho internacional público "es más privado que el derecho privado"[15]. La idea de que la ley es el elemento caracterizante del ámbito público mientras el contrato lo es del sector privado, entra en colisión con una realidad en la que muchas decisiones del poder público surgen de negociaciones de sesgo contractual. Mientras tanto, en el área privatística se incrementa la regulación heterónoma de conductas sobre la base de la actuación del orden público[16]. Por añadidura, en la fenomenología jurídica contemporánea, tanto el derecho público como el privado se combinan promiscuamente como ocurre en el caso de los tratados bilaterales de inversión "que ubican al inversionista extranjero al mismo nivel que el Estado", convirtiéndolo en sujeto del derecho internacional. Al hacerlo, el tribunal arbitral, además de movilizar "principios del derecho internacional, aplica también la ley interna y que puede ser de derecho público como es el caso de las expropiaciones y así un tribunal internacional asume funciones que hasta ese momento el Estado las ejercía de manera exclusiva y, por otro lado, ese mismo tribunal juzgará cuestiones de derecho privado como el contrato y las obligaciones de las partes y [...], en cuanto a los derechos del inversionista extranjero, el tribunal arbitral, en su carácter internacional, estará vigilante de los derechos

[14] Lorenzetti, *Fundamentos del derecho privado. Código Civil y Comercial de la Nación Argentina,* p. 33 y siguientes

[15] Rundstein, *L'arbitrage international en matiére privée,* "Recueil des Cours. Collected Courses", vol. 23, p. 338. La tesis de la vinculación del derecho internacional público con el derecho privado resulta sometida a crítica por Casanovas, "La dimensión pública del derecho internacional actual", en Bouza i Vidal - García i Segura - Rodrigo Hernández (dirs.) - Pareja Alcaraz (coord.), *La gobernanza del interés público local,* p. 58 y 59.

[16] Lorenzetti, *Fundamentos del derecho privado. Código Civil y Comercial de la Nación Argentina.*

humanos de este último. El laudo será entonces una [...] mezcla de derecho privado, derecho público y derecho internacional, en tanto que el procedimiento es de esta naturaleza"[17].

Esta difuminación de circunstancias individualizantes y la parvedad de las consecuencias prácticas logradas con la utilización de las categorías en trato, condujeron al planteamiento –desde los inicios del siglo XX– de posiciones que parten de sostener que la división entre derecho público y derecho privado implica crear un dualismo inútil[18], como de otras que postulan la carencia de importancia actual de la distinción[19], siendo más que sintomático que un sistema jurídico de la complejidad y adaptabilidad a las nuevas circunstancias como es el anglosajón, se haya desarrollado prescindiendo del concepto de que se trata. En definitiva, aunque esto importe reiterar expresiones, la categoría en examen no representa un concepto unívoco, no aporta un criterio útil, es desconocida en algunos sistemas jurídicos y resulta objeto de vigorosa crítica por parte de la filosofía del derecho. Incluso, la idea de derecho público generada por el pensamiento romano, en su parte no religiosa, representa una materialidad que contemporáneamente se engloba en el ámbito de los derechos político y administrativo, o sea que pervive en la actualidad pero bajo otras vestiduras. Cabe sí advertir que el empleo de la locución "derecho público" a todo lo largo de este trabajo no significa reconocer, por vía indirecta, incidencia categorial o consecuencias tangibles en orden a la extraterritorialidad del derecho, sino que obedece a la conveniencia de acudir a un criterio identificativo y sintetizador que resulta conocido para quienes tienen contacto con la praxis del derecho latinoamericano.

[17] Pereznieto Castro, *La revolución del derecho internacional privado en el mundo de hoy,* "Anuario Hispano Luso Americano de Derecho Internacional", nº 21, 2013, p. 401 y siguientes.

[18] Kelsen, *Teoría pura del derecho*, p. 286 y correlativas.

[19] En la parte cuarta de la obra citada en lo inmediato precedente, salida de la pluma de quien fuera denominado por Carlos Cossio el "jurista por antonomasia de la época contemporánea" (ver *Hans Kelsen, el jurista de la época contemporánea*, artículo del jusfilósofo argentino inserto en "Anales de la Facultad de Ciencias Jurídicas y Sociales de la Universidad Nacional de La Plata", t. XII, parte 2ª, La Plata, 1941, p. 535), dejó postulada la supresión de los dualismos que oscurecían la ciencia jurídica, entre los cuales se halla la distinción entre derecho público y derecho privado, que estimó un condicionamiento histórico y contingente que nada tiene que ver con la esencia del derecho.

a) *Tribulaciones del derecho público.* El instituto del orden público, actuando como excepción a la aplicación o recepción del derecho extranjero llamado para regir la relación, introduce de plano la problemática del derecho público. El mismo fenómeno lo producen las denominadas "normas de policía", también denominadas por la doctrina "normas imperativas de aplicación inmediata" o "normas rígidas expresas", categoría que el Código Civil y Comercial argentino, en su art. 2599, denomina "normas internacionalmente imperativas" y que constituyen uno de los componentes básicos de la concepción del derecho internacional privado denominada "pluralismo metódico"[20].

Así las cosas, retomando la idea de exclusión de un sector del mundo jurídico del posible accionar del derecho extranjero, ahora más allá de lo conectado con los problemas generales, es del caso señalar que gravitó la idea de que si todo se circunscribía a situaciones donde primaba el interés particular, no había consideraciones que oponer a lo que era manifestación de un poder extranjero tal como lo constituía la aplicación de sus leyes. Dentro de esta línea de pensamiento no existían, en principio, razones que pudieran comprometer la soberanía, concepto que no importaba otra cosa que la sublimación jurídica del sentido de autoconservación de la propia entidad política. De manera que si bien el puente que construyera la doctrina de los glosadores no era limitativo y posibilitaba el derrame del derecho extranjero en los diversos sectores de la enciclopedia jurídica, prácticamente todo se concentró en la solución de las controversias entre particulares y en las instituciones que regulaban esta composición que, por lo demás, era el sector más vasto y mejor delineado del derecho de aquel entonces y en épocas inmediatamente posteriores. Con el acercamiento al siglo XIX, no obstante que algunos temas procesales civiles y más tarde penales se internacionalizaron, se seguía repitiendo lo puntualizado en orden a que no era concebible que un país ayudase a otro a gobernar haciendo observar las leyes políticas de este último[21].

[20] Giménez Corte, *La función del derecho internacional privado en la era de la globalización: un manifiesto jurídico*, *ED*, 265-774.

[21] Goldschmidt, *Derecho internacional privado. Derecho de la tolerancia (basado en la teoría trialista del mundo jurídico)*, p. 4. Empero, no escapaba a la sabiduría del gran maestro que el devenir marcaba un avance incontenible de la extraterritorialidad del derecho extranjero: "La extraterritorialidad pasiva del derecho privado significa que un país ayuda a los particulares vinculados a él de algún modo, aun con miras a casos relacionados con otros países. La

Tal idea, reiterada con insistencia, selló una segunda restricción al legado de Accursio, teniendo presente que la primera es no haber tenido en cuenta que la actuación del derecho extranjero importaba no solo la aplicación sino el reconocimiento de actos y de fuentes. En seguimiento del temperamento ahora en examen, una parte importante de la doctrina niega, de manera circunstanciada, la existencia de todo posible vínculo de la extraterritorialidad con las distintas ramas del denominado derecho público en su perspectiva internacional. Este temperamento se ha seguido, con firmes posiciones, respecto de los derechos penal, procesal penal, tributario, previsional y administrativo y, más ambiguamente, en relación con ciertos sectores del derecho de la navegación tanto marítima como aérea. Incluso, en el siglo XIX la idea primigenia que se había catalogado como conflicto de estatutos y luego como conflicto de leyes –esto en la medida en que las normas generales comenzaron a sancionarse por asambleas de extracción popular que daban a sus pronunciamientos el nombre romano de ley–, pasó a denominarse derecho internacional privado, haciendo así hincapié no solo en su independencia del derecho internacional público, sino también en su anclaje a lo jurídico concerniente al mundo negocial común[22].

b) *Excepciones clásicas: la competencia y la eficacia de las decisiones jurisdiccionales.* Cabe tomar nota de que la propia doctrina del derecho internacional privado resquebrajó su rigidez, dando paso a la aplicación parcializada de su metodología en las relaciones de derecho procesal, todo esto impulsado por la necesidad de dar eficacia internacional a las decisiones jurisdiccionales referidas al derecho privado. En primer lugar, resultaba necesario obtener

territorialidad del derecho público, a su vez, quiere decir que ningún país desea colaborar con el gobierno de otro [...] Ahora bien, el egoísmo estatal era el único principio del derecho internacional público a partir de su nacimiento en el siglo XVI hasta hace poco, mientras que vivía en el signo del lema de la soberanía. En la medida que avanza, a costa de la soberanía, la cooperación internacional y la integración, la territorialidad del derecho público cederá poco a poco a la extraterritorialidad pasiva, entonces el derecho internacional privado se ensanchará a un derecho de la extraterritorialidad pasiva del ordenamiento jurídico en general".

[22] Una particularidad del derecho internacional privado es que sus tratadistas se abrazaron a situaciones coyunturales o históricamente condicionadas para extraer conclusiones, sin tener en cuenta que se relacionaba con un estado de cosas que experimentaba las limitaciones propias de la época. Así pasó con los pensamientos de D'Argentré y Mancini.

elementos de convicción en el extranjero, lo cual contribuyó a internacionalizar el sistema de las cartas rogatorias, heredadas del derecho canónico[23]. En segundo lugar, resultaba necesario que la sentencia que modificaba una relación con conexiones multinacionales tuviera reconocimiento evitando nuevos y dispendiosos procedimientos en otros Estados. De ahí que comenzara a considerarse en pie de igualdad con los actos propios, procedimientos realizados por un poder extranjero, aun con resguardos que incluían el análisis del fondo del asunto. A esto se añadió lo concerniente a la reglamentación de la competencia del Estado, toda vez que tal cometido significa no solo la posibilidad de morigerar la anarquía en caso de concurrencia de jurisdicciones, sino también cierta certeza cuando va de suyo que la determinación de un juez implica la señalación del sistema de conflictos que, en definitiva, va a reglamentar la solución del caso. De ahí surge que la superación del territorialismo en una materia tan vigorosamente publicística y transida de orden público como es el derecho procesal imponga aquí mismo un desarrollo más pormenorizado de sus horizontes, máxime cuando la noción de proceso es connatural a todo el derecho y pone de manifiesto lo que concierne a su elaboración.

§ 42. ***La extraterritorialidad en el derecho internacional procesal en el siglo XXI frente a los nuevos escenarios****. – La anotada marginación de una parte del derecho público del fenómeno de extraterritorialización estudiado en el derecho internacional privado, no repercutió decisivamente, como lo hizo en relación con los derechos penal y fiscal, respecto de una de sus ramas más dinámicas, esto es, la que delinea el ejercicio del poder jurisdiccional destinado a solucionar controversias y despejar incertezas en los casos ocurrentes. Más aún, las nuevas tendencias llevan a que el derecho procesal adquiera un señalado aspecto deslocalizado y por encima de las soberanías estatales. En otras palabras, a superar la sujeción al Estado y a la *lex fori* que lo han caracterizado en buena parte de su historia.

De manera similar que el derecho internacional privado, el derecho procesal se encuentra actualmente inmerso en un universo

[23] En el sistema vigente, Código de Derecho Canónico, art. 1418.

* Por Analía N. Consolo, profesora en las Universidades Nacional de La Plata y Argentina de la Empresa.

globalizado o mundializado[24]. Desde aristas diferentes –como pueden ser lo económico, lo político, lo social, lo cultural o lo comunicacional–, diversos tópicos nos vinculan y relacionan con un concierto global como vasos comunicantes, permitiendo concluir que "el Estado no es autosuficiente para reglar las cosas y las personas y existe una necesidad de interconexión entre los actores de la comunidad mundial". En este contexto y con una mirada puesta en la influencia que tienen los procesos de globalización, Bourdieu lo explica diciendo que "la historia de la vida intelectual y artística de las sociedades europeas puede ser comprendida como la historia de las transformaciones de la función del sistema de producción de los bienes simbólicos y de la estructura misma de esos bienes, que son correlativas de la constitución progresiva de un campo intelectual y artístico, es decir de la autonomización progresiva del sistema de las relaciones de producción, de circulación y de consumo de bienes simbólicos"[25]. En definitiva, "el derecho internacional privado de nuestros días no es neutral a todo lo que implica la globalización, para dentro de este marco, conceptualizar, explicar y justificar las nuevas configuraciones normativas que están surgiendo"[26]. Tampoco lo es, como se verá, el derecho procesal en su proyección internacional.

La sociedad global y cada una de sus manifestaciones repercuten con su alcance en el derecho internacional privado del siglo XXI, con sus relaciones de estrecha vecindad y de inmediatez. Esto implica que normas y resoluciones se extraterritorializan con independencia de la voluntad de los Estados. Basta pensar en la revolución generada por internet y todas las transacciones que se generan mediante ella y que producen efectos a partir de esta inmensa

[24] En el marco metodológico, acerca del estudio de la faceta del derecho procesal vinculada con la esfera internacional, ver Barrios de Ángelis, *El proceso civil, comercial y penal de América Latina*, p. 1 a 13, y "El derecho procesal internacional", en Landoni Sosa (dir.), *Curso de derecho procesal internacional y comunitario del Mercosur*, p. 67 y siguientes. También Canelo Figueroa, *Derecho procesal internacional*, *passim*; Arbonés, *Derecho procesal internacional comparado,* "Revista Notarial del Colegio de Escribanos de la Provincia de Córdoba", t. 1992-I, p. 63, http://escribanos.org.ar/rnotarial/wp-content/uploads/2015/07/RNCba-63-1992-05-Doctrina.pdf. En la doctrina más añeja, Morelli, *Derecho procesal civil internacional,* p. 1 y siguientes.

[25] Bourdieu, *Campo intelectual y proyecto creador, problemas del estructuralismo.*

[26] Muir Watt - Tusseau, *Fiction juridique, idéologie et gouvernance globale*, "La Lettre de la Recherche á Sciences Po", 2016-06.

red de redes; no cabe duda de que estamos dentro de un mundo interconectado y de conflictos internacionalizados, que no es posible estudiarlo como dividido en compartimentos estancos porque, precisamente, todo funciona entrelazado.

a) *Surgimiento de la extraterritorialidad como exigencia práctica.* Resulta significativo cómo en plena Edad Media, por las enseñanzas de Accursio, se conoció un principio que se alejó de la territorialidad imperante dentro del feudalismo, con la razón de otorgar "seguridad jurídica" a las transacciones mercantiles de la época[27]. La aplicación extraterritorial del derecho extranjero no se apoyaba en un imperativo jurídico, sino que debía tomarse como una exigencia práctica impuesta por el respeto que se debía a los hechos cumplidos al amparo de una soberanía y sus leyes, como nos dijera Ulrich Huber, jurista para quien el derecho extranjero era parte del *ius gentium.* Es por esta circunstancia que la aplicación de la ley extranjera, conforme se explica en otro lugar, liminarmente significó un reconocimiento de la existencia de otro Estado, reconocimiento distinto, por cierto, del instaurado actualmente como acto diplomático. No obstante, frente a esta historia "oficial" de la materia hay otra que asegura que "la gran evolución" viene con las enseñanzas de Bartolo de Sassoferrato (1314-1357)[28], quien en materia contractual introduce una perspectiva multilateral, actualmente típica de la materia en el derecho contemporáneo. Por ello, "autores como Cheshire y North consideran a Bartolo de Sassoferrato el padre del derecho internacional privado"[29]. Empero, esto no cambia la conclusión adelantada.

El instituto de la extraterritorialidad, tal cual fuera originado, ha sido en cierto modo relativizado en el pensamiento de algunos especialistas, entre ellos en el vertido por Pillet, quien observó que las leyes son por su naturaleza tanto territoriales como extraterritoriales, enfocando la continuidad de la ley y de su necesaria extraterritorialidad. Para que una ley sea verdaderamente continua en vigencia, es necesario que se aplique siempre a las personas a las que se refieren sus disposiciones, aun fuera del Estado, y esta continuidad de la ley es denominada por ese jurista francés como

27 Crouzet (dir.), *Historia general de las civilizaciones*, vol. II, p 38,

28 Sobre la obra de Bartolo de Sassoferrato, remitimos a Duncker Biggs, *Derecho internacional privado. Parte general,* p. 57 a 59.

29 Moreno Rodríguez, *Derecho aplicable y arbitraje internacional*, p. 155.

extraterritorialidad[30]. No se nos escapa que la extraterritorialidad que atiende el derecho internacional privado es la de la ley extranjera actuada por los órganos jurisdiccionales y administrativos locales y, también, la concerniente al reconocimiento por los órganos propios de la validez y efectos de los actos jurisdiccionales y administrativos dictados por las autoridades de otros países u organismos internacionales de gestión. Es decir, que no se trata de la extraterritorialidad activa, a la que ya se ha aludido en otro lugar de esta obra, por cuyo conducto el derecho propio es aplicado extraterritorialmente y con relación a situaciones con contacto extranjero. De ahí que no puedan acompañarse los dichos del jurisconsulto francés de referencia.

Insistimos en que la extraterritorialidad[31] abarca tres aspectos centrales, esto es, el concerniente a la aplicación del derecho extranjero, el referido al reconocimiento y ejecución de actos dictados por autoridades foráneas y el atingente a la inserción directa de procedimientos realizados por funcionarios extranjeros actuando en país distinto de aquel que le confiere la autoridad del cargo. Cabe subrayar que el segundo aspecto exhibe una lenta y trabajosa evolución, cuyo exponente clásico fue la historia de la admisión de las sentencias extranjeras en el derecho francés, la que en un comienzo solo fue posible mediante una revisión de fondo del pronunciamiento para verificar que sus fundamentos coincidían con las exigencias fijadas por el derecho local[32].

[30] Pillet, *Principios de derecho internacional privado*, p. 153 y 192, entre otras. No está de más recordar que este autor consideraba los conflictos de leyes como conflictos de soberanía.

[31] Constituye lugar común predicar la territorialidad de las normas procedimentales. Mas esto no implica reducir al derecho procesal a la situación de un territorialismo de grado mayor que derechamente signifique que no se aplica otro derecho que el propio. En rigor de verdad, las fórmulas solo indican la ubicación espacial del derecho que rige la cuestión de que se trata. O sea que la norma lleva a una territorialidad que se transforma en objeto de observancia en el país en el cual pende el caso cuya significación jurídica urge establecer y en el cual, en consecuencia, dicho derecho se deberá aplicar, para dirimir cualquier duda, por ejemplo, acerca de la validez o régimen de la relación. Va de suyo que esto no se diferencia de la situación que se crea cuando el sistema de conflictos declara aplicable, por ejemplo, el derecho del domicilio a la capacidad.

[32] En la perspectiva histórica: Fiore, "Sentenze straniere ed atti", en *Digesto italiano*, vol. XXI, 2ª parte, p. 738; Sampil, "Exequátur", en *Enciclopedia Jurídica Española*, t. XV, distinguiendo por aquel entonces desde un angular juscomparatista, entre sistemas que obligaban a reiterar el juicio y otros que practicaban

Actualmente las fronteras nacionales –base para el razonamiento de un derecho internacional privado sobre premisas savignianas–, resultan muchas veces intrascendentes. El ser humano se ha vuelto ubicuo, en el sentido de que su pensamiento, voluntad y acción pueden superar la región donde reside y desarrolla su vida negocial, para incidir sobre la realidad en cualquier rincón del mundo, pactando, por ejemplo, contratos por medios electrónicos. Es ineludible –entonces– tomar en consideración estas circunstancias, para salvar el riesgo de promocionar un derecho que, por desactualizado, sea inadecuado[33], tal como ocurre con las convenciones europeas que citaremos en adelante.

b) *El sesgo multicultural.* Otro avance sobre las fronteras clásicas del derecho internacional privado en el siglo XXI se proyecta hacia la "interculturalidad", vale decir, el enriquecimiento del sistema mediante el intercambio con valores forjados en cunas culturales diferentes, lo cual implica la integración de los extranjeros en la sociedad con el respeto por sus valores en igualdad de oportunidades. Esto convierte al sistema extraterritorialista en un derecho de lo que existe y es efectivo, lejos de lo puramente académico, configurando, tal como lo advertía Tatiana de Maekelt, un cuerpo jurídico "en constante evolución, adaptable a los cambios del mundo real"[34]. Lo puntualizado en este párrafo, sumado a la expansión de jurisdicciones internacionales, el desenvolvimiento de los foros de elaboración de preceptos o de posiciones de *soft law*, la creación y desarrollo de instituciones de gobernabilidad global que coexisten con los Estados, al operar de consuno generan fuentes

---

una revisión de fondo de lo decidido para decidir su admisión, como también entre aquellos ordenamientos que dejaban librada esta posibilidad a la existencia de reciprocidad y los muy minoritarios en un principio, que solo se conformaban con un examen de la competencia y formas. Los antecedentes judiciales franceses desde la ordenanza de 1629, en "Dalloz Répertoire", t. VII, 1915, p. 455.

[33] Santos Belandro, *Viejas y nuevas fuerzas que en el siglo XXI inciden sobre el derecho internacional privado: el territorio, la frontera, la soberanía y los espacios*, "Suplemento de Derecho Internacional Privado y de la Integración", sep. 2013.

[34] Ochoa Muñoz - Madrid Martínez, *Problemas de acceso transnacional a la justicia en el derecho internacional privado. Perspectiva latinoamericana,* trabajo enmarcado en un proyecto de la Asociación Americana de Derecho Internacional Privado (ASADIP), inserto en Publicaciones Digitales del XLI Curso de Derecho Internacional de la OEA, obrante en http://www.oas.org/es/sla/ddi/docs/publicaciones_digital_XLI_curso_derecho_internacional_2014.

con notable influencia, dado que el fenómeno trasciende con creces el ámbito nacional y se inserta en la gobernanza global[35].

c) *Gravitación de la materia en la gobernanza global.* A esta altura del desarrollo de las ideas cuadra bosquejar el contenido de la varias veces invocada gobernanza global. Ella ha sido descripta como la resolución de problemas globales específicos por medio de la creación de distintas esferas transnacionales de autoridad, cada una de las cuales comprende un grupo diferente de actores y una arquitectura institucional particular[36]. Estamos en presencia de problemas que afectan a la humanidad en su conjunto, y cuya resolución moviliza de alguna manera a la comunidad internacional en general. En el marco de la globalización, la gobernanza implica la necesidad de redefinir un modelo operativo que cambie los procesos de decisión. Corresponde dejar sentado que derechos humanos, derecho internacional privado y activismo judicial[37], van de la mano de la gobernanza global; el concepto incluye una tensión sobre el significado de la soberanía, el alcance de los poderes en el ámbito de la democracia y, actualmente, las implicancias que reviste en la persona humana y, particularmente, en esta materia[38]. De allí que los problemas de los que viene a ocuparse el derecho internacional privado ya no puedan solo pensarse o mirarse como en sus albores, puesto que muchos temas preocupan a la sociedad en su conjunto y se manifiestan en más de un Estado, por lo que la solución no reposa en cabeza de un solo país sino en una propuesta elaborada por muchos. En la gobernanza global prima la regulación plural y consensual[39].

La gobernanza es un fenómeno abrazador de la globalización que ha cambiado la imagen del derecho internacional privado tradicional, basada en las ideas de reparto, de localización, de territorio y de soberanía de los Estados, todos temas a los que se intentó dar un tratamiento adecuado sobre el final del siglo XIX y media-

[35] Dreyzin de Klor, *Derecho internacional privado*, t. I, p. 27.

[36] Legler, "La gobernanza global", en Legler - Santa Cruz - Zamudio (eds.), *Introducción a las relaciones internacionales: América Latina y la política global*, p. 253 a 266.

[37] Acerca de este concepto de fundamental importancia en el derecho contemporáneo, ver Peyrano, *Sobre el activismo judicial, LL*, 2008-B-837.

[38] Dreyzin de Klor, *Derecho internacional privado*, t. I, p. 27.

[39] Scotti, *Manual de derecho internacional privado*, p. 37.

dos del XX[40]. En el marco de la globalización, la gobernanza implica la necesidad de redefinir un modelo operativo que cambie los procesos de decisión. Esto ocurre con la creciente incidencia del arreglo directo y de la conciliación en las relaciones internacionales generadas entre organismos privados no gubernamentales y los espontáneos lazos de cooperación y convergencia entre sociedades, organizaciones civiles y grupos o colectivos sin forma jurídica predeterminada. Actualmente, muchos investigadores consideran que en nuestra época el Estado territorial, figura dominante en la política mundial durante cuatro siglos a partir de la finalización del feudalismo, está siendo eclipsado por actores no territoriales, como las corporaciones multinacionales, los movimientos transnacionales y las organizaciones internacionales; incluso, el Estado está casi acabado como unidad económica. Ineluctablemente, la profundidad de los cambios empuja la historia en esa dirección. Así, una visión moderna considera que las telecomunicaciones y el crecimiento de los intercambios sociales y económicos está creando un mundo sin fronteras[41].

d) *La cooperación como objetivo central.* En la consecución de sus objetivos el derecho internacional privado se vale de la cooperación, que cobra fuerza dentro de su objeto pues, en rigor, no se trata solo de una simple colaboración entre los Estados, sino la cooperación para la realización de un fin propio. Por ello es que el derecho internacional privado de nuestro tiempo –y según nos relata E. Jayme– tiene como nota característica "el rechazo a soluciones abstractas o dogmáticas y el recurso a la colaboración práctica entre autoridades [...] de distintos países que puedan lograr resultados satisfactorios mediante la relación directa entre jueces o [...]

[40] Santos Belandro, *Viejas y nuevas fuerzas que en el siglo XXI inciden sobre el derecho internacional privado: el territorio, la frontera, la soberanía y los espacios*, "Suplemento de Derecho Internacional Privado y de la Integración", sep. 2013; Scotti, "Los escenarios del derecho internacional privado actual: globalización, integración y multiculturalidad", en Fernández Arroyo - Moreno (coords.), *Derecho internacional privado y derecho de la integración, libro homenaje a Roberto Ruíz Díaz Labrano*, p. 147 a 168.

[41] Keohane - Nye, *Poder e interdependencia*, cap. 1, "La interdependencia en la política mundial", p. 15 y 16. El capítulo puede también ser consultado en la Biblioteca Electrónica de la Universidad Rafael Landívar, www.url.edu.gt/PortalURL/Biblioteca/Contenido.aspx?o=5244&s=49.

la acción conjunta de autoridades"[42]. Tal como se ha dicho en otro lugar de este trabajo, la extraterritorialidad, que siempre significará un modo de reacción opuesto al propio de la soberanía territorial, implica cooperación. En ella hay más que un obrar conjunto o concertado, hay un principio de sincronización, un actuar donde uno representa parcialmente al otro, o sea que se reproduce el fenómeno de integración jurídica parcial referido en la exposición central. Incluso la noción de cooperación jurídica internacional engloba un concepto mucho mas amplio, puesto que comprende todos los aspectos del proceso civil internacional, como lo es la determinación de la jurisdicción, la ayuda entre autoridades, la eficacia de las sentencias extranjeras y el auxilio al arbitraje internacional[43]. En este sendero hallamos el parecer del profesor Van Loon, quien afirma que la cooperación va dejando de ser una opción para convertirse en una exigencia inherente a las necesidades del gran mercado mundial; es decir que en el siglo XXI la cooperación tampoco puede basarse en superadas concepciones de una *comitas gentium* entendida como mera cortesía internacional, ni tampoco en egoístas criterios de reciprocidad o conveniencia[44].

Cuando los Estados ejercen jurisdicción extraterritorial o emiten resoluciones judiciales en casos con elementos extraños al foro, producen efectos fuera del territorio nacional, tanto cuando actúan de forma accidental como intencional. También, cuando mediante convenciones internacionales se consensúan criterios, o se materializan las normas dejando de lado límites de estricta soberanía para operar en conjunto. Tales interferencias dan razón suficiente para que los tribunales de un país deban asumir la obligación de cooperar con la actividad procesal llevada a cabo en otros[45]. Sin

[42] Rabino, *La constitucionalización en el derecho international privado argentino,* "Revista Jurídica de Buenos Aires", nº 41, 2016, p. 24. Jayme, *Identité culturelle et intégration: le droit international privé postmoderne,* "Recueil des Cours. Collected Courses", vol. 251, 1995, p. 9 a 268, esp. 257 y 258.

[43] Rodríguez Reyes de Mezoa, *La cooperación judicial internacional y la tutela judicial efectiva*, p. 331. Ver una muy apretada síntesis en http://saber.ucv.ve/handle/123456789/4784?mode=full.

[44] Internet Society, *Internet y los efectos extraterritoriales de las leyes*, www.internetsociety.org/es/resources/doc/2018/internet-y-los-efectos-extraterritoriales-de-las-leyes.

[45] Tellechea Bergman, "Consideración procesal y asistencia judicial internacional", en Kleinheisterkamp - Lorenzo Idiarte (coords.), *Avances del derecho internacional privado en América Latina, liber amicorum Jurgen Samtleben,*

embargo, de una forma similar puede tenerse presente que la exigencia fundamental para prestar tutela judicial efectiva en un mundo fraccionado jurídicamente es la obligación de cooperar con los demás Estados, deber existente en el ordenamiento cuya jerarquía máxima reposa en la Carta de la ONU y en las constituciones de muchos Estados, lo cual permite afirmar su calidad de regla fundamental[46]. Es entonces como la cooperación resulta ser elemento esencial en el proceso que se refiere al reconocimiento como a la ejecución de sentencias foráneas, desde que sin su decisiva intervención no se podrían llevar adelante las acciones tendientes a implementar medidas judiciales para cumplirse en Estados distintos de aquel del que provienen. Por ello es que en nuestros días algunos estudiosos consideran que la cooperación internacional es un cuarto tema central del derecho internacional privado, junto con la jurisdicción internacional, el derecho aplicable y el reconocimiento y ejecución de sentencias extranjeras[47].

e) *Lo procesal en la aldea global.* La globalización –según Charalambos Pamboukis– ha generado grandes mutaciones, entre las que se destaca el ya connotado cambio del modelo de decisión de la gobernabilidad a la gobernanza. Como se ha señalado, el nuevo concepto ensaya dar cuenta de las numerosas interacciones entre las fuerzas transnacionales, supranacionales, nacionales y locales. Todo produce un fenómeno de aproximación entre los pueblos y pensamientos que no se conoció con anterioridad, lo que torna cada vez más palpable el convivir en la "aldea global"[48]. Se produce, entonces, un intenso flujo de personas que se trasladan en busca de mejoras laborales, culturales y de vida en general; a su vez, la comunicación por internet hace que todo resulte mas cercano y que ten-

---

p. 517 y ss., con cita de Ochoa Muñoz, Javier L. - Madrid Martínez, Claudia, *Problemas de acceso transnacional a la justicia en el derecho internacional privado. Perspectiva latinoamericana*, http://www.oas.org/es/sla/ddi/docs/publicaciones_digital_XLI_curso_derecho_internacional_2014.

[46] Virgos Soriano - Garcimartín Alférez, *Derecho procesal civil internacional*, p. 41.

[47] Fernández Arroyo (dir.), *Derecho internacional privado de los Estados del Mercosur*, cap. I, p. 70 y ss.; Argerich, Guillermo, *La Convención sobre Reconocimiento y Ejecución de Sentencias Arbitrales Extranjeras, una red de cooperación jurídica internacional*, "La Ley", 30/11/2018, t. 218-F.

[48] Dreyzin de Klor, *Derecho internacional privado*, t. I, p. 11, trayendo a colación el concepto acuñado por Marshall McLuhan, sociólogo canadiense que predijo la decisiva influencia de las nuevas tecnologías de la información.

gamos en tiempo real información de lo que ocurre en lugares remotos. Ignorar tal contexto actual y general de la realidad puede tornar inadecuadas las soluciones legales y convencionales de mayor predicamento. Basedow enseña que la globalización radica en que un creciente número de problemas sociales muestran una dimensión tal que no pueden ser abordados con soluciones nacionales. Cabe traer a colación el Reglamento de la Unión Europea 1215/2012 del Parlamento Europeo y del Consejo, del 12/12/2012, relativo a la competencia judicial, el reconocimiento y la ejecución de resoluciones judiciales en materia civil y mercantil (Bruselas I), que establece un criterio predominantemente territorialista al sentar: "Una persona domiciliada en un Estado miembro podrá ser demandada en otro (Estado miembro) en materia delictual o cuasidelictual, ante el órgano jurisdiccional del lugar donde se haya producido el hecho dañoso". Este criterio ha recibido críticas porque, precisamente, no se ajusta a las modalidades del mundo virtual, donde la extraterritorialidad y la plurilocalización se presentan necesariamente, donde en numerosas ocasiones es difícil determinar el lugar de comisión del hecho o cuando los lugares implicados son varios. En verdad, internet y las TIC (tecnología de la información y comunicación) pueden estar afectando a varios territorios e, incluso, Estados, en la comisión de un hecho ilícito, por lo que no siempre es determinante el lugar donde este ocurrió. A su vez, el Reglamento de Roma II, aplicable a las obligaciones extracontractuales, al optar por el principio territorialista, también resulta pasible de ataques por su falta de adecuación al mundo virtual que, contrariamente, se caracteriza por la extraterritorialidad y la plurilocalización[49].

f) *Eficacia extraterritorial de las decisiones jurisdiccionales.* Cuando se pone en marcha el procedimiento por el cual las decisiones jurisdiccionales se extraterritorializan, esto a efectos de generar su reconocimiento o su ejecución en un Estado distinto de aquel en que fueron pronunciadas, lo decidido ingresa en el universo de otro ordenamiento, que es el llamado a otorgar el reconocimiento o la ejecución, generando valores jurídicos y, en especial, haciendo realidad la justicia, al cumplir con el principio del *favor cooperationis*. La pretensión de hacer valer una decisión judicial en un Estado diferente de aquel en el que ha sido adoptada puede tener distintas

[49] Almonacid Lamelas - Sancliment Casadejú, *El impacto de las TIC en la configuración clásica del derecho. Especial referencia al principio de territorialidad*, "Tecnología, Ciencia y Educación", nº 4, may.-ago. 2016, p. 25.

finalidades, desde probar la producción de un hecho o la celebración de un determinado acto en el extranjero, dentro de un proceso abierto en el Estado de destino, hasta el reconocimiento de su efecto imperativo, cuyo alcance concreto depende del carácter de la sentencia, es decir, de si esta es declarativa, constitutiva o de condena. Empero, si bien comúnmente las formalidades de admisión son, por regla, similares, no es inusual que los Estados sean todavía más exigentes para aceptar la eficacia de una sentencia extranjera que condena al pago de una suma de dinero, que para convalidar la eficacia de una decisión jurisdiccional en materia de derecho de familia[50].

Para resolver con criterio uniforme la inserción de un decisorio jurisdiccional extranjero en país ubicado en territorio americano operan la Convención sobre la Eficacia Extraterritorial de las Sentencias y Laudos Arbitrales, concluida en Montevideo en 1979 (CIDIP II), así como la celebrada en La Paz en 1984 (CIDIP III) sobre la misma materia, conteniendo normas adicionales para la mejor aplicación del art. 2°, inc. 4. Se advierte que las antedichas normativas se apartan del territorialismo para admitir –excepcionalmente– "la aplicación de la ley procesal foránea"[51]. A su vez, los considerandos de la Convención Interamericana de Derecho Internacional Privado, CIDIP II, hacen referencia a la eficacia extraterritorial de las sentencias y laudos arbitrales extranjeros, sentando que la administración de justicia en los Estados americanos requiere de su mutua cooperación a efectos de asegurar tal fundamental eficacia.

g) *La problemática en la Convención de la Organización de Naciones Unidas sobre Arbitraje.* El más claro ejemplo de extraterritorialidad, libre circulación y cooperación internacional en materia de laudos arbitrales lo constituye la Convención de Nueva York sobre Reconocimiento y Ejecución de Sentencias Arbitrales Extranjeras de 1958, ratificada por ciento cincuenta y nueve Estados. Pese a que se afirme que el arbitraje se encuentra actualmente completamente desligado de cualquier referencia a la competencia jurisdiccional de un orden jurídico nacional, no creando lazos sustanciales con la controversia[52], en los actos que hacen al procedimiento resulta impensable la po-

[50] Fernández Arroyo - Véscovi, *Aspectos generales del reconocimiento*, en *derecho internacional privado de los Estados del Mercosur*, p. 416 y ss., esp. 418.

[51] Delgado Barreto, *Problemática del derecho internacional privado contemporáneo*, "Themis, Revista de Derecho", t. 63, año 2013, p. 164.

[52] De Boisséson, "Réflexions sur l'espace et le temps dans l'arbitrage international", en AA.VV., *Mélanges Pierre Bellet*, 1991, citado por De Jesús, "La auto-

sibilidad de que pueda llevarse a cabo un arbitraje totalmente desvinculado de cualquier sistema estatal, desde que la carencia de auxilio judicial provocaría inseguridad al propio procedimiento. Cabe advertir que la doctrina jurisprudencial no es pacífica cuando se trata de laudos anulados y receptados sin más en otra jurisdicción, por lo que algunos autores refieren que "las decisiones judiciales no tienen aplicación extraterritorial si por alguna razón, así sea de uniformidad y coherencia, se considera que la decisión de anular el laudo dictado por el juez competente para conocer la anulación, se impone a todos los demás países e impide el reconocimiento y ejecución del laudo así anulado". De igual forma, debería entonces reconocérsele un valor extraterritorial a la decisión de no anular; pese a esto, "ningún país está preparado para aceptar que un Estado tercero decida sobre la cualidad de ser (ejecutable) de un laudo extranjero. En consecuencia, es posible que el mal menor siga siendo aquella solución que permite la convivencia entre países cuyos criterios de nulidad no responden a los estándares internacionales y aquellos que desean reconocer al arbitraje internacional un verdadero estatuto de ordenamiento jurídico autónomo"[53].

En los Acuerdos sobre Arbitraje Comercial Internacional entre los Estados parte del Mercosur y entre estos con la República de Bolivia y la República de Chile, se establece que los Estados puedan autorizar a tribunales arbitrales a remitir directamente solicitudes de asistencia cautelar vía autoridad central a las autoridades jurisdiccionales de las otras partes[54]. A su vez, la ya citada Convención de Nueva York sobre Reconocimiento y Ejecución de Sentencias y Laudos Arbitrales Extranjeros de 1958, concita en derredor la actuación de redes de auxilio internacional que simplifican y agilizan trámites en aras de obtener la consecución de una tutela judicial efectiva[55].

---

nomía del arbitraje internacional", en Mantilla Espinosa - Pizarro Wilson, *Estudios de derecho privado en homenaje al profesor Cristián Larroumet*, p. 237.

[53] Mantilla Serrano, *La ejecución de laudos anulados y la Convención de Nueva York,* "International Law. Revista Colombiana de Derecho Internacional", nº 15, jul.-dic. 2009, p. 36.

[54] Tellechea Bergman, *Propuestas con miras a la profundización y actualización de la cooperación jurisdiccional internacional y el reconocimiento de los fallos extranjeros en el ámbito interamericano*, "Revista Jurídica de Buenos Aires", año 41, nº 93, 2016, p. 33.

[55] Cabe tener muy en cuenta que las redes de colaboración no tienen vinculación directa con la actuación o gobierno en red a que se hace mención al abordar lo concerniente al derecho administrativo internacional.

Vale precisar que una red de cooperación debe tener como norte el concretar una justicia ágil, eficaz y accesible para el ciudadano en general y para los operadores jurídicos y judiciales en particular. Así, por ejemplo, la Red Internacional de Jueces de La Haya[56], la Red Iberoamericana de Cooperación Jurídica Internacional (IberRed)[57], la Red Judicial Europea (RJE) en materia penal[58] y en materia civil y mercantil[59], entre otras[60].

[56] Documentos electrónicos concernientes a la red: www.hcch.net/es/instruments/conventions/specialised-sections/child-abduction (sitio web oficial de los Convenios de La Haya); www.mpf.gob.ar/cooperacion-ai/files/2017/05/arch0510.pdf (protocolos de actuación acercados por el Ministerio Público Fiscal argentino); el funcionamiento de la red en territorio argentino y la magistratura que la impulsa: www.menores.gob.ar/userfiles/Tagle_Procedimiento_de_restitucion_Juez_de_Enlace_Comunicaciones_Judiciales_Directas.pdf 9). A su vez, la recepción en algunos países americanos: www.pj.gov.py/contenido/814-restitucion-internacional-de-menores/818.

[57] La propia página web de este agrupamiento lo define como la estructura formada por autoridades centrales y por puntos de contacto procedentes de los ministerios de justicia, fiscalías y ministerios públicos, y poderes judiciales de los veintidós países que componen la Comunidad Iberoamericana de Naciones, así como por el Tribunal Supremo de Puerto Rico. Está orientada a la optimización de los instrumentos de asistencia judicial civil y penal, y al reforzamiento de los lazos de cooperación entre nuestros países (www.iberred.org/).

[58] La página web de la organización aclara que el objetivo de la Red Judicial Europea es mejorar la cooperación judicial entre los Estados miembros de la Unión Europea en los ámbitos jurídico y práctico con el fin de combatir las formas graves de delincuencia, en particular la delincuencia organizada, la corrupción, el tráfico de drogas y el terrorismo. Trata de identificar a las personas que, en cada Estado miembro, desempeñan una función esencial en la práctica en el ámbito de la cooperación judicial en materia penal, con el fin de crear una red de expertos que garantice la correcta ejecución de las solicitudes de asistencia judicial (https://e-justice.europa.eu/content_ejn_in_criminal_matters-22-es.do).

[59] La página web de la Red Judicial Europea en materia civil y mercantil (RJE civil y mercantil) la describe como tal, es decir como una red fluida e informal que reúne a las autoridades judiciales nacionales. Su objetivo es simplificar y reforzar la cooperación judicial entre los Estados miembros. Desde su creación en 2002, la RJE contribuye a la aplicación e implementación prácticas de los instrumentos de justicia civil de la UE. De este modo, tiende puentes entre los diferentes sistemas judiciales de los Estados miembros y refuerza la confianza mutua (https://e-justice.europa.eu/content_european_judicial_network_in_civil_and_commercial_matters-21-es.do).

[60] En relación con las organizaciones y redes puntualizadas en lo inmediato anterior, ver Argerich, *La Convención sobre Reconocimiento y Ejecución de Sentencias Arbitrales Extranjeras, una red de cooperación jurídica internacional, LL*, 30/11/2018 (t. 218-F).

h) *Colofón.* Muir Watt afirma que el derecho internacional privado permanece en gran medida ausente del gran escenario de la gobernanza global o, al menos, reluctante en cuanto a ofrecer alguna visión sistemática, un sentido o un significado de los cambios que afectan al derecho y a la autoridad en un contexto global[61]. Opera ante este avance, en algunos círculos, una cierta aprehensión en abandonar bases aquilatadas y compartidas; pero no cabe duda de que se vivencia que la mayor extraterritorialidad del hacer jurídico, acompañada por una distinta forma de tomar decisiones en un mundo que experimenta cada vez con mayor vigor la vida en común de una aldea global, brinda facilidades impensadas tiempo atrás al hombre en su actividad internacional, permitiendo dejar de lado ritualismos y barreras creadas por fórmulas vinculadas a postulados ya carentes de verdadera raigambre en la realidad actual.

Más allá de los relatos y de las doctrinas, estamos inmersos en esta realidad en la cual se construye una sociedad global dotada de nuevos horizontes temporales y espaciales[62]. El ejemplo más significativo proviene de la revolución que generó desde su nacimiento internet, creando un ámbito en el que pese a su cambiante realidad, siempre ocupa un lugar decisivo la extraterritorialidad de lo jurídico, en el marco de un contexto de universalidad y globalización. A lo que debe agregarse que el ciberespacio originado por la interconexión informática deja ya sin sustento posible cualquier concepción territorial[63].

[61] Muir Watt, *Private international law beyond the schism*, "Transnational Legal Theory", 2011, p. 350, *apud* Fernández Arroyo, *El derecho internacional privado en el diván. Tribulaciones de un ser complejo*, en "Derecho internacional privado y derecho de la integración", CEDEP, Asunción, Paraguay, 2013, p. 30.

[62] Tusseau juzga, en un sentido cercano a las orientaciones impresas al texto, que "la realidad jurídica actual aparece caracterizada por la multiplicidad de fuentes, la ausencia de estándares sustantivos obligatorios, generales y abstractos, la ausencia de jerarquías estáticas y dinámicas claras y modos de estabilidad perfectamente [...] definidos, la falta de espacio geográfico de referencia y la disminución de la dimensión territorial, así como por la aparición de diversas subjetividades y un fuerte multiculturalismo" ("Reconciling legal pluralism and constitutionalism: new trajectories for legal theory in the global age", International Academia of Comparative Law, XXth General Congress, https://aidc-iacl.org/general-congress/project/reconciling-legal-pluralism-and-constitutionalism-new-trajectories-for-legal-theory-in-the-global-age-english).

[63] Juenger, *Derecho internacional privado y justicia material*, citado por Moreno Rodríguez, *Derecho aplicable y arbitraje internacional*.

La extraterritorialidad de la ley extranjera es, por tanto, una parte necesaria y esencial del derecho internacional privado procesal a efectos de la transnacionalización de los derechos. Tal extraterritorialidad fue progresivamente afianzada desde antiguo, al tiempo que con su otra faz, la cooperación garantiza la eficacia de las decisiones jurisdiccionales pronunciadas en un Estado determinado, y así propende a la integración de la comunidad internacional toda, haciendo posible el acceso a la justicia. Este es el nuevo escenario al que se ha arribado luego de siglos de lucha de la extraterritorialidad por afianzarse.

§ 43. ***Derecho internacional privado notarial y extraterritorialidad********. – La consideración de los actos notariales y de su envoltura conceptual, o sea, el derecho notarial, situado a continuación del abordaje de lo procesal, no es fruto del azar o del capricho, sino de la íntima conexión que existe entre dos procesos que actualmente causan significativos efectos extraterritoriales, sea por medio de las sentencia, o de manifestaciones de voluntad documentalmente cosificadas. Transitando canal distinto del trazado por la aplicación del derecho extranjero, las decisiones jurisdiccionales y los actos notariales han sido, de consuno, otra fuente original de la inserción en un plexo jurídico estatal de elementos de origen externo. Es llamativo que mientras lo proveniente del hontanar procesal fue admitido por un procedimiento de admisibilidad destinado a constatar la existencia de recaudos procesales y fondales cuya cantidad y calidad dependió de las épocas y de los sistemas, lo notarial circuló sin otros requisitos de los propios destinados a garantizar su genuinidad. O sea que los actos notariales se transformaron en la primera documentación emanada de quienes se hallan vinculados al poder del Estado, ejerciendo en su nombre algunas funciones propias de la soberanía –en el caso, brindar las cualidades de autenticidad y fecha cierta a los actos jurídicos plasmados entre sujetos privados, como también otorgar mayor seguridad a actos que comprometen intereses esenciales para la comunidad–, documentación de la cual emergió una extraterritorialidad análoga a la que en la actualidad poseen los actos y documentos propios de los organismos internacionales que actúan en red.

---

* Por Rodolfo Vizcarra, profesor de Derecho Internacional Privado en las Universidades Nacional de La Plata, Católica de la Plata y del Este.

El inicio de ese tránsito institucional de lo notarial se ubica cuando progresivamente ocurre la caída del Imperio Romano de Occidente y la germanización de Europa Occidental en la alta Edad Media. En esos tiempos, algunas de las instituciones de la administración y sociedad imperial sobrevivieron con un desarrollo menor o bajo la estructura eclesiástica. La institución notarial no fue una excepción a esta dinámica.

En los tres siglos posteriores al derrumbe imperial en occidente existieron innumerables supuestos objetivos que pudieron haber impulsado el recurso a la extraterritorialidad: profundo fraccionamiento político, religioso y, derivadamente, jurídico; migraciones constantes de tribus y pueblos con distinto tipo de relacionamiento con la población preexistente; ausencia de hegemonías que restringieran el pluralismo jurídico. O sea que estaba dado el contexto para la existencia de conflictos de estatutos o, como actualmente lo llamaríamos, casos iusprivatistas internacionales o con elementos extranjeros. Sin embargo, la economía de subsistencia predominante en la región no generó excedentes, por lo cual, tampoco encontramos florecimiento de tráfico comercial ni desarrollo artístico, cultural, administrativo o jurídico de relevancia. Es por ello que ni la extraterritorialidad del estatuto personal ni la de los actos jurídicos mediante la circulación de documentos se evidenciaron en la primera parte de Alta Edad Media en el occidente europeo.

Ya para la coronación de Carlomagno, en la navidad del año 800, el derecho común (o civil) romano se había extendido a gran parte del norte de Europa, toda vez que el imperio abarcaba desde el Danubio hasta los Pirineos y desde Roma hasta el Mar del Norte. Para esta época, el notario comenzó a desprenderse de su función íntegramente eclesiástica, habida cuenta de que en un primer momento su estamento profesional pertenecía al clero y solo expedían instrumentos destinados a surtir efectos dentro del orden religioso, aun cuando se tratara de territorios distintos[64]. Posteriormente, la necesidad fue llevando el ejercicio de la función notarial hacia lo

[64] Si bien el documento circulaba por diversos territorios, entendemos que en esta etapa no existía extraterritorialidad dado que no había intersistematicidad. El acto jurídico contenido no exorbitaba su ordenamiento jurídico de origen, este es, el eclesiástico. De la misma forma entendemos que un acto notarial consular actual expedido en el extranjero no presenta extraterritorialidad cuando surte efectos en el territorio del país al que pertenece el cónsul.

secular, o sea que si bien seguía siendo ejercida por eclesiásticos, podía versar sobre asuntos puramente comerciales o civiles.

Carlomagno impulsó el primer ordenamiento consistente de lo notarial desde la caída del Imperio Romano. Designó jueces y estos, a su vez, podían designar notarios. Instruyó que en cada viaje de la representación imperial debía ir un notario para que constatara y diera fe de lo acontecido. Empero, debe tenerse presente que el restablecimiento del orden imperial en el siglo IX no implicó la unificación legislativa del imperio. Por el contrario, aquí nace una nueva fórmula de unidad política y diversidad legislativa que durará unos mil años en Francia[65], e incluso hasta la actualidad en gran parte de Europa. Con esta pluralidad legislativa como telón de fondo comienza a perfilarse la extraterritorialidad de los actos jurídicos más relevantes para la persona humana. El notario en ejercicio secular comenzó a ser uno de los principales constructores de estos fenómenos. Si bien el notario asentado en otro señorío intervenía en actos regidos por el derecho local, la autoridad de su función tenía una fuente única en el poder papal e imperial. Por ello, la fe pública dada por un notario de Pavía tenía la misma naturaleza e integridad que la dada por un notario local en Estrasburgo. Aquí encontramos el origen de la presunción *iuris tantum* de legalidad de los instrumentos notariales extranjeros, con plena vigencia aún en nuestros días, cualidad jurídica que con el tiempo se irá transmitiendo a todos los documentos otorgados por funcionarios públicos.

Ya en la Baja Edad Media, con la expansión del comercio y las artes (*ars iuris*, entre otras) surgió la extraterritorialidad en la persona con la aplicación del derecho extranjero por los jueces locales. El método indirecto, con su fuente en la famosa *Glosa* de Acursio del año 1228, emana de la escuela de Bologna, en un contexto de ciudades legislativamente independientes pero sujetas al control político del Sacro Imperio Romano Germánico y político-religioso del papa de Roma. Es también en la Bologna del siglo XII que el oficio del notario alcanzó su apogeo, con la *Summa artis notariæ*, de Rolandino Passeggeri, anterior a 1300[66].

[65] Hasta la codificación napoleónica del derecho civil y comercial (1804 y 1807) y la extinción del *ancien régime*.

[66] La obra capital de este notarialista medieval puede consultarse en http://weblioteca.uv.es/cgi/view7.pl?sesion=2020050900395417562&source=uv_im_b14838679&div=7, Biblioteca virtual Miguel de Cervantes (versión pdf).

Mientras que la circulación de los documentos judiciales y administrativos entre distintos señoríos resultaba absolutamente extraordinaria, dado que su reconocimiento solía interpretarse como una forma de avasallamiento, la circulación internacional de los instrumentos notariales representó en la Edad Media, quizá, la primera exteriorización de la extraterritorialidad, aun anterior a la *Glosa* de Acursio.

En el ámbito comercial, los usos y costumbres de los comerciantes itinerantes en las ferias medievales generaron lo que conocemos como *lex mercatoria*. Ante la falta de un derecho único imperial o eclesiástico de la actividad mercantil, el comerciante medieval recurrió al notario, aun cuando inicialmente fuera miembro del clero, para dar solidez y certeza a los compromisos asumidos en una feria comercial, incluso en las más importantes que se caracterizaban por la periodicidad en la realización. El notario intervenía en la instrumentación de actos de comercio basados en la *lex mercatoria* o en derecho local, que debían surtir efectos en una plaza distinta de la propia, incluso cuando estaban destinados eventualmente a ser argüidos ante un tribunal de comerciantes y no frente a una jurisdicción imperial. El ejemplo más trascendente es el de la letra de cambio[67], que permitía concretar una operación comercial en una plaza y asegurar su pago en el extranjero. Subrayamos que la extraterritorialidad de la letra de cambio medieval no hubiera sido posible sin la intervención del notario, que garantizaba identidad del otorgante, certeza sobre sus disposiciones, lugar y fecha, y legalidad del acto, todos extremos que admitieron reconocimiento automático, o casi automático[68], en plazas extranjeras.

Por iguales motivos, otros actos como los testamentos y los mandatos o poderes también tuvieron proyección extraterritorial casi excluyentemente cuando eran otorgados en sede notarial. Sin

[67] Fernández Rozas, *Ius Mercatorum,* "Revista del Consejo General del Notariado", 2004; Aguilera Barchet, *Historia de la letra de cambio en España. Seis siglos de práctica trayecticia.*

[68] La limitación fundamental al reconocimiento automático ocurría cuando la autoridad que designaba al notario, aun por delegación, no era, a su vez, autoridad del órgano receptor. En tales casos se procedía a lo que modernamente consideraríamos una legalización. Según resulta de los expedientes judiciales resguardados en el Archivo General de la Provincia de Buenos Aires, ella se realizaba por testigos que aseveraran su conocimiento sobre el efectivo ejercicio del notariado y la honra de su autor.

perjuicio del surgimiento de la embrionaria regla *locus regit actum*, las ventajas de la intervención notarial en la extraterritorialidad campeaban en otro ámbito. Los plenos efectos del principio *locus regit actum* posibilitaban la determinación de las reglas aplicables a las formas de la instrumentación, pero no brindaban certeza alguna en cuanto a la autenticidad de las formalidades extrínsecas, de la legalidad del acto ni de los otros elementos que distinguen al instrumento auténtico del privado.

Cabe afirmar que la extraterritorialidad en el ámbito de la función notarial ha tenido un campo de desarrollo más amplio y continuado que en otras áreas; especialmente si las comparamos con aquellas estrechamente vinculadas a la judicatura.

Este fenómeno jurídico ha sido estudiado en el marco del derecho internacional privado notarial, entendido por la doctrina como aquella parte del derecho internacional privado "creado por y para los notarios que intervienen en la instrumentación o reconocimiento y aplicación de los actos y hechos jurídicos que integran relaciones de derecho con elementos o contactos extranjeros relevantes"[69].

Por nuestra parte, preferimos caracterizarlo como el derecho que regula el funcionamiento intersistémico de los distintos ordenamientos jurídicos autónomos (derecho internacional privado), que resulta relevante para el ejercicio de la función notarial. O sea que pese a que contempla supuestos que le son propios y que lo tornan inconfundible con otros sectores del mundo jurídico, el derecho internacional privado notarial no es una rama autónoma sino dependiente del tronco que aborda la extraterritorialidad. Tampoco se perfila como una totalidad estable en sus contenidos puesto que, en verdad, su carácter notarial varía de ordenamiento en ordenamiento, de acuerdo con la amplitud o estrechez de la incumbencia notarial en cada sistema jurídico estatal[70].

Las reglas de competencia notarial e incluso la manera en la que se ejerce la función notarial, se ven sensiblemente afectadas

[69] Conf. Perugini de Paz y Geuse, "Derecho internacional privado notarial", en Armella (dir.) - Esper (invest.), *Summa notarial, registral e inmobiliaria*, t. IV, p. 5059 y ss.; Saucedo, *Régimen del notariado en el Mercosur*, p. 85.

[70] Que puede estar conformando un único sistema nacional (v.gr., España) o una pluralidad subnacional como en la Argentina (uno por cada provincia componente del Estado federal).

cuando el requerimiento contiene elementos extranjeros relevantes. Es decir, cuando a las cuestiones del derecho sustancial interno debemos adicionarle aquellas propias del funcionamiento extraterritorial del derecho. La extraterritorialidad se producirá cuando un sistema jurídico despliega efectos que alcanzan la órbita natural de aplicación de otro sistema jurídico. Es precisamente la internacionalidad del caso notarial lo que abre las puertas a este funcionamiento intersistémico. Es por ello que, antes de calificar los elementos sustanciales del asunto notarial con el derecho de uno u otro Estado, debemos dar respuesta a cuestiones específicas generadas por internacionalidad del caso. La metodología para arribar a dichas soluciones las brindará el derecho internacional privado.

a) *Competencia notarial internacional.* Si bien las normas de jurisdicción internacional están dirigidas primordialmente a los jueces, el concepto de jurisdicción internacional abarca también a la competencia notarial internacional y a la competencia administrativa internacional. De la misma forma que las normas que determinan el derecho aplicable están dirigidas a todos los operadores, sin distinguir su carácter de jueces, notarios, autoridades administrativas, abogados o partes negociales. En derecho argentino la capacidad de la persona humana dependerá de las leyes de su domicilio (art. 2616), a tenor de lo cual será capaz, incapaz, con capacidad restringida, menor de edad, adolescente o mayor, sin que la solución dependa de quién sea el intérprete.

La competencia internacional del notario funcionará siempre que tenga un requerimiento válidamente formulado en relación con un caso con elementos extranjeros. Desde luego que el notario siempre tendrá como límite la función notarial y el alcance que le fije su reglamentación profesional[71].

Ello no significa que siempre debe aplicar derecho propio, en este caso, el argentino. Cuando corresponda, debe aplicar derecho extranjero, pero la extensión de sus funciones estará siempre delimitada por su *lex fori* profesional. El notario deberá calificar

[71] Para ampliar respecto de la competencia notarial internacional en términos generales, se recomienda Saucedo, *Visión panorámica de los documentos notariales extranjeros desde la República Argentina, con especial referencia a su fuerza probatoria*, "Revista Notarial", nº 955, 2007; Goldschmidt, *Derecho internacional privado. Derecho de la tolerancia (basado en la teoría trialista del mundo jurídico).*

si el acto contenido en el requerimiento se halla comprendido en el ejercicio de la función notarial. Si la respuesta es afirmativa, el notario podrá proceder aceptando el requerimiento e interviniendo en el acto por celebrar.

Al aplicar el método analítico podrá determinar que todo o parte del acto se rija por derecho extranjero y consecuentemente utilizarlo. En esta instancia, el notario será un operador del derecho internacional privado y tomará todos los recaudos que le impone el método indirecto y sus métodos auxiliares. Deberá resolver problemáticas concernientes a la calificación de la relación jurídica, a la aplicación oficiosa del derecho extranjero, a situaciones vinculadas con el reenvío y posibles cuestiones preliminares, a la posible concurrencia de fraude a la ley, aplicar derecho extranjero de oficio, evaluar situaciones de reenvío y de cuestión previa, determinar si existe fraude a la ley y, una vez definido el derecho aplicable, evaluar las limitaciones de orden público internacional y eventualmente adaptar la aplicación del derecho extranjero.

Pero también puede ocurrir que lo requerido exorbite a la función notarial. Por ejemplo, cuando a un notario argentino se le requiera la tramitación de un proceso sucesorio, aun cuando el derecho aplicable sea el extranjero y cuando tal derecho le otorgue a los notarios la función de discernir sucesiones. En este supuesto, la *lex fori* profesional no habilita, actualmente, tal intervención, dado que chocaría con disposiciones de la *lex fori* atributivas de competencia funcional excluyente. Pese a ello, si tomamos como *exempla docens* el caso de un nacional europeo que procura celebrar un testamento eligiendo el derecho de su nacionalidad para regir su futura sucesión (*professio iuris*, art. 22, Reglamento Europeo 650/2012), el notario argentino deberá aceptar el requerimiento dado que, si bien estará configurando un instituto de derecho extranjero inexistente en su propio ordenamiento, la calificación que corresponde hacer de tal instituto es la de un testamento-disposición, lo que sí se encuentra contenido por su función notarial (resaltamos la diferencia entre categoría analítica y su reglamentación, entre continente y contenido).

Con lo acotado destacamos que la extraterritorialidad en materia notarial es sumamente amplia, puesto que se halla fundada principalmente en la autonomía de la voluntad que cabalga sobre el requerimiento y no ya a horcajadas del otorgamiento de jurisdicción e imperio por un órgano soberano, tal como ocurre con los órganos judiciales. Mientras que el juez siempre comienza el tratamiento del caso internacional aplicando su propio derecho internacional privado(calificación mediante), el notario puede aceptar el requerimiento fundado en derecho internacional privado extranjero para su reconocimiento exclusivamente en otros ordenamientos. Esto ocurre porque, en definitiva, siempre que exista un requerimiento válido, la extraterritorialidad del instrumento notarial no tendrá más límites que el orden público internacional, las normas internacionalmente imperativas y el poco usual supuesto de fraude a la ley.

b) *Circulación internacional del documento notarial.* Por otro lado, y sin entrar a profundizar sobre la circulación internacional de documentos, veremos que la extraterritorialidad pasiva del instrumento notarial también presenta muchas similitudes y algunas diferencias respecto de la de otros instrumentos judiciales y administrativos. Una diferencia radica en la mayor amplitud de la circulabilidad del documento notarial. A los efectos de ser más gráficos, partamos de un ejemplo nítido: la Instrucción de Trabajo del Registro de la Propiedad Inmueble de la Capital Federal, nº 01/2017, la cual expresa: "Cuando ingresen documentos donde se adjudiquen bienes como consecuencia de la liquidación de la sociedad conyugal por sentencia dictada por un tribunal extranjero, solo se calificará el cumplimiento del trámite judicial del *exequatur* cuando el documento a inscribir fuere testimonio de las piezas pertinentes provenientes del extranjero. En cambio, *no será motivo de calificación dicha circunstancia cuando el documento que formalice la adjudicación de bienes fuere notarial*, considerando que el autorizante de la escritura respectiva ha calificado y relacionado la sentencia de divorcio a efectos probatorios del estado civil de sus otorgantes" (el resaltado es nuestro)[72].

Cuando se trate de partición de bienes notarial, no será necesario ningún proceso de *exequatur* y la extraterritorialidad será automática. Sin embargo, cuando la partición sea judicial, efectivamente se requerirá el previo control complejo para el reconocimiento de sus efectos extraterritoriales. Lo mismo ocurre con las sucesiones tramitadas notarialmente en los países que así lo permiten y aquellas deferidas en sede judicial. Al indagar sobre la fundamentación de la diferencia notamos que si la sucesión o el

[72] Ver www.dnrpi.jus.gov.ar/normativa/instrucciones_trabajo.php.

divorcio, según correspondan, son litigiosos, el acto contenido en el instrumento es un acto de jurisdicción en sentido estricto, con imperio y fuerza ejecutiva, por lo que el *exequatur* resultará necesario. Los códigos de procedimiento argentinos indican que el *exequatur* es necesario para el reconocimiento de la fuerza ejecutiva de una sentencia (Cód. Proc. Civil y Com. de Buenos Aires, art. 515). Cuando estamos frente a un acto notarial, el requerimiento resulta ser un elemento esencial, y en los actos bi o plurilaterales, el acuerdo de voluntades es constitutivo de dicho requerimiento. Aquí no nos estamos refiriendo solo a contratos patrimoniales clásicos, sino también a actos multilaterales no patrimoniales, como una autorización de viaje, donde interviene el consentimiento de ambos progenitores (en un caso típico) y el consentimiento del menor adolescente[73]. En definitiva, en el acto notarial la existencia misma de un requerimiento importa el consenso de las partes sobre el acto por otorgar. Ello elimina la necesidad de reconocer fuerza ejecutiva por vía de *exequatur*, pues estamos frente a un acto consensuado, o bien frente a la constatación de un hecho jurídico (en el supuesto de acta de constatación). En ninguno de los casos hay imperio judicial que amerite reconocimiento, o fuerza ejecutiva que deba ser admitida.

Aquí se perfila un orden funcional de cuatro pasos que impulsan la cada vez mayor circulación internacional de los instrumentos notariales: *a*) autonomía de la voluntad; *b*) ejercicio documentado en forma notarial; *c*) recaudos de la autenticación formal y su accesibilidad (legalización y traducción), y *d*) generación automática de efectos extraterritoriales.

Adelanto de un próximo avenir desde el angular documentario que nos interesa, es el Certificado Sucesorio Europeo creado por el Reglamento Europeo sobre Sucesiones 650/2012 –que entró en vigor el 17/8/2015 para todos los países de la Unión Europea, excepto el Reino Unido, Irlanda y Dinamarca–, cuya finalidad es acreditar internacionalmente la condición de heredero, legatario, albacea o administrador, así como otros aspectos relevantes de la transmisión *mortis causæ*. Materialmente consiste en un formulario emitido por la autoridad que designe cada Estado, en el cual se van marcando opciones que caracterizan la sucesión, comprendiendo datos

[73] Que puede darse en forma no escrita, incluso tácita, cuando, por ejemplo, se apresta a salir del país.

subjetivos, indicación de disposiciones testamentarias, referencia a los apoderados y administradores, puntualización del régimen patrimonial del matrimonio eventualmente conectado, la existencia de disposiciones especiales, la indicación de la ley aplicada, la incidencia de exclusiones o restricciones sucesorias, entre otros particulares. El objetivo fundamental es lograr la cooperación en materia de extraterritorialidad automática respecto a todos los efectos propios del estatuto sucesorio. Es decir, importa la eficiente implementación de la extraterritorialidad de la persona humana en su dimensión *ultra vires*, debiendo reconocerse sus efectos liminarmente en todos los Estados parte, sin limitaciones vinculadas a legalizaciones, traducciones, diferencias de formas, ni siquiera con limitaciones vinculadas a aspectos registrales ni originadas en la naturaleza inmobiliaria del patrimonio sucesorio.

c) *El notario frente a la aplicación del derecho extranjero.* Frente al fenómeno de la extraterritorialidad el notario tendrá las mismas potencias y limitaciones que tiene cualquier otro operador jurídico. Podrá instrumentar actos y expedir los testimonios que se hallen destinados a la circulación internacional. Es decir, hacer surtir efectos por fuera de las fronteras jurídicas de su sistema de derecho. En estos casos, deberá afrontar las mismas problemáticas que otros operadores del derecho internacional privado: determinar que tenga competencia notarial internacional; verificar que esté aplicando correctamente la ley a las distintas secciones del caso (p.ej., forma, capacidad, sustancia), y, finalmente, asegurar la eficacia plena extraterritorial. Esto último, en cuanto a su circulación, incluyendo el régimen de legalización y traducción. Pero también deberá procurar la eficacia extraterritorial sustancial, es decir, que el acto jurídico instrumentado pueda ser reconocido y respetado por el ordenamiento de destino del instrumento. En caso de que existan potenciales limitaciones al reconocimiento extraterritorial sustancial, sea por razones de orden público internacional, sea por diferencias en puntos de conexión u otras, el notario deberá evaluar la manera más eficiente de superarlas.

La función notarial puede activarse por un requerimiento que sea válidamente formulado por un habitante de cualquier lugar del mundo y requiriendo la aplicación de un derecho de cualquier ordenamiento jurídico. Esto no significa que el notario pueda actuar sin ningún tipo de encuadre legal; por el contrario, debe adecuar la instrumentación a la legislación que corresponda, conforme al mismo requerimiento y a ley aplicable indicada por el derecho internacional privado argentino, por el derecho internacional privado extranjero o por la autonomía de la voluntad de los requirentes. Es decir, si el notario argentino, en virtud de su requerimiento aplica derecho alemán a un pacto sobre herencia futura para ser reconocido en el extranjero y, por caso, ejecuta incorrectamente el derecho alemán, habrá un mal desempeño de la función del notario interviniente, eventuales nulidades y sus consecuentes efectos disciplinarios, responsabilidad civil profesional y otras sanciones que correspondan.

En consecuencia, como cualquier otro operador calificado, el notario debe discernir la ley aplicable respetando el método analógico que estructura los sistemas de derecho internacional privado Por ello, a un mismo caso notarial pueden aplicársele distintos derechos, en tanto contenga "*diferentes aspectos de una misma situación jurídica o a diversas relaciones jurídicas comprendidas en un mismo caso*" (art. 2595, Cód. Civil y Comercial).

Para explicarlo mejor, corresponde tener presente que si un derecho rige la sucesión, no significa que ese mismo derecho determine los aspectos conexos, tales como la capacidad del testador para testar, la validez del matrimonio del causante, su régimen matrimonial patrimonial, las solemnidades extrínsecas del fideicomiso testamentario, la extensión de los derechos reales, etcétera. En este caso, un derecho determinado va a ser llamado para regir nada más ni nada menos que la sucesión. A su vez, las otras relaciones jurídicas o sectores acotados por el método analítico tendrán su propio derecho aplicable, el que podrá coincidir o, incluso, contradecir la solución prohijada por el régimen sucesorio aplicable.

Por otro lado, la extraterritorialidad de los documentos notariales puede generar también cuestiones vinculadas a las calificaciones. Frente a una diferencia de calificación se debe determinar con qué derecho se califican los términos de la norma indirecta para poder encuadrar correctamente el caso. Es decir, con qué derecho se define el encuadramiento del instituto jurídico. Las alternativas más relevantes son considerar la categorización que realiza el derecho del intérprete, la que consagra el derecho personal del requirente, o la que sustenta el derecho del lugar de situación de los bienes, entre otras. De ello dependerá el ámbito de aplicación de la norma indirecta. Así las cosas, si se califica el caso como perteneciente a la categoría de los contratos y no de las sucesiones, no se utilizarán las normas del art. 2644 del Cód. Civil y Comercial (sucesiones), sino que aplicaremos la norma indirecta del art. 2652 (contratos). Cabe tener presente que el problema de las calificaciones en derecho internacional privado no consiste en la pregunta "¿qué significado tiene el término 'contrato'?"; esa no es una cuestión propia del derecho internacional privado sino del derecho civil. El problema de las calificaciones en el derecho internacional privado se refleja en la siguiente pregunta: "¿en qué ordenamiento jurídico debo buscar el significado del término 'contrato?'"; lo que, a su vez, no es lo mismo que preguntarnos "¿qué derecho rige los contratos?". La primera pregunta busca asignarle precisión a los elementos de toda norma (incluso de la norma indirecta), delimitando cuál es el alcance y extensión de la captación lógica que dicha norma realiza. La segunda pregunta, solo aplicable a normas indirectas, señala qué ordenamiento debemos observar para poder responder a la primera pregunta. Una vez resueltas las dos primeras preguntas, recién podremos comprender el significado pleno de la norma indirecta. En esta instancia ya estamos en condiciones de buscar la respuesta a la tercera pregunta, esto es, la que implica poner en funcionamiento la norma indirecta y determinar el derecho aplicable.

d) *Límites a los efectos extraterritoriales del instrumento notarial.* Siempre existe la posibilidad de que la circulación internacional de un instrumento se vea frustrada por la incompatibilidad sustancial de principios fundamentales de orden público internacional. Por ejemplo, si se requiere que se instrumente un acto de autoprotección eutanásico[74] ante el notario perteneciente a un ordenamiento que rechace y prohíba tajantemente los actos eutanásicos. Aun en el supuesto de que el acto fuera destinado a surtir efectos exclusivamente en el extranjero, el notario no podrá aceptar el requerimiento. Lo mismo ocurriría ante el requerimiento de otorgar un poder en el que ambas partes nombran apoderados para casarlos entre sí en el extranjero. Aunque el derecho extranjero lo permita, el orden público internacional prohíbe la ausencia de ambos contrayentes, ello en el marco de los principios

[74] Acerca de esta categoría motivo de estudio en los notarialistas que escudriñan en las fronteras que tocan a la bioética, ver Taiana de Brandi, *El derecho de autoprotección y la eutanasia. El mensaje del papa Francisco de fecha 17 de noviembre de 2017,* "Revista del Notariado", t. 931, www.revista-notariado.org.ar/.

que emanan de la Convención de Nueva York sobre el Consentimiento para el Matrimonio del año 1962. Con esto queremos resaltar que puede haber casos en los cuales la circulación internacional se halle razonable y eficientemente obstaculizada por la diferencia e incompatibilidad sustancial de los principios fundamentales que inspiran la legislación de fondo.

e) *Requerimiento de acto fundado en derecho extraño al foro.* Sin perjuicio de lo dicho en el punto anterior, veremos que el notario puede aceptar el requerimiento de actuación, aun en supuestos en los que el acto no sea susceptible de ser reconocido por el derecho argentino. No debemos perder de vista que los requirentes podrán tener interés en celebrar un acto jurídico en la Argentina, pero no para que surta efectos en su territorio, sino en el extranjero. Si bien estos actos no serían susceptibles de ser reconocidos por el derecho argentino, podría no haber razón para negar la intervención notarial cuando la motivación legítima de las partes es su reconocimiento en el extranjero. Por ello, debemos distinguir entre: *1*) el acto conforme al derecho argentino; *2*) el acto conforme al derecho extranjero susceptible de ser reconocido por el derecho argentino, y *3*) el acto conforme derecho extranjero *prima facie* insusceptible de ser reconocido por el derecho argentino.

El primer supuesto lo llamaremos caso doméstico y no requiere mayor análisis. En el segundo, el notario aplica el derecho extranjero porque así lo manda su propio derecho internacional privado. Por ello, el notario deberá dejar constancia en su actuación, que califica el acto conforme el derecho extranjero indicando la regla de conflicto propia que así lo dispone. Este caso es internacional, dado que si bien se aplica derecho extranjero, ello ocurre por actuación del derecho internacional privado argentino, es decir, por mandato del propio legislador. En estas situaciones, el notario se enfrentará a las problemáticas[75] del método indirecto en toda su extensión. Entendemos que ya en este supuesto cae el principio de presunción *iuris tantum* de legalidad de los actos notariales extranjeros[76],

[75] Aplicación del derecho extranjero, problema de las calificaciones, cuestión previa, reenvío, orden público internacional, fraude a la ley, eventual aplicación de método analítico frente a aplicación de múltiples derechos, aplicación de método sintético judicial, etcétera.

[76] El que indicaría que el acto notarial cumple con los recaudos de forma y fondo del derecho del lugar de su otorgamiento (*locus regit actum*). Este principio no es absoluto, sino un mero indicio que no releva al intérprete de la tarea

puesto que entonces no existen las causas que motivan tal presunción. El tercer supuesto supone la actuación notarial en actos regidos por derecho extranjero, pero cuyo reconocimiento por parte del derecho argentino se hallaría vedado. Son casos extranjeros por completo, en donde el notario observa su ley profesional, pero el derecho de fondo no será el propio ni el extranjero aplicable conforme su derecho internacional privado

Aquí debe distinguirse la causa de la falta de reconocimiento del derecho extranjero: cuando se basa en excepción de orden público (art. 2600, Cód. Civil y Comercial) el notario argentino directamente deberá rechazar el requerimiento, o aceptarlo solo en la medida en que las disposiciones de derecho extranjero no atenten contra los principios fundamentales de orden público que inspiran nuestro ordenamiento jurídico[77]. Es decir, solo cuando el derecho extranjero no repugne a las bases estructurales y fundamentales de nuestro ordenamiento.

Sin embargo, si la falta de reconocimiento está fundada en que nuestra norma de conflicto simplemente no envía al derecho extranjero que se pretende aplicar y, como se ha presupuesto, el acto no se halla destinado a surtir efectos ni a ser reconocido en la Argentina, el notario podrá aceptar el requerimiento. En este supuesto, deberá dejar constancia, precisamente, de que el acto no se halla destinado a ser ejecutado ni reconocido en la Argentina, que se rige por derecho extranjero y que el otorgamiento no implica vulneración efectiva[78] de normas internacionalmente imperativas

---

de calificar la legalidad del acto. La presunción de legalidad de los actos notariales extranjeros contiene varios flancos débiles frente a los cuales la intervención notarial extranjera y la correspondiente legalización no alcanzan para confirmar esa legalidad (arts. 2649, Cód. Civil y Comercial, entre otros). Es por ello que Saucedo recomienda siempre "indagar en torno a la correcta determinación y aplicación de la ley que corresponda (sea propia o ajena), a los documentos notariales extranjeros, como paso previo a su empleo". Se recomienda ampliar en Saucedo, *Visión panorámica de los documentos notariales extranjeros desde la República Argentina, con especial referencia a su fuerza probatoria*, "Revista Notarial", nº 955, 2007.

[77] Recordemos que no estamos hablando de simples "normas de orden público", ni de cualquier "principio jurídico", sino de principios fundamentales de orden público que inspiran el ordenamiento jurídico argentino (conf. art. 2600, Cód. Civil y Comercial). Recién ahí encontraremos el límite a la aplicación del derecho extranjero.

[78] Si bien el acto puede contrariar el contenido material de una norma de policía argentina, puede que aquel se halle fuera del ámbito de aplicación de esta.

argentinas; ni principios fundamentales de orden público que inspiran el derecho patrio (arts. 2599 y 2600, Cód. Civil y Comercial)[79].

Volvemos al ejemplo de la *professio iuris* para graficar la idea presentada: supongamos que un nacional europeo pretenda celebrar ante un notario argentino un testamento eligiendo el derecho de su nacionalidad para regir su futura sucesión (*professio iuris*, art. 22, Reglamento Europeo 650/2012). Entendemos que en este supuesto el notario argentino deberá aceptar el requerimiento por las razones y con los recaudos indicados en las secciones anteriores de este trabajo. Agregamos, sin embargo, que una cuestión es que nuestro derecho sucesorio no reconozca la *professio iuris* y otra distinta es que no pueda otorgarse en la Argentina para ser reconocido en el extranjero. En tal caso, el nacional europeo, residente o no en la Argentina, podrá optar por el derecho de su nacionalidad ante un notario argentino, siempre dentro de las formas receptadas por el Reglamento Europeo 650/2012. En otras palabras, en nuestro país pueden otorgarse testamentos basados en cuanto a su fondo en el derecho de cualquier lugar del mundo, incluyendo la posibilidad de ejercer la *professio iuris*[80]. El notario siempre deberá canalizar y calificar adecuadamente la voluntad del requirente, advirtiendo, cuando resulte necesario, sobre los posibles derechos aplicables a la sucesión, y los eventuales límites a su reconocimiento internacional. Ello para evitar confusión o contradicción con el principio generalmente aceptado de presunción *iuris tantum* de legalidad de los actos notariales, el que indicaría que el acto notarial cumple con los recaudos de forma y fondo del derecho del lugar de su otorgamiento (*locus regit actum*).

Por ejemplo, el derecho argentino impone apriorísticamente que todo artefacto con conexión eléctrica cuente con ciertas medidas de seguridad para poder ingresar al mercado argentino. Pero ello no impide que en la Argentina se otorgue un contrato comercial internacional en el que se pacten condiciones de seguridad eléctrica que difieran de las del derecho argentino, siempre que dicha mercadería se destine a otro mercado.

[79] Como ya se dijo, esto elimina de plano la aplicación del principio de legalidad del acto notarial, por el cual se presume, *iuris tantum*, que el acto cumple con las formalidades, formas y fondo del derecho del lugar de otorgamiento.

[80] Acerca del significado y alcance de este instituto, remitimos a Hijas, *La professio juris en las sucesiones y matrimonios con elementos transfronterizos*, "Notarios del Siglo XXI", nº 83, feb. 2019, p. 1, www.elnotario.es/hemeroteca/revista-69/6972-la-professio-iuris-en-las-sucesiones-y-matrimonios-con-elementos-transfronterizos.

En conclusión, el notario podrá intervenir en asuntos relacionados con un caso que no se sustancie en su propio Estado ni aplique su propio derecho, pero en donde las partes legítimamente le requieran la intervención en un acto con la expectativa de que sea ejecutado y reconocido en el extranjero. En tales supuestos, se estará actuando no ya teniendo en vista la norma de conflicto del ordenamiento al que el notario pertenece sino la extranjera, que es la que el requirente contempla y prevé, y que, probablemente, ostente un contenido diverso a la propia del profesional interviniente.

Capítulo III

VICISITUDES EN LOS ÁMBITOS ESPECIALIZADOS

§ 44. *Su negación en áreas específicas. Enfoque temporal.* – Ante un sólido frente que desechaba la extraterritorialidad como instituto "exportable" al derecho público en general, se sumó el pensamiento de contenido restrictivo originado en cada rama en las que incidieron relaciones vinculadas con ordenamientos ajenos al foro. En secuencia histórica, tales problemáticas particularizadas se presentaron primero en el derecho penal, para luego replicarse en otros sectores de generación sistémica más cercana a nuestros días, como el derecho fiscal y el derecho previsional.

§ 45. *El imperativo que conduce a la "desprivatización".* – La revisión efectuada respecto de algunos supuestos de extraterritorialidad en las ramas del mundo jurídico que tienen como contenido actos y regulaciones concernientes al Estado y a sus funciones resultan, de por sí, significativos para revelar una vigorosa tendencia a utilizar la extraterritorialidad del derecho extranjero como instrumento realizador del valor justicia en las situaciones en las que gravita la presencia de elementos extralocales. Empero, lo paradójico es que puede arribarse a una percepción similar avanzando desde el punto de vista de quienes circunscriben la aplicación o el reconocimiento del derecho extranjero a los temas civiles y comerciales dejando al descubierto que, aun encasillándonos en este último temperamento, campea la valencia transfronteriza de los preceptos del derecho público que acompañan a la preceptiva clásicamente extraterritorializable cuya raíz se ubica en el derecho privado. En efecto, sabido es que la aplicación de todo precepto viene acompañada del examen de su congruencia con el régimen constitucional[1], o de su compatibilidad con el bloque de convencionalidad internacional destinado a tutelar los derechos humanos[2]. Tal afirmación es plenamente válida dentro de la idea –que es parte del derecho internacional americano– de que la aplicación judicial del derecho extranjero implica imitar una probable sentencia de un juez del país al cual dicho régimen jurídico pertenece[3]. De manera que la aplicación del derecho en su totalidad y, dentro de este sector, de las normas de mayor jerarquía allí operantes, resulta insoslayable pese a que la controversia sea resuelta por los preceptos de un Código Civil y Comercial. Urge, entonces, articular una mirada "desprivatizadora" en el universo marcado por el método indirecto, que se suma al material hasta ahora examinado.

A) Perspectiva desde lo penal

§ 46. ***Impedimentos usualmente invocados.*** – La interdicción de la extraterritorialidad no fue fruto del acaso, sino resultado de que allí operaban razones que se estimaban obstáculos insuperables, tales como las características propias de las reglas penales tendientes a priorizar el castigo, para así lograr el respeto de ciertos bienes jurídicamente protegidos. También se oponía la idea primigenia de que el derecho internacional privado se esparcía sobre las ramas del mundo jurídico dotándolas de reglas adecuadas para la extensión territorial de los derechos, la que fue aceptada hasta que, precisamente, se llegó a lo penal, cuyos principios parecían trazar una fractura no franqueable con un derecho que había nacido para asegurar la capacidad del hombre y no para restringirla. Vale recordar en consonancia que, como resabio de esa posi-

[1] Esto es todavía más notable cuando el sistema de control de constitucionalidad admite que todos los jueces, cualquiera sea su rango, puedan ejercerlo (ver *dossier* preparado por la ministro del alto tribunal argentino Highton, *Sistemas concentrado y difuso de control de constitucionalidad,* http://old.csjn.gov.ar/docus/documentos/verdoc.jsp?ID=89740).

[2] Cuadernillo de Jurisprudencia de la Corte Interamericana de Derechos Humanos nº 7, editado por el Ministerio de Relaciones Exteriores de Dinamarca, p. 4.

[3] Convención Interamericana sobre Normas Generales de Derecho Internacional Privado del 8/5/1979, art. 2º, aprobada por ley 22.921.

ción, ha llegado hasta el presente la afirmación de que el derecho penal internacional –disciplina de cuya vigorosa expansión dan testimonio los múltiples convenios destinados a prevenir y reprimir delitos que generan amenazas comunes para todos los Estados[4]–, configura solo un sector cuya incumbencia versa en torno al ámbito espacial del castigo de los delitos y al alcance de las relaciones que diplomáticamente los países pudieran acordar al respecto, o sea, muy alejado de las ideas de extraterritorialidad, de recíproca interpenetración y de mutuo compromiso en afianzar la justicia que campean en el tiempo presente. En este orden de ideas, también se proclamaba una repulsa terminante de que en el derecho penal se pudiera siquiera cooperar sustituyendo el accionar de un poder extranjero, concretamente respecto de la ejecución de sanciones *corporis afflictiva* pronunciada por aquel. Congruente con esto fue limitar la aceptación de la extraterritorialidad de las condenas penales solo en lo que hace a las consecuencias civiles[5], y circunscribir la ayuda en materia de extradición –según un cartabón común en los países de derecho anglosajón– a casos donde mediara la posibilidad de aplicar sanciones de apreciable magnitud, dentro de un marco limitado por una previa evaluación de la entidad de la

[4] Como la Convención de las Naciones Unidas contra la Delincuencia Organizada Transnacional de diciembre del año 2000, aprobada por la Argentina mediante ley 25.632, y la celebrada en Viena el 10/12/1988 contra el tráfico ilícito de estupefacientes y sustancias psicotrópicas, aprobada por nuestro país mediante ley 24.072. Se puede ver una perspectiva metodizada del material convencional del siglo XX, en Paz Rubio - Robredo Barrio - Bolufer Nieto, *Tratados internacionales en materia penal*. Una visión unificadora de los diferentes delitos de gravitación internacional, desde luego conveniente a los fines del presente libro, se observa en Bassiouni, *Introduction au droit pénal international*.

[5] Convención Interamericana sobre Eficacia Extraterritorial de las Sentencias y Laudos Arbitrales Extranjeros, Montevideo, 1979, art. 1°: "La presente Convención se aplicará a las sentencias judiciales y laudos arbitrales dictados en procesos civiles, comerciales o laborales en uno de los Estados parte, a menos que al momento de la ratificación alguno de estos haga expresa reserva de limitarla a las sentencias de condena en materia patrimonial. Asimismo, cualquiera de ellos podrá declarar al momento de ratificarla que se aplica también a las resoluciones que terminen el proceso, a las dictadas por autoridades que ejerzan alguna función jurisdiccional y a las sentencias penales en cuanto se refieran a la indemnización de perjuicios derivados del delito". Sobre esa recepción parcial restringida, Opertti Badán, "Características de la moderna cooperación penal internacional en asuntos penales con especial referencia a los últimos desarrollos convencionales en el ámbito multilateral y bilateral", en AA.VV., Curso de cooperación penal internacional, p. 225.

prueba cargosa y de la compatibilidad entre la imputación extranjera y la descripción contenida en la normativa del país requerido[6].

§ 47. ***El tema de las incapacidades.*** – Al primigenio orden de ideas fundadas en la no extraterritorialidad del derecho público referido a la pena, la que siempre aparecía vinculada en su gravedad a la defensa del orden político imperante, se añadió la afirmación de que el derecho penal internacional nada tenía que ver con el derecho internacional privado, debido a que solo persigue ampliar el alcance de la respuesta sancionatoria, esto es, la reacción de un sistema que al aplicar castigos aumenta el marco de restricción de los derechos del sujeto perseguido[7], lo cual –en definitiva– no significa otra cosa que consagrar incapacidades. No obstante, llevando más a fondo esta reflexión, si bien no cabe duda de que el derecho internacional privado se originó con un claro objetivo de conservar transfronteras la capacidad para repulsar, proclamando su territorialidad, todas las incapacidades que proviniesen de leyes penales o administrativas extranjeras (art. 9°, Cód. Civil derogado), en el derecho penal actual tales incapacidades cambian su función. En efecto, las emergentes de condenas por ilícitos penales (inhabilidaciones especiales, exclusiones, interdicciones) no hacen otra cosa que edificar un anillo protector preventivo para la comunidad política y, dentro de ella, tanto respecto de grupos de personas como de sujetos individuales contra las acciones que ocasionan mayor grado de perjuicio social, apuntalando de esta manera un entorno donde todos puedan ejercer plenamente sus capacidades con afianzamiento del valor seguridad.

§ 48. ***Obstáculos emergentes de las diversidades calificativa y sancionatoria.*** – Desde otro angulo de mira, la idea de extraterritorialidad penal entra en colisión, además, con los recelos tradicionalmente suscitados por dos factores centrales. Uno, el concerniente a la diversidad de definiciones en torno a las ilicitudes que atacan los bienes jurídicos más comunes. Otro, el referido a la subsistencia, todavía en la actualidad, de sanciones estimadas inhumanas o degradantes.

[6] Piombo, *Tratado*, t. I, en especial § 1.2.4 y ss., y 2.2.1.2 y siguientes.

[7] Código Penal argentino, art. 12; Código Penal peruano, decr. leg. 635, art. 36.

Con el avance de los tiempos, lo primero aparece casi totalmente desplazado por la existencia de un derecho convencional internacional que ha establecido definiciones tipo, primordialmente en materias tales como crímenes contra la humanidad[8], ilícitos de tráfico, delincuencia organizada transnacional y antijuridicidades que afectan las comunicaciones aéreas y marítimas. También coadyuvan en este sentido la existencia de códigos penales modelo[9] o la difusión de las leyes penales de Estados que han ejercido liderazgo en la política internacional[10], o en la creación de un acervo cultural[11], o que edificaron estructuras coloniales con contenidos jurídicos que han permanecido luego de advenido el proceso de independencia nacional[12].

El segundo obstáculo, reflejo de la bárbara penología que acreció en medios de producir sufrimientos desde la antigüedad hasta las postrimerías del siglo XVIII[13], comenzó a experimentar un proceso reformador a partir de la recepción del pensamiento de Beccaria[14], cuyas ideas se hallan actualmente presentes en los códigos penales del mundo occidental. Igualmente, por la influencia de los instrumentos imbuidos de humanitarismo incorporados en el orden

[8] Convención para la Prevención y Sanción del Delito de Genocidio, aprobada por decr. ley 6286/1956; asimismo, ley 24.484, aprobatoria de lo concerniente a la imprescriptibilidad de los crímenes de guerra y de lesa humanidad.

[9] *Proyecto de Código Penal tipo para Latinoamérica*, "Anales de la Facultad de Derecho y Ciencias Sociales de la Universidad de Chile", nº 7, vol. 7, 1967, p. 1.

[10] De Rivacoba y Rivacoba, *El derecho penal en América Latina a finales del siglo XX*, "Direito e Ciudadania", año IV, nº 10-11, 2000-2001, p. 33, reproducido en Portal Iberoamericano de Ciencias Penales, www.cienciaspenales.net, útil en el tratamiento de las influencias recibidas en las legislaciones americanas de los textos normativos por entonces vigentes en Alemania, España e Italia.

[11] Por ejemplo, con relación al positivismo italiano, Carnevali, *La ciencia penal italiana y su influencia en Chile,* "Política Criminal", nº 6, 2008, p. 1.

[12] La administración de justicia del Canadá, por ejemplo, se basa en las antiguas leyes y tradiciones británicas con excepción de la provincia de Quebec, cuyo modelo reposa en gran medida en contenidos heredados de la antigua dominación francesa (entre otros: Red Legal, sitio web de los educadores legales públicos y defensores de los derechos de los trabajadores migrantes en Columbia Británica, Canadá –ver www.redlegal.ca–). A su vez, el derecho procesal penal y penal de la India reconoce una vigorosa influencia anglosajona (David - Jauffret-Spinosi, *Los grandes sistemas jurídicos contemporáneos*, p. 371 y siguientes).

[13] Thot, *Historia de las antiguas instituciones de derecho penal: arqueologia criminal,* p. 247 y siguientes

[14] Beccaria, *De los delitos y de las penas*, esp. p. 60 y ss. y 93.

convencional internacional luego de la Segunda Guerra Mundial[15]. No obstante, es cierto que subsiste la crueldad punitiva en el derecho penal inspirado en la *Sharia* islámica[16], catapultada por el fundamentalismo religioso imperante en algunos países de África, de Medio Oriente y del Pacífico[17]; mas ello configura excepción ante un frente consolidado donde imperan mayoritariamente principios de aplicación de la ley penal inspirados en el respeto de la persona humana, tales como los de mínima lesividad[18], irretroactividad[19], tipicidad[20] y otros recogidos, tanto a nivel constitucional como en el ámbito del derecho internacional contemporáneo. A esto se añade un derecho procesal en consonancia, donde priman la garantía de

[15] Convención de las Naciones Unidas contra la Tortura y Otros Tratos o Penas Crueles, Inhumanos o Degradantes, del 10/12/1984, arts. 1° y 2°, aprobada por ley 23.338.

[16] Orlando, *El derecho penal islámico y su concepción de la pena*, en "Derecho y Humanidades", n° 16, vol. I, 2010, p. 209 a 221, especialmente 214 y ss.; Aldeeb Abu-Sahlieh, *Las sanciones en derecho musulmán y su influencia en los países árabes*, "Anuario de Derecho Penal, Universidad de Friburgo", 2010, p. 246 y ss., especialmente 254 y correlativas; Pareja, *¿Qué es la Sharia?*, "Revista Jurídica de la Facultad de Derecho de la Universidad Nacional de Mar del Plata", año 2, n° 2, p. 141 y siguientes.

[17] López de Miguel, *El fundamentalismo islámico. Origen y expansión desde 1979 al 11 de setiembre de 2001*, "Repositorio de la Universidad de Cantabria", https://repositorio.unican.es/xmlui/bitstream/handle/10902/3898/Mariano%20L%C3 %B3pez%20de%20Miguel.pdf, especialmente p. 40 a 44. Botta, *El concepto de fundamentalismo islámico*, Córdoba, Centro de Estudios del Medio Oriente Contemporáneo, 2007, www.files.ethz.ch/isn/103379/2007_01_fundamentalismo.pdf, especialmente p. 11 y sigtes. Con relación al sistema penal del sultanato de Brunei, "ABC", Madrid, 30/4/2014.

[18] El principio de lesividad "es denominador común a toda la cultura penal ilustrada: de Hobbes, Pufendorf y Locke a Beccaria, Hommel, Bentham, Pagano y Romagnosi, quienes ven en el daño causado a terceros las razones, los criterios y la medida de las prohibiciones y de las penas. Solo así las prohibiciones, al igual que las penas, pueden ser configuradas como instrumentos de minimización de la violencia y tutela de los más débiles contra los ataques arbitrarios de los más fuertes en el marco de una concepción más general del derecho penal como instrumento de protección de los derechos fundamentales de los ciudadanos" (Ferrajoli, *Derecho y razón*, p. 466).

[19] Declaración Universal de Derechos Humanos, art. 11; Convención Americana sobre Derechos Huamnos, art. 9°.

[20] "Tipo es la descripción de la conducta prohibida que lleva a cabo el legislador en el supuesto de hecho en una norma penal" (Muñoz Conde, *Teoría general del delito,* p. 32). La tipicidad, a su vez, configura el encuadramiento de la conducta en el tipo penal.

la defensa en juicio, acompañada del principio *in dubio pro reo*, así como el resguardo específicamente brindado por los derechos, entre otros, a ser tenido como inocente hasta la sentencia definitiva, a conocer los términos de la acriminación, a comprenderla cabalmente mediante el asesoramiento letrado y el apoyo de intérpretes, a examinar los testigos de cargo, a producir toda la prueba que halle conveniente a la protección de sus intereses, a ser juzgado en plazo razonable y a recurrir ante la autoridad jurisdiccional superior el pronunciamiento definitivo[21]; todo en un entorno acentuadamente tutelador de las garantías individuales[22].

§ 49. ***Aproximación del derecho penal internacional al derecho internacional privado.*** – La disolución de los obstáculos anteriormente expresados permite en la actualidad conformar una fuerte corriente doctrinal y legislativa que posibilita tomar en consideración las condenas pronunciadas en el extranjero, y esto en relación con dos situaciones. En una, como elemento para agravar la penalidad en los regímenes que tienen en cuenta la reincidencia o la pérdida de derechos civiles y políticos[23]; en la otra, como sentencia ejecutable respecto de quien se estima que en el país de su nacionalidad o de su domicilio están dadas las mejores perspectivas de resocialización o readaptación que justifican allí su cumplimiento en lugar de realizarlo en el *locus delicti commissi*[24]. No obs-

[21] Entre otros documentos internacionales básicos, remitimos al Pacto Internacional de Derechos Civiles y Políticos (arts. 9°, 14 y concordantes).

[22] A raíz de que el término aparece como centro de controversias, resulta aconsejable consultar a Rafecas, *Una aproximación al concepto de garantismo penal*, "Lecciones y Ensayos", t. 80, 2009, p. 159.

[23] Con relación al primero de los institutos nombrados: Código Penal argentino de 1921, art. 50; Convención Única sobre Estupefacientes de 1961, enmendada por el Protocolo de 1972, art. 36. Con relación al segundo de los institutos, el art. 7° de la Convención de las Naciones Unidas para la Represión de la Trata de Personas y de la Explotación de la Prostitución Ajena del 2/12/1949. La utilización de los antecedentes penales registrados en un Estado extranjero para las finalidades que en cada caso determine la legislación local se halla contemplada por el art. 22 de la Convención de Palermo contra la Delincuencia Organizada Transnacional del 15/12/2000, aprobada por ley 25.632.

[24] La Argentina tiene convenios sobre traslado de condenados con Bolivia (aprobado por ley 24.996), Brasil (ley 25.306), Canadá (ley 26.251), Costa Rica (ley 25.729), Chile (ley 26.003), España (ley 24.036), México (ley 24.035), Panamá (ley 25.305), Paraguay (ley 24.812), Perú (ley 25.178), Portugal (ley 26.608), Venezuela (ley 25.041) y países del Mercosur (ley 26.259).

tante, el impulso de cooperación llega mucho más allá en extensión y en intensidad, trazando una nueva perspectiva que repercute en la conformación actual del derecho penal internacional, recogiendo las particularidades del proceso en sus diferentes etapas y abrazándolo en todos esos aspectos, esto es, permitiendo aventar los motivos de orden particular que pueden ser invocables contra la actuación de la extraterritorialidad.

Ello es así en un primer estadio, configurado por el inicio de las investigaciones, en cuyo ámbito prima lo concerniente a la recolección de pruebas y al aseguramiento de la persona del inculpado. En cambio, en un segundo estadio, configurado por el advenimiento de la etapa de juzgamiento, urge poder hacer frente a una eventual pluralidad de audiencias y de juicios con imputados, testigos y peritos situados en territorios distintos. En tanto, en un estadio final corresponde encarar, con la eventual ejecución de las sanciones, la transferencia de bienes o su ejecución, así como el cumplimiento de las penas corporales en ámbitos soberanos que pueden ser distintos de aquel en que tuvo lugar el juicio[25]. En esto, merece especial atención por su vigoroso avance lo concerniente al reconocimiento recíproco de sentencias que condenan a la pérdida de derechos o a cumplir sanciones pecuniarias. Subrayamos que tal reconocimiento fue impulsado por la gravitante necesidad de asegurar el castigo de las infracciones que entrañaban mayor peligro en el marco de la circulación vehicular, en cuyo ámbito la inhabilitación para conducir y las penas de multa constituyen castigos usuales; pero también es muy importante porque con ese propósito reciben tratamiento extraterritorial tanto pronunciamientos jurisdiccionales como decisiones administrativas. Esto último configura antecedente decisivo en un mundo donde el ejercicio del poder de policía sobre empresas multinacionales da pie a sanciones por

[25] La Corte Penal Internacional ha promovido la conclusión de cuatro categorías de acuerdos de cooperación que importan prestar asistencia a dicho organismo de justicia ante las siguientes situaciones que generan problemáticas transfronterizas: reubicación de testigos que hayan declarado en los juicios llevados a cabo ante ese tribunal teniendo en cuenta las posibles amenazas a su seguridad, liberación provisional, puesta en libertad de personas a disposición del tribunal y ejecución de penas impuestas por esa jurisdicción internacional (International Criminal Court, acuerdos de cooperación, www.coalitionfortheicc.org/sites/default/files/cicc_documents/cooperation_agreements_spa_v.1.pdf). Sobre la suscripción por la Argentina de tales acuerdos y su importancia, ver "Clarín", 28/2/2018.

sus comportamientos socialmente dañosos que actualmente, con verdadero afán ejemplarizador, se pugna por extraterritorializar[26].

Todo lo dicho exige un mejoramiento de la colaboración en un universo donde la velocidad con la que ocurren las acciones comisivas supera las posibilidades de actuación y reacción que brindan las tradicionales estructuras del derecho represivo. Esto impone la consideración de mecanismos expeditos, en mucho similares a los utilizados por el derecho internacional privado con relación a las sentencias recaídas en el ámbito de los intereses privados, aun cuando envueltos en el área penal por el manto del impulso oficioso y aligeradas, en principio, de su carga de fórmulas rituales, legalizaciones y autenticaciones, además de estar dotadas de una vía de transmisión más célere[27]. Naturalmente, previo el ejercicio por parte de los Estados afectados de un reconocimiento que puede tener lugar solo luego del examen de los presupuestos procesales, en este caso referidos a la competencia ejercida para dictar el decisorio, como también acerca del carácter delictivo del hacer acriminado para la ley local y, en la faz ejecutiva, de la compatibilidad de la pena aplicada con el sistema sancionatorio del país de la ejecución; todo, con la finalidad de respetar los principios fondales del ordenamiento del Estado ante cuyos órganos se gestione el reconocimiento o ejecución.

A su vez, la eficacia en la cooperación introduce la posibilidad de emplear figuras que presuponen mayor coordinación transfronteriza –tal como ocurre con el empleo de agentes encubiertos y la utilización de la entrega vigilada–, las que se conocen bajo el común concepto de "técnicas especiales de investigación"[28]. En la

[26] Ybarra Bores, *La implantación del principio de reconocimiento mutuo en el ámbito de las sanciones administrativas pecuniarias en la Unión Europea*, "Revista Electrónica de Estudios Internacionales", nº 11, 2006.

[27] Acuerdo sobre la Orden Mercosur de Detención y Procedimientos de Entrega entre los Estados Parte del Mercosur y Estados Asociados del 16/12/2010, que prevé la utilización de formularios y el empleo de la vía electrónica (conf. art. 8º).

[28] Conferencia de los Estados parte de la Convención Interamericana contra la Fabricación y el Tráfico Ilícitos de Armas de Fuego, Municiones, Explosivos y Otros Materiales Relacionados (CIFTA), 14 y 15 de mayo de 2012, Documento OEA/Serie L/XXII.4.3. CIFTA/CEP-III/doc 7/12 26/3/2012, acerca del Proyecto de legislación modelo y comentarios en relación con la entrega vigilada de armas de fuego, municiones, explosivos y otros materiales relacionados (aprobado por el Grupo de Expertos el 9/2/2012).

primera de las figuras mencionadas se enmarca la conducta de un funcionario policial con identidad supuesta que se inserta en la estructura de una asociación que tiene fines delictivos para que, dentro de ella, obtenga pruebas que permitan instaurar un proceso y, como fin último, desarticular la organización criminal[29]. En la segunda de las figuras indicadas, sin proceder a la detención de los partícipes o la incautación del producto del delito, se admite la entrega bajo la observación disimulada del órgano gubernativo local, con la finalidad de establecer la actuación de los diversos eslabones de la organización criminal en un delito de tráfico[30]. Elemento común es que, proyectadas al ámbito internacional, ambas requieren de inmunidades que se traducen en recaudos de no procedibilidad frente a la posible actuación de la ley penal territorial. Así las cosas, en la estructura completiva de un derecho penal internacional formales usualmente empleadas por la doctrina, en el elemento dinámico que importan las decisiones jurisdiccionales, en la medida que configuran el instrumento que articula los pedidos de asistencia y conforma su contenido, incluyendo en este género de colaboración la asistencia mutua a nivel de organismos componentes del Ministerio Público Fiscal. Esto, acrecido en los tiempos que corren por la ayuda que se dispensan, dentro de los esquemas de prevención y represión de determinados ilícitos, las entidades aduaneras, bancarias y tributarias, en el marco de un panorama acuñado por el moderno derecho administrativo internacional.

§ 50. ***Integración de lo extraterritorial en el derecho penal internacional.*** – Un elemento básico para ir construyendo el andamiaje que facilita la actuación extraterritorial en materia pe-

[29] Rodríguez Fernández, "El 'agente encubierto' y la 'entrega vigilada' (comentarios a la LO 5/1999, de 13 de enero, de modificación de la ley de enjuiciamiento criminal)", Criminalidad Organizada, reunión de la Sección Nacional Española preparatoria del XVI Congreso de la Asociación Internacional de Derecho Penal en Budapest. Ver los reparos constitucionales que se oponen a la difusión del agente encubierto en la prevención de la delincuencia común, conformando así un espacio funcional sumamente restricto, en Escalante Barreto, *El agente encubierto como instrumento de política criminal y represión penal: negación de los fundamentos del proceso penal constitucional*, p. 162 a 164.

[30] Además del material arriba señalado, Alcolada Chico, *La entrega vigilada y su impacto en la esfera de los derechos fundamentales y la sociedad globalizada*, p. 91 y ss., www.pensamiento penal.com.ar.

nal es, sin duda, el aprovechamiento de espacios jurídicos comunes que, aun cuando con limitaciones, existen al amparo de algunos sistemas de integración, teniendo como nota distintiva que la cooperación resultante muestra mayor alcance que los regímenes de asistencia vigentes en materia de derecho privado, pese la prelación histórica con que estos se desarrollaron. En este orden de ideas, cabe traer a colación -esto a manera de realidad indicativa- lo que ocurre en el marco de los procedimientos de la Organización Internacional de Policía Criminal (OICP Interpol), en cuyo ámbito el pedido de cooperación obliga simultáneamente a todos los Estados miembros, teniendo asegurado el reconocimiento automático sin necesidad de tramitaciones previas ni autenticaciones complementarias. En rigor, el material normativo reglamentario debe responder, de ahora en más, a criterios de máxima celeridad, comunicación plena y expedita y continuidad en el apoyo recíproco para prevenir o reprimir una criminalidad que, a través de los medios informáticos y electrónicos, puede expandirse mundialmente de manera casi instantánea y que, eventualmente, puede llegar a utilizar armas de destrucción masiva y motorizarse con ideologías extremas de origen religioso, político o social. En definitiva, debe tender con urgencia a ampliar la dimensión internacional apoyada en la más amplia extraterritorialidad. Paralelamente, cabe vincular estrechamente, mediante nociones conceptuales guías, las categorías delictivas que encajan en el ámbito internacional, como son los ilícitos de tráfico, los cometidos a distancia y los que ocasionan perjuicios en más de un territorio soberano, que conforman un nuevo campo donde la extraterritorialidad de la actuación policial y jurisdiccional pasa a ser regla.

Resulta llamativo que en el área de las sanciones impuestas por órganos ajenos a la justicia penal, la extraterritorialidad llega a niveles de inmediatez solo comparables con los casos de actuación de la OIPC[31]. Esto, cabe subrayar, no es un fenómeno aislado en un mundo en el que incluso tiene lugar en ramas de vinculación solo mediata con el orden administrativo, tal como sucede con el derecho deportivo. Allí, a raíz de la agrupación a nivel profesional en federaciones internacionales, las sanciones impuestas con motivo de la práctica antirreglamentaria de una actividad federada se notifican

[31] Ybarra Bores, *La implantación del principio de reconocimiento mutuo en el ámbito de las sanciones administrativas pecuniarias en la Unión Europea*, "Revista Electrónica de Estudios Internacionales", nº 11, 2006.

a todos los Estados miembros tornándose inmediatamente ejecutables, vale decir, sin ninguna forma de *exequatur* o examen previo[32].

§ 51. ***El nexo con el derecho internacional penal.*** – Fuera del almacén conceptual reseñado quedan los componentes del derecho internacional penal, esto es, el derecho penal de la comunidad de las naciones, cuya estructura finca centralmente en la creación de un frente cohesionado contra los delitos que atacan a los bienes jurídicos esenciales para el funcionamiento de esa comunidad como tal. El perfeccionamiento de sus institutos y el logro de una mayor efectividad determinó la creación de una justicia especializada encarnada en la Corte Penal Internacional y con anterioridad en los tribunales relacionados con los conflictos producidos durante el último tercio del siglo xx en Europa, Asia y África. Cabe mencionar que pese a que se observa a estos organismos jurisdiccionales como ligados a las ramas penal sustantiva (material) y penal adjetiva del mundo jurídico, todas las relaciones entre estos tribunales y la de estos con los Estados transitan por los senderos usuales del derecho penal internacional que, por cierto, se apoyan en algunos esquemas de articulación extraterritorial ya elaborados en el marco del derecho internacional privado clásico; así, por cierto, en punto a la cooperación que los tribunales locales deben brindar a la justicia internacional para la adquisición de pruebas[33]. De ello deriva que no cuadra ver a este sector como un límite a la actuación de componentes extraños al foro, sino como un punto de activación destinado a acompañar el buen funcionamientos de los estatutos internacionales (ver § 13 y 21). Repárese que en este tema la extraterritorialidad surge del hacer del Estado en favor de una instancia que se halla fuera de su órbita espacial de actuación.

[32] Ley 25.387, art. 6º, inc. *d.* A los fines de configurar la reincidencia aludida en el inc. *b* del presente artículo, serán tenidas en cuenta las infracciones cometidas por el deportista en el extranjero, siempre que las sanciones respectivas le hayan sido impuestas por federaciones deportivas internacionales o por las federaciones deportivas nacionales reconocidas por la respectiva federación internacional. Por su parte, la Convención Internacional contra el Dopaje en el Deporte, del 19/3/2005, aprobada por ley 26.161, establece puntualmente el reconocimiento recíproco de los procedimientos disciplinarios que realicen los Estados parte.

[33] Ver Ambos - Malarino - Elsner (eds.), *Cooperación y asistencia judicial con la Corte Penal Internacional*, *passim.* En 5/4/2018 Costa Rica sancionó la ley que rige la cooperación con la Corte Internacional, mientras que España lo había hecho el 10/12/2018.

§ 52. ***Lo penal transnacional en perspectiva.*** – En una apreciación comparativa del derecho penal con las demás ramas donde la extraterritorialidad ha sido desconocida o restringida, no cabe duda de que aquel ha alcanzado un nivel superior de avance en la difusión de las soluciones transnacionales. Empero, se ha llegado a una situación que parece configurar una verdadera aporía, es decir, un camino sin salida eficaz, puesto que, pese a ese logro, la insuficiencia de ese sector del mundo jurídico para hacer frente a las amenazas que crea la delincuencia transnacional organizada es manifiesta. Téngase presente que, a horcajadas de la celeridad en las comunicaciones, aprovechando las redes de internet utilizadas por los bancos y entidades financieras, pueden perpetrarse cuantiosos fraudes en segundos. También, los ingentes medios económicos que el tráfico de estupefacientes pone a disposición de las bandas internacionalmente organizadas, les permite obtener toda clase de apoyos en las áreas del transporte, las comunicaciones y las finanzas. Mientras tanto, la situación tiende a entenebrecerse aún más no bien se cae en cuenta de que una parte importante de la cooperación permanece abroquelada en el soporte papel, cuando no en la transmisión por la dilatada y parsimoniosa vía diplomática y rechaza, además, la cooperación policial directa. No obstante, lo máximo en ineficacia internacional se plasma en aquellos casos en que en dos o más Estados se dan conductas que hacen a un mismo delito común, como es, a manera de ejemplo, la defraudación por utilización de medios electrónicos que interfieren en una relación comercial de compraventa desviando –sea utilizando la infidelidad de los subordinados o el espionaje informático– el normal destino de los fondos, ámbito donde negativamente gravitan contra la investigación las consabidas vacilaciones acerca de la competencia y la radical ausencia de conexiones directas entre las distintas policías de investigación.

Entendemos que tal cúmulo de desalentadoras circunstancias hace indispensable una reacción que acuda no solo al empleo de medios, organismos y estructuras adecuados, sino a la adopción de una extraterritorialidad que se traduzca en dosis mucho más vigorosas que las actualmente obtenidas. La realización de un logro tal implica, entre otras materializaciones, actos de instrucción o ejecución que sean automáticamente reconocidos en sistemas jurídicos distintos; exigencias formales reputadas como equivalentes o sustituibles entre los distintos Estados parte, y medios de transmisión directos entre autoridades intermediarias ubicadas en sectores centrales del Ministerio Público, de la policía de investigaciones en lo criminal y del Poder Judicial. También implica amplia aceptación de documentos plurilingües, descarte de la exigencia de constancias basadas en soporte papel reemplazándolas por un sistema de comunicaciones dotado de respaldos electrónicos de alta confiabilidad, y, en un sitial destacado, la conformación de grupos de investigación multinacionales, cuyas actuaciones sean válidas en cada Estado interviniente en su integración (ver § 22).

§ 53. ***La cooperación penal y tributaria como respuesta a los delitos vinculados a la economía****. – La elección del derecho penal económico como tema a esta altura de la obra colectiva no es fruto de una mera preferencia intelectual, sino el resultado de considerar que esta porción del mundo jurídico es un excelente modelo práctico para poner de manifiesto que en su ámbito no solo opera la extraterritorialidad que acompaña a todo el derecho contemporáneo, sino que lo hace con particular dinamismo y amplio alcance material, vinculado a la circunstancia de que aquí se opera la confluencia de dos ramas que tienen distintos objetivos pero similares medios de actuación respecto de las materialidades que conforman ilicitudes comunes al derecho penal y al derecho tributario.

Ante la envergadura del sector así conformado, nace el desafío que implica enfrentar formas de delincuencia de expansión transnacional que utilizan nuevas coberturas jurídicas con proyecciones transfronterizas, para lo cual resulta imprescindible reconocer decisiones jurisdiccionales y administrativas extranjeras, tomar en cuenta derechos de otros Estados y enfrentar una nueva realidad internacional que asoma, llamativamente, en el sector que hasta hace poco tiempo atrás exhibía el mayor territorialismo del mundo jurídico. Para tomar un conocimiento más cabal de la extraterritorialidad cuya existencia predicamos, cabe tener en cuenta que ella transita por un doble camino que importa distintas velocidades de incorporación. Así, partiendo del derecho internacional privado tomado en el sentido que asume en mucha de la moderna doctrina patria, la aplicación del derecho extranjero o el reconocimiento de los actos originados en este, ocurren luego de "filtrado" lo prescriptivo a la luz de la problemática de parte general donde campean

* Por Bruno Tondini, profesor de Derecho Internacional Privado en las universidades Nacional de La Plata, Católica de La Plata y del Este.

temas tales como calificaciones, cuestión previa, fraude a la ley, reenvío y orden público.

A su vez, por el andarivel el derecho penal económico codificado en su dimensión internacional, transita una congerie de negocios jurídicos que se plasman como sociedades, operaciones financieras, adquisición de bienes muebles e inmuebles, inversiones extranjeras, etc., que son reconocidas por su *nomen iuris* y mediante sus soportes documentales base papel o de naturaleza digital, tomándolos como existentes y válidos, en la medida en que se los estime como acreditados en el país en el que suceden los hechos tenidos en mira por la legislación del foro para producir efectos jurídicos.

Lo consignado en último lugar significa no solo una aplicación con relación a negocios determinados, sino respecto de una situación jurídica, concretamente la de una persona física o colectiva, o la de un grupo de personas, que irrumpe en bloque para ser considerada parte de un tramo contemplado en la acriminación. Hay, entonces, un reemplazo parcial de la técnica de la aplicación de la ley extranjera por la constatación de que un derecho extraño al foro tiene por existentes determinados negocios jurídicos, que pueden asumir las formas de una estructura empresaria –sea con una o con más formas societarias–, de operaciones bancarias, de transacciones inmobiliarias, de negociaciones bursátiles, etc., que se consideran eficientes para desencadenar consecuencias a nivel del derecho administrativo y de la represión penal. O sea que todos estos esquemas cobran virtualidad extraterritorial en forma inmediata –de ahí lo de velocidad distinta puntualizada– en los Estados vinculados por el común compromiso de evitar los efectos antijurídicos que desencadenan aquellas actuaciones reputadas válidas en el país donde se realizan.

También en el campo penal se capta otra forma de extraterritorialidad, que se delinea cuando los hechos tenidos en mira por la descripción abarcan conductas que se concretan en territorios sometidos a diferentes legislaciones; supuestos en los que si bien una sola acriminación definirá la antijuridicidad, esta presupone una conducta también criminalizada en los demás Estados cuyos territorios han servido de escenario. O sea que lo ilícito se perfila como una antijuridicidad de emplazamiento común, sea de manera parcial, es decir, con relación a una parte de la descripción, sea con relación a la totalidad de los componentes de la figura. Esto significa la consideración en conjunto de más de un ordenamiento para arribar al resultado en una conjunción donde, a tenor del principio de oficialidad, se evaporarán algunos presupuestos clásicos que hacen a la prueba del derecho extranjero.

También emerge con sesgo distintivo la colaboración o entreayuda, pues no consiste en una simple actitud de cooperar para acceder a lo ritualmente solicitado, sino que crea, por medio de los elementos que se remiten o se hacen conocer, concretas obligaciones de actuar en el receptor de esas cosas o noticias. Se trata de una corriente de ida y de vuelta impulsada por un deber convencional o legal, que no espera que se dispare el pedido, sino que impone oficiosamente suministrar datos, prevenir en hechos que interesan a otros países para facilitar la investigación, como también, si fuere del caso y de manera excepcional, actuar en territorio de un Estado extranjero que sea parte de la misma unidad convencional.

a) *Lineamientos.* Sentados los prenotados en orden a la extraterritorialidad del derecho y a las particularidades de la tarea de cooperación y asistencia, el contacto con la perspectiva histórica de la materia expone que la mayoría de los delitos económicos internacionales o globales existen desde los orígenes mismos del capitalismo. Empero, quizá nunca como ahora han dejado de ser vicios periféricos del sistema para convertirse en piezas constitutivas y básicas del funcionamiento de lo que puede denominarse, sin temor a la exageración, el capitalismo criminal[34].

En la actualidad, todos los Estados son conscientes de las dificultades de la lucha frente a esa actividad, concretamente en la tarea de establecer criterios uniformes de actuación, precisamente porque las realidades de cada nación son tan diversas como también son distintos los modos de perpetración que muestran los autores de tales ilícitos, aun cuando sigan patrones genéricos comunes.

Un punto de partida correcto finca en generar conciencia acerca de la "transnacionalidad" de los hechos contemplados en las Convenciones que abarcan el derecho penal económico internacional y que afectan las transacciones comerciales, generando fuertes pérdidas no solo a un Estado sino a la totalidad del orden económico mundial. Se debe cambiar el paradigma, instalándose la idea

[34] Sevares, *El capitalismo criminal: gobiernos, bancos y empresas en las redes del delito global*, p. 13.

de un consenso internacional en la lucha contra la delincuencia económica y aprovechando los recursos técnicos y humanos existentes, primordialmente versados en la investigación tributaria; pero, en definitiva, se debe apuntar no ya a la búsqueda de sanciones fiscales, sino directamente la imposición de penas de sentido ejemplarizador.

En el camino que lleva a mostrar las consecuencias de los diferentes fenómenos vinculados a la globalización económica y sus aspectos ilícitos que, asimismo, se han transformado en los principales problemas que rodean la cooperación entre Estados, corresponde tomar pormenorizada nota del blanqueo de capitales y bienes, el lavado de dinero, la corrupción económica principalmente gubernativa, la criminalidad organizada, los paraísos fiscales y, con estos, el mecanismo de las sociedades *offshore*, máxima expresión de la extraterritorialidad, pues, por definición, no desarrollan actividades en el país de su constitución[35]. O sea, en definitiva, una constelación que conduce al tema central que es siempre la evasión fiscal.

Todo nos lleva a destacar el carácter extraterritorial de los fenómenos mencionados y la necesidad de una intensa cooperación internacional que abarque sus distintas facetas. Incluso, cabe subrayar dentro de esa congerie dos problemáticas de particular actualidad: el lavado de activos y el financiamiento del terrorismo, que constituyen fenómenos de complejidad creciente a nivel global, no solo por la versatilidad de sus tipologías sino por encontrar un campo de comisión proclive en no pocas jurisdicciones del mundo debido –primordialmente– a la existencia de sistemas verdaderamente embrionarios de control y lucha contra estas actividades.

Desde el punto de vista del derecho penal, las figuras a las que hacemos referencia se encuentran principalmente dentro de los denominados "delitos continuados", respecto de los cuales impera el

[35] La prensa financiera especializada describe estas entidades destacando que no realizan actividades relacionadas con su objeto social en el Estado donde se registran, sino fuera de esa zona (*offshore*), pues de otra forma serían calificadas como sociedades locales sujetas a tributación. La constitución de tales sociedades no constituye infracción en ningún país del mundo siempre que los componentes denuncien tal circunstancia a las administraciones impositivas ante las cuales son responsables (ver "ABC", Madrid, 6/12/2017; "La Nación", 4/4/2018; "El Espectador", Bogotá, 4/4/2016).

principio de la ubicuidad[36]. En cuanto a su naturaleza, son denominados como delitos internacionales por el profesor Saldaña[37] y como *delicta iuris gentium* por Quintano Ripollés[38], encontrándose incluidos en un sector del mundo punitivo llamado "derecho penal interestadual" que opera como rama del derecho penal internacional. Su carácter internacional no solo surge de su particular problemática, sino también de la circunstancia de que sus fuentes normativas son esencialmente tratados internacionales.

En todas las proyecciones es fundamental la vinculación con el derecho fiscal, pues es este el que muestra con patencia los problemas extraterritoriales a nivel de estructuras societarias, particular no visto con suficiente detalle y claridad por los estudios iusinternacional privatistas y que solo lo perciben con su práctica los tributaristas.

[36] Este principio es de aplicación a los fines de evitar la impunidad del delito en caso de competencia negativa entre dos Estados (el de ejecución del delito adopta la tesis del resultado y el de la producción de efectos, la tesis de la manifestación de la voluntad), supuesto en el que los países se encontrarían obstaculizados en su actuar, entendiéndose que el hecho se considera cometido tanto en el lugar donde se produjo la manifestación de la voluntad, como donde se concretó el resultado, abarcando así las dos alternativas posibles.

[37] Saldaña, *La justice pénale interntionale,* "Recueil des Cours. Collected Courses", 1925-V, p. 227, autor que distingue cuatro categorías de infracciones:

a) Delitos interestáticos (aquellos delitos del derecho internacional, cuyo sujeto activo es un Estado, siendo actualmente la ofensa típica, la guerra de agresión).

b) Delitos antinacionales (los cometidos por sujetos individuales, consistiendo sus principales expresiones el regicidio internacional, el complot contra un Estado extranjero, la violación de inmunidades diplomáticas, etcétera).

c) Delitos internacionales (la esclavitud, la trata de blancas, el tráfico de estupefacientes, etcétera).

d) Delitos extranacionales (la piratería, la ruptura de cables submarinos, etcétera).

Para este autor, la diferencia que existe entre delitos internacionales y extranacionales reside en que los primeros se ejecutan en forma separada en varios territorios y jurisdicciones nacionales, mientras que los segundos se llevan a cabo en lugares fuera de toda jurisdicción, como es el mar libre, el espacio aéreo no territorial, etcétera.

[38] Quien analiza en este grupo los delitos de elaboración internacional por vía contractual o acordada, infracciones en las cuales se advierte una doble incriminación, la internacional y también la nacional que recibe o cumplimenta lo internacionalmente convenido (*apud* Fierro, *La ley penal y el derecho internacional*, p. 86).

b) *Influencia del derecho internacional convencional en el tratamiento de la delincuencia económica.* En principio, las convenciones generadas en el seno de las Naciones Unidas, de sus organismos especializados o de la Organización de los Estados Americanos no criminalizan conductas en forma directa, sino que dan nacimiento a la obligación de los Estados parte de tipificarlos como delitos. Esta obligación nace desde el momento mismo de la ratificación o adhesión; al respecto, la Corte Suprema de Justicia de la Nación advirtió: "El deber de cumplimiento de las obligaciones internacionalmente comprometidas corresponde a un principio básico del derecho sobre la responsabilidad internacional del Estado, respaldado por la jurisprudencia internacional, según el cual los Estados deben acatar sus obligaciones convencionales internacionales de buena fe (*pacta sunt servanda*), y tal como lo establece el art. 27 de la Convención de Viena sobre el Derecho de los Tratados, sin que puedan invocar razones de orden interno para dejar de asumir responsabilidad internacional ya establecida"[39]. O sea que a partir de aquel momento la Corte Suprema reafirma que los poderes públicos deben actuar el tratado a los supuestos que este contemple, máxime si estos están descriptos con una concreción tal que permita su aplicación inmediata, por lo cual, la prescindencia de las normas internacionales por los órganos internos pertinentes puede generar responsabilidad internacional[40].

Introducir esa clase de ilicitudes en los ordenamientos estatales no significa innovar profundamente, pues "los delitos transnacionales, pese a lo pomposo y flamante que puede sugerir el nombre, no son una rareza original surgida al hilo de la mundialización y las compañías transnacionales. El contrabando es, al menos, tan antiguo como la creación de la primera frontera y de una unidad política que trató de defenderla eficazmente. Las leyes mesopotámicas sobre el contrabando y los acuerdos de extradición suscriptos con otras entidades políticas son el ejemplo más primitivo que se conoce[41]. No debe extrañar entonces que al contrabando se le califique de la 'segunda profesión más antigua del mundo'"[42].

[39] CSJN, 29/11/2011, D. 1682.XL, c. 24.079.

[40] CSJN, 2/12/2008, *Fallos*, 331:2663, voto de la mayoría.

[41] Saggs, *The greatness that was Babylon*, p. 20.

[42] Green, *The smugglers*, p. 3.

El crimen organizado es igualmente tan tradicional como la propia historia de los Estados. Algunos autores llegan a sugerir una relación muy estrecha entre la evolución de ambos, al punto que, según Shelley[43], "las instituciones legales, un componente esencial de un Estado democrático, se desarrollaron (con el) objeto de combatir el crimen organizado y la corrupción". Lo cierto es que "en ciertos períodos históricos muy prolongados, o incluso en la actualidad, ha sido problemático circunscribir crimen organizado y Estado, en especial, la utilización que de este último realiza la clase dirigente"[44].

Las dificultades que entraña la introducción de la categoría en el ordenamiento jurídico argentino han sido asumidas en un reciente pronunciamiento[45], el cual ha dejado sentado que "los intereses de la comunidad internacional en su conjunto sobre el tema, tal como sucede respecto de otras actividades vinculadas a la llamada delincuencia organizada transnacional, requieren de un compromiso profundo, particularizado y específico a la hora de la actuación del Estado y sus diversas agencias, con el objetivo de compatibilizar las exigencias mundiales, las necesidades locales, el respeto por los principios constitucionales que rigen nuestro ordenamiento y la eficacia en la prevención y sanción de dichos comportamientos, en aras del cumplimiento de los compromisos internacionalmente asumidos. Son esas últimas obligaciones precisamente las que llevaron a una [...] dinámica actividad en materia de legislación en el tema y a la elección del derecho penal, entre otras herramientas, frente a la lesión de los bienes jurídicos supraindividuales que traslucen las conductas de lavado de dinero. Comprendida la figura entre los denominados delitos económicos, no se desconocen las críticas, surgidas de diversos sectores de la doctrina, vinculadas a que el derecho penal en esta materia circula en una zona comprometida en la frontera con un derecho penal expansivo, represivo y utilitarista. Sin embargo, no puede negarse que la sociedad ha cambiado y su evolución, a partir de la globalización y el desarrollo tecnológico,

[43] Shelley, *Maffia and the italian state: the historical roots of the current crisis,* "Sociological Forum", nº 9, 1994, p. 661 a 72, en particular p. 662.

[44] Resa Nestares, *Evolución reciente de la delincuencia organizada transnacional en España*, www.uam.es/personal_pdi/economicas/cresa/text2.html, 2003.

[45] JuzgCrimCorrFed nº 7, 7/11/2014, "Báez, Lázaro A. y otros s/encubrimiento y otros", cij.gov.ar/http://cij.gov.ar/d/doc-20152.pdf.

llevó a la creación de nuevos riesgos y a la necesidad de reaccionar frente a las actividades de la delincuencia organizada. La política criminal seguida ha pretendido compatibilizar los objetivos propuestos con el respeto simultáneo de las bases sobre las que se asienta el Estado de derecho y el propio sistema penal liberal".

c) *Estructura y metodología de las convenciones internacionales en esta materia.* Las normas internacionales que se desarrollaron sobre delitos transnacionales en general no se agotan con el tratamiento de la determinación de una obligación internacional para los Estados de criminalizar esas conductas, dado que solo abordarían un único aspecto del problema, esto es, la llamada dimensión "represiva", sino que se extienden a otras, a saber:

1) *Preventiva.* Por medio de esta se establecen medidas de orden administrativo que, en sentido general, comprometen a los Estados a incorporar y reglamentar en particular con dos primordiales funciones: una, la de anticipar la comisión del ilícito, ampliando el efecto disuasivo que generan los controles; otra, la de "preconstituir" datos que permitan, de producirse las conductas ilegales, ser utilizados como prueba en futuras investigaciones penales.

2) *Asegurativa o de incautación.* Luego de verificado el ilícito y en algunas oportunidades *ab initio*, cuando él es flagrante, esta dimensión permite decomisar no solo los elementos propios con que se cometió, sino sus frutos económicos, en este particular de fundamental importancia. Jorge afirma que la mutación es "tan importante que algunos autores ven en esta transformación un cambio de paradigma [...], desde un derecho penal concebido en el siglo XIX y centrado en el infractor (*suspect-oriented criminal law*) hacia un derecho penal centrado en la recuperación del producto del delito (*profit-oriented criminal law*)"[46]. Es así que los documentos mencionados incorporan la lógica del recupero de activos[47] como política de lucha contra estos delitos económicos. Abordan esta cuestión un conjunto de instrumentos normativos, que se suman a las políticas de lucha contra el terrorismo (plasmadas en la Convención de Naciones Unidas para la Supresión de la Financiación del Terrorismo de 1999, adoptada el 9/12/2005 por

[46] Jorge, "Repatriación de bienes obtenidos ilícitamente", *paper* inédito.

[47] Recuperar activos supone el cumplimiento de tres pasos lógicos: *a*) localizar los fondos ilícitos; *b*) congelarlos preventivamente para evitar su fuga, y *c*) decomisarlos definitivamente.

la Asamblea de la ONU y aprobada por la Argentina mediante ley 26.02, y las Recomendaciones Especiales del GAFI sobre Financiación del Terrorismo), las 40 nuevas recomendaciones del GAFI contra el lavado de dinero[48], la Convención de las Naciones Unidas contra la Delincuencia Organizada Transnacional (aprobada en la República Argentina por ley 25.632) y la Convención de Naciones Unidas contra la Corrupción (aprobada por la República Argentina mediante ley 26.097), que están dando cuenta de la necesidad de un cambio de rumbo en las políticas criminales que, a nivel global, se despliegan para hacer frente a la corrupción y el resto de los delitos económico-financieros.

3) *Colaborativa o de cooperación jurídica.* En esta dimensión operan normas específicas en materia de extradición, solucionando así la problemática originada por los Estados que requieren la existencia de tratado, es decir, de una reciprocidad convencional, para posibilitar la entrega de personas, como también abarca normas de colaboración entre los entes destinados a la investigación, que amplían sus capacidades, a partir del intercambio de información, la investigación en forma conjunta, etcétera.

En las tres dimensiones apuntadas se difunde una fuerte dosis de extraterritorialidad, que se perfila con mayor vigor en la tercera, que será examinada en la última parte de esta sección.

d) *Los delitos transnacionales en particular.* Los analizaremos por separado.

1) *Corrupción.* Por corrupción[49] debe ser entendido no solo el desvío o incumplimiento de ciertos deberes, sino una peculiaridad inherente al modelo de acumulación de riquezas capitalista.

[48] "Los países deberían adoptar medidas similares a las previstas en las convenciones de Viena y de Palermo, incluyendo medidas legales, para que sus autoridades competentes puedan decomisar los activos lavados, el producto del lavado de activos o de delitos subyacentes, los instrumentos utilizados o destinados [...] *a*) [...] la comisión de estos delitos, o bienes por un valor equivalente, sin perjuicio de los derechos de terceros de buena fe [...] Los países también pueden considerar la adopción de medidas que permitan que tales productos o instrumentos sean decomisados sin que se requiera una condena penal, o que requieran que el imputado demuestre el origen licito de los activos eventualmente sujetos a decomiso, en la medida en que ese requisito sea compatible con los principios de sus respectivas legislaciones nacionales".

[49] Biscay, *Estrategias de lucha contra la corrupción: algunas reflexiones para el contexto latinoamericano*, "Revista Probidad", nº 26, mar. 2004, p. 1.

En el contexto del comercio internacional, el accionar de que se trata significa[50], con frecuencia, que los más pobres del mundo han de pagar precios más elevados no solo por la corrupción de sus propios funcionarios, sino también por la de las empresas exportadoras radicadas en los países industrializados. Una vez que se ha institucionalizado un patrón de sobornos, invariablemente promueve una cultura de ilegalidad, fomenta la ineficacia del mercado y destruye las oportunidades de desarrollo.

Con proyección continental opera la Convención Interamericana contra la Corrupción, la cual regla el ámbito de aplicación de su preceptiva en el art. 4°, estableciendo que es aplicable siempre que el presunto acto corrupto se haya cometido o produzca sus efectos en un Estado que sea parte, agregando en materia de cooperación que "los Estados [...] adoptarán las medidas legislativas o de otro carácter que sean necesarias para tipificar como delitos en su derecho interno los actos de corrupción descritos en el art. VI.1 y para facilitar la cooperación entre ellos, en los términos de la presente Convención". Asimismo, se observan particulares normas referidas a extradición y asistencia, descartando de plano la aplicación del secreto bancario. Aunque la Convención establece la obligación para cada Estado parte de prohibir y sancionar el soborno transnacional, la condiciona a las respectivas disposiciones constitucionales y a los principios fundamentales de la legislación respectiva. Acompañan a estos dispositivos una serie de reglas de jurisdicción, estableciendo como principios: el de territorialidad y el subjetivo (nacionalidad y residencia activa), así como también deja abierto el plexo a otros criterios de punición[51].

La Convención relega a un segundo plano la necesidad de establecer políticas tendientes al recupero de los activos ilícitos obtenidos mediante actos de corrupción. De la observación del Preámbulo, entre los motivos que desarrolla como razones que ameritan entablar acciones concretas de lucha contra la corrupción, se infiere que no existe un fuerte desarrollo de tal lucha en el resguardo

[50] Carnegie Endowment for International Peace, *Control de la corrupción: clave para el comercio orientado al desarrollo*, "Revista Comercio, Equidad y Desarrollo", n° 4, nov. 2002, p. 2; también en https://carnegieendowment.org/files/TED_4_in_spanish.pdf.

[51] Art. V, punto 4. La Convención no excluye la aplicación de cualquier otra regla de jurisdicción penal establecida por una parte en virtud de su legislación nacional.

de los intereses más vitales de la mayoría de la población como es, en definitiva, la afectación de los derechos económicos y sociales. En rigor, si bien se refiere a ello al hacer referencia al desarrollo integral de los pueblos, no pone énfasis sobre el tema.

No sucede así con la Convención de Naciones Unidas contra la Corrupción (res. A/RES/58/4), que en su Preámbulo establece que la corrupción entraña vastas cantidades de activos, los cuales pueden constituir una proporción importante de los recursos de los Estados, y que amenaza su estabilidad política y desarrollo sostenible. El capítulo V aborda la recuperación de activos. Por primera vez, señala Rooke, una convención provee un marco –aunque no sea obligatorio– para criminalizar el soborno en el sector privado y para que se tomen medidas que mejoren el nivel de integridad en los negocios. El texto confía demasiado en planteos no obligatorios y, en relación con la cooperación internacional, ha tendido a copiar las disposiciones de la Convención de la ONU sobre Crimen Organizado Transnacional más que mejorarlas. Causa mayor preocupación que la nueva Convención dé escasas instrucciones a la Conferencia de Estados Miembros sobre las formas de monitoreo que deberían adoptar[52]. La Convención se ocupa de algunos de los aspectos más débiles de la lucha contra la corrupción, como la necesidad de una definición común de corrupción, pero temas claves como la corrupción entre funcionarios públicos internacionales en su relación con la inmunidad de que gozan no fueron abordados[53]. Recordamos que la peligrosa combinación de inmunidad respecto del accionar de la justicia y poder personal ilimitado permite a los líderes corruptos devastar sus países con el robo sistemático de sus riquezas[54].

Aun cuando sin traer innovaciones técnicas, cabe incluir en este sector el Convenio de Lucha contra la Corrupción de Agentes Públicos Extranjeros en las Transacciones Comerciales Internacionales, también ratificado por la Argentina[55].

[52] Rooke, "La Convención de la ONU contra la Corrupción", en Transparency International, *Informe global de la corrupción 2004*, p. 141 y siguientes.

[53] Pujas, "Inmunidad y extradición: obstáculos a la justicia", en Transparency International, *Informe global de la corrupción 2004*, p. 120.

[54] Daniel, "Repatriación de fondos estatales robados: selección de casos de estudio y la Convención de la ONU contra la Corrupción", en Transparency International, *Informe global de la corrupción 2004*, p. 129.

[55] Su texto en www.oecd.org/dataoecd/41/25/2031472.pdf. Ver ley 25.319.

2) *Crimen organizado.* Los desarrollos de la tecnología de las comunicaciones y del transporte que han permitido la mundialización de la economía han facilitado, de manera no intencionada, la expansión internacional de las grandes organizaciones criminales[56], configurándola como fenómeno de creciente preocupación[57]. En el presente se delinea un nuevo modelo de delincuencia organizada con diferencias fundamentales respecto de fases anteriores del fenómeno; concretamente: *a*) operatividad a escala mundial; *b*) amplias conexiones transnacionales, y, sobre todo, *c*) novedosa capacidad de desafiar el accionar de las autoridades[58]. Es tanta su gravitación que la doctrina se plantea la justificación de la necesidad genérica de prevenir y descubrir delitos complejos ante el menoscabo que estos infieren a las garantías fundamentales de un Estado de derecho liberal[59]. A su vez, en sentido contrario, se ha afirmado que la categorización del crimen organizado, al ser trasladada a la legislación, posibilitó la normativización de medidas penales y procesales penales extraordinarias, incompatibles con las garantías liberales, sosteniendo además que en el caso de penas, las disposiciones del derecho estadounidense o del continental europeo más reciente lesionan los principios de racionalidad, proporcionalidad y de humanidad, donde la problemática parece dirimirse en una contienda entre seguridad o libertad[60]. Debe tenerse en cuenta que el crimen organizado es una realidad plena de estructuras muy complejas y, en muchos casos, que actúa valiéndose de una tecnología superior a la utilizada por las fuerzas de seguridad de los propios Estados, por lo cual representa una amenaza de tanto peligro como las guerras o el terrorismo.

El examen de los rasgos estructurales de las organizaciones criminales transnacionales resalta algunas constantes que operan como factores de su empoderamiento transnacional, como la de ser jerarquizadas, tener sus estamentos funciones determinadas y división de tareas asignadas *a priori*, exhibir como objetivo la co-

[56] Resa Nestares, *Empleo y delincuencia: la historia de una relación contradictoria y el caso del crimen organizado,* "Sistema", nº 140 y 41, p. 265 a 284, esp. 277 a 281.

[57] Resa Nestares, *Evolución reciente de la delincuencia organizada transnacional en España*, www.uam.es/personal_pdi/economicas/cresa/text2.html, 2003.

[58] Godson - Olson, *International organized crime: emerging threat to US security*, p. 8 a 14.

[59] Sup. Trib. Cas. Español, sentencias 166/1999 y 49/1999.

[60] Zaffaroni, *No hay seguridad sin libertad*, "Clarín", 20/5/1999.

misión de delitos graves tendientes a la obtención de considerables ganancias o influencia política, así como también su funcionamiento sobre la base de criterios empresariales[61].

La Convención de Naciones Unidas contra la Delincuencia Organizada Transnacional (ley argentina 25.632), máxima realización convencional internacional de carácter universal, articula cuatro tipos delictuales[62], que los Estados, tal como se dejara constancia, tienen el deber de incorporar a su legislación nacional. En el tema *sub examine* opera específicamente el art. 6°, que penaliza el blanqueo del producto del delito, y el art. 7°, que señala las medidas para combatir el blanqueo de dinero. En cuanto a las medidas relacionadas con el destino del dinero incautado cabe mencionar tres artículos: el art. 12 que define el decomiso e incautación; el art. 13 que prevé la cooperación internacional para fines de decomiso y, finalmente, el art. 14, norma que regula la disposición del producto del delito o de los bienes decomisados.

En materia de cumplimiento de la ley (art. 24), remarca que los Estados parte colaborarán estrechamente con la finalidad de aumentar la eficacia de las medidas de cumplimiento de la ley orientadas a combatir los delitos comprendidos en la Convención. En particular, cada Estado parte se compromete a adoptar medidas eficaces para mejorar los canales de comunicación entre sus autoridades, organismos y servicios competentes y, de ser necesario, establecerlos, como también a cooperar con otros Estados parte en la realización de indagaciones respecto de delitos comprendidos en la Convención. En este último ítem se prevé determinar la identidad, el paradero y las actividades de personas presuntamente implicadas en tales ilícitos, el movimiento del producto del delito o de bienes derivados de la comisión de esos delitos; el movimiento de bienes, equipo u otros instrumentos utilizados o destinados a utilizarse en la comisión y el intercambio de información con miras a la pronta detección de los delitos comprendidos en la Convención.

3) *Lavado de activos.* En sentido estricto, el blanqueo es "el proceso por el que se da apariencia de legalidad al dinero o bie-

[61] Llerena, "Criminalidad organizada trasnacional y finanzas", en AA.VV., *Nada personal*, p. 209.

[62] Art. 5° (penalización de la participación en un grupo delictivo organizado), art. 6° (penalización del blanqueo del producto del delito), art. 8° (penalización de la corrupción) y art. 23 (penalización de la obstrucción de la justicia).

nes procedentes de la comisión de un delito"[63]. En sentido amplio también comprende "la adquisición y utilización de los bienes ilícitamente obtenidos"[64]. La persecución del lavado de activos en su perspectiva histórica y en el marco de una política de prevención, siempre encuentra su origen en normas de carácter internacional.

Como ilícito, sus efectos inciden en tres esferas principales: la económica, la política y la social. En la primera ocasiona la contaminación de las estructuras económicas debido a que quien integra los bienes de origen ilícito a las economías formales no sigue una lógica de mercado ni propia de la libre competencia[65]. La segunda esfera resulta lesionada porque la impunidad y la corrupción se transforman en factores presentes en la relación entre criminalidad y autoridad, pudiendo esta aflojar por conveniencia los controles y la vigilancia. En la tercera, porque su origen está determinado por una serie de situaciones ilícitas, desencadenadas a partir de condiciones tanto de desorden como de tergiversación de las reglas para la convivencia social. Esto último, cabe insistir porque es fundamental, constituye el coronamiento de una seguidilla de comportamientos antisociales.

La anotada complejidad de efectos conduce a sostener en la doctrina, especialmente la hispánica, que este delito es "pluri" o "multiofensivo"[66], pues ataca en todos los casos a la administración de justicia y en algunos supuestos también al régimen socioeconómico[67]. En nuestro ordenamiento de fondo, en principio, el lavado de activos estaba entendido como una forma de encubrimiento agravado (art. 278, Cód. Penal), y se lo ubicaba dentro de los delitos contra la Administración pública y más precisamente, contra la administración de justicia. Posteriormente, el legislador adhirió a la posición que sostiene que estamos en presencia de un ilícito

[63] Fallo sobre lavado de activos recaído en JuzgCrimCorrFed nº 7, 7/11/2014, "Báez, Lázaro A. y otros s/encubrimiento y otros".

[64] Vidales Rodríguez, *Los delitos de receptación y legitimación de capitales*, p. 75.

[65] Fabián Caparrós, "La prevención y represión del lavado de activos desde una óptica internacional comparada", en Pérez Noriega - Ramírez León (coords.), *Memoria del Seminario Internacional sobre Corrupción y Lavado de Dinero*, p. 53 y 54.

[66] Del Carpio Delgado, *El delito de blanqueo de bienes en el nuevo Código Penal*, *passim*.

[67] Blanco Cordero, *El delito de blanqueo de capitales*, p. 164.

que atenta contra el orden socioeconómico (art. 303, Cód. Penal), y en consecuencia, de un delito autónomo. Esto último implica que su juzgamiento no debe estar supeditado a la demostración de la comisión de delitos precedentes o simultáneos que pudieran haber dado origen a esa operación indebida; esto en razón de que cada una de ellas protege distintos bienes jurídicos. Va de suyo, entonces, que no es necesario que exista una condena por el delito previo para poder castigar a alguien por lavado[68].

En el marco del derecho de origen convencional es de especial interés señalar que Consejo de Europa aprobó el Convenio de Varsovia, suscripto el 16 de mayo de 2005, cuyo art. 9° dispone que "cada miembro debe asegurar la condena del lavado de dinero cuando se pruebe que los activos [...] tienen origen en un delito precedente, sin que sea necesario establecer precisamente de qué delito se trata". Esta es la tesis amplia, según la cual no resulta necesario establecer la conexión con un delito determinado, entendible como la más acorde con los bienes e intereses en juego. Corresponde subrayar que la Argentina se ha acompasado al quehacer mundial en la materia pues a casi dos décadas desde la sanción de la ley 25.246 de encubrimiento y lavado de activos de origen delictivo, siguiendo la recomendación del año 2012 del organismo intergubernamental por antonomasia para encarar la lucha contra los delitos de lavado de activos y el financiamiento del terrorismo, esto es el Grupo de Acción Financiera Internacional (GAFI), la Unidad de Información Financiera, por res. 30-E/2017, plantea un cambio de paradigma en la prevención del lavado de activos y el financiamiento del terrorismo, ahora con un enfoque basado en el riesgo, y abandona así el tradicional sistema formalista de control.

En una visión sintética cabe afirmar que para tener por demostrada esa conducta desvaliosa basta con acreditar la presencia de los siguientes elementos: *a*) incrementos patrimoniales injustificados u operaciones financieras anómalas; *b*) inexistencia de actividades económicas o comerciales legales, y *c*) vinculación, relación o conexión con actividades delictivas –cualquiera sean estas– o con personas o grupos relacionados con ellas por aconteceres o conductas llevadas a cabo en cualquier lugar del mundo, convirtiendo un hacer transnacional, con consecuencias jurídicas, en motivo de punición local movilizado por la extraterritorialidad.

[68] Blanco Cordero, *El delito de blanqueo de capitales*, p. 164.

4) *Financiamiento del terrorismo.* La financiación de las operaciones terroristas contribuye a aumentar el poderío de las organizaciones que lo realizan, sea para adquirir armas o asegurar el reclutamiento de nuevos miembros, o la difusión de sus doctrinas potenciando, por ende, la peligrosidad de su accionar. Los precedentes globales demuestran que no se requieren grandes sumas de dinero para financiar actos que produzcan ingentes daños y fuerte intimidación pública, por lo que la detección e interrupción de dichas operaciones resulta dificultosa.

Sin perjuicio de la ausencia de elementos terroristas activos en el territorio argentino en la actualidad, por el solo hecho de contar con un sistema financiero integrado al mundo, la Argentina se encuentra expuesta a que transiten por ella fondos destinados a organizaciones terroristas. Empero, ese peligro se maximiza por la proliferación de canales informales de circulación dineraria que ofrecen oportunidades para mover fondos sin dejar rastros en el sistema financiero local.

En esta área donde campea la prevención como elemento decisivo, confluyen instrumentos internacionales que establecen disposiciones con relevancia en la recepción extraterritorial de hechos y actos con significación patrimonial.

Por su dimensión universal, en primer lugar ubicamos al Convenio Internacional para la Represión de la Financiación del Terrorismo, que fue adoptado por la Asamblea General de las Naciones Unidas el 9/12/1999. De este cabe destacar que entiende por fondos "los bienes de cualquier tipo, tangibles o intangibles, muebles o inmuebles, con independencia de cómo se hubieran obtenido, y los documentos o instrumentos legales, sea cual fuere su forma, incluida la forma electrónica o digital, que acrediten la propiedad u otros derechos sobre dichos bienes, incluidos, sin que la enumeración sea exhaustiva, créditos bancarios, cheques de viajero, cheques bancarios, giros, acciones, títulos, obligaciones, letras de cambio y cartas de crédito". Asimismo, incorpora un capítulo sobre la "responsabilidad de las personas jurídicas", puntualizando el art. 5º, inc. 1, que cada Estado parte, de conformidad con sus principios jurídicos internos, adoptará las medidas necesarias para que pueda establecerse la responsabilidad –civil, penal o administrativa– de una entidad jurídica ubicada en su territorio o constituida con arreglo a su legislación, cuando una persona responsable de su dirección o control cometa, en esa calidad, un delito vinculado con la actividad terrorista. Lo antecedente se completa con el art. 8º, inc. 1, que estatuye que cada Estado parte adoptará las medidas que resulten necesarias, de conformidad con sus principios jurídicos internos, para la identificación, la detección y el aseguramiento o la incautación de todos los fondos utilizados o asignados para cometer los delitos (previstos en la Convención), así como el producto obtenido de esos ilícitos, a los efectos de su posible decomiso. Asimismo, se establecen en el Anexo, la nomina de los llamados "delitos antecedentes", necesarios para que se configure el acto como ilícto terrorista. Ellos son los definidos por los siguientes instrumentos internacionales: Convenio para la Represión del Apoderamiento Ilícito de Aeronaves firmado en La Haya el 16 de diciembre de 1970; Convenio para la Represión de Actos Ilícitos contra la Seguridad de la Aviación Civil, firmado en Montreal el 23 de septiembre de 1971; Convención sobre la Prevención y el Castigo de Delitos contra Personas Internacionalmente Protegidas, inclusive los Agentes Diplomáticos, aprobada por la Asamblea General de las Naciones Unidas el 14 de diciembre de 1973; Convención Internacional contra la Toma de Rehenes, aprobada por la Asamblea General de las Naciones Unidas el 17 de diciembre de 1979; Convención sobre la Protección Física de los Materiales Nucleares, aprobada en Viena el 3 de marzo de 1980; Protocolo para la Represión de Actos Ilícitos de Violencia en los Aeropuertos que presten servicios a la Aviación Civil Internacional, complementario del Convenio para la Represión de Actos Ilícitos contra la Seguridad de la Aviación Civil, firmado en Montreal el 24 de febrero de 1988; Convenio para la Represión de Actos Ilícitos contra la Seguridad de la Navegación Marítima, firmado en Roma el 10 de marzo de 1988; Protocolo para la Represión de Actos Ilícitos contra la Seguridad de las Plataformas Fijas Emplazadas en la Plataforma Continental, hecho en Roma el 10 de marzo de 1988, y Convenio Internacional para la Represión de los Atentados Terroristas Cometidos con Bombas, aprobado por la Asamblea General de las Naciones Unidas el 15 de diciembre de 1997.

Cabe mencionar, en segundo lugar, por su dimensión universal, la res. 1373 (2001) del Consejo de Seguridad que establece como principales obligaciones para los Estados, las de: *a*) congelar sin dilación los fondos y demás activos financieros o recursos económicos de las personas que cometan, o intenten cometer, actos de terrorismo o participen en ellos o faciliten su comisión; de las entidades de propiedad o bajo el control, directos o indirectos, de esas personas, y de las personas y entidades que actúen en nombre de esas personas y entidades o bajo sus órdenes, inclusive los fondos obtenidos o derivados de los bienes de propiedad o bajo el control, directos o indirectos, de esas personas y de las personas y entidades asociadas con ellos; *b*) prohibir a sus nacionales o a todas las personas y entidades en sus territorios que pongan cualesquiera fondos, recursos financieros o económicos o servicios financieros o servicios conexos de otra índole, directa o indirectamente, a disposición de las personas que cometan o intenten cometer actos de terrorismo o faciliten su comisión o participen en ella, de las entidades de propiedad o bajo el control, directos o indirecto, de esas personas y de las personas y entidades que actúen en nombre de esas personas o bajo sus órdenes.

Hay que tener en cuenta, en tercer lugar, esta vez en función de su dimensión continental, la Convención Interamericana contra el Terrorismo del 3 de junio de 2002. Dentro de la denominada dimensión preventiva, en el art. 4º se estatuye que "cada Estado parte, en la medida en que no lo haya hecho, deberá establecer un régimen jurídico y administrativo para prevenir, combatir y erradicar la financiación del terrorismo y para lograr una cooperación internacional efectiva al respecto, la cual deberá incluir:

a) Un amplio régimen interno normativo y de supervisión para los bancos, otras instituciones financieras y otras entidades consideradas particularmente susceptibles de ser utilizadas para financiar actividades terroristas [...];

b) Medidas de detección y vigilancia de movimientos transfronterizos de dinero en efectivo, instrumentos negociables al portador y otros movimientos relevantes de valores [...];

c) Medidas que aseguren que las autoridades competentes dedicadas a combatir los delitos establecidos en los instrumentos internacionales enumerados en el art. 2º tengan la capacidad de cooperar e intercambiar información en los niveles nacional e internacional, de conformidad con las condiciones prescriptas en el derecho interno". Como criterio innovador incorpora la posibilidad de que los Estados parte puedan utilizar como lineamientos las recomendaciones desarrolladas por las entidades regionales o internacionales especializadas, en particular, el Grupo de Acción Financiera Internacional (GAFI) y, cuando sea apropiado, de la Comisión Interamericana para el Control del Abuso de Drogas (Cicad), del Grupo de Acción Financiera del Caribe (Gafic) y del Grupo de Acción Financiera de Sudamérica (Gafisud).

5) *Fraude fiscal internacional.* En el marco internacional, la denominada globalización de la economía, el crecimiento, liberalización y expansión del comercio, las inversiones transfronterizas, los avances tecnológicos y del transporte, así como el surgimiento de mercados comunes, zonas de libre comercio y uniones aduaneras, han contribuido al desarrollo económico de muchos países, pero a la par, han servido como disparadores para ampliar y agravar el fenómeno del fraude fiscal internacional.

Tal como se lo ha reconocido en la legislación de otros Estados, el combate a la evasión y al fraude internacional no es propio de cada país, ni se puede dar con éxito por acuerdos bilaterales, sino que requiere de una acción planificada y aunada de diversos países que se encuentren en sintonía con este tipo de remedios. En este marco[69], el fraude fiscal internacional se delinea como un fenómeno que posee características similares a las señaladas respecto del denominado "crimen organizado" y la relación que este guarda con las herramientas de administración tributaria disponibles por los Estados.

Actualmente estamos en presencia de un delito típicamente transnacional, llamado "fraude fiscal" o delito tributario. El mejor ejemplo de la condición transnacional del delito lo brinda el fallo "Michael Tarkoff"[70], oriundo de los tribunales de los Estados Unidos de América, donde se sostuvo que, aunque el delito previo se había cometido fuera del territorio estadounidense, por el solo hecho de que dicha persona activó varias transacciones mediante llamadas telefónicas realizadas desde los Estados Unidos de América, el delito de lavado se perfeccionaba en dicho país por utilizar una vía de "comercio interestatal y extranjero"[71]. Sin embargo, existen dificultades, dado que en la esfera internacional no se perfila un concepto uniforme acerca de lo que es fraude fiscal, lo cual no facilita el análisis mediante los mecanismos convencionales existentes.

Como elemento de análisis, vale recordar lo expresado por Basile[72], quien traza una diferencia entre el lavado de activos y el

[69] Bertazza, "La evasión fiscal y los acuerdos internacionales de colaboración", presentado en XIII Encuentro Internacional de Administradores Tributarios en Argentina, 2003.

[70] Díaz, *Ilícitos tributarios*, p. 330.

[71] Ver www.lavadodedinero.com.

[72] Basile, *El reciclaje de capital ilícito*, "Revista de la AAEF", abr. 2001, p. 39 y siguientes.

fraude fiscal, señalando que el concepto de "reciclar dinero ilícito" se origina en dos grandes grupos de situaciones. Una se configura a partir de actividades productoras lícitas, seguidas de la evasión tributaria. Al dinero así producido lo denomina "fondos contaminados", mientras otros autores lo denominan dinero negro. Otra situación se perfila con las actividades ilegales tales como narcotráfico, robos, coimas, etcétera. En este caso alude a "dinero ilegal", en tanto otros autores lo llaman dinero sucio. En derecho patrio, a partir del dictado de la ley 26.683, el "dinero negro" ha sido asimilado al "dinero sucio", pues la evasión es un delito precedente y preferente al lavado de activos, originando claramente su avance hacia la extraterritorialidad y generando, en consecuencia, un progreso hacia los aspectos vinculados a la cooperación penal tributaria que se examina seguidamente.

6) *Los llamados "paraísos" o "refugios fiscales" como punto de apoyo de la delictuosidad económica transnacional.* La existencia de los "refugios fiscales" constituye un instrumento idóneo para lubricar los distintos engranajes conformados por las ilicitudes a que se ha pasado revista.

Al respecto, cabe rememorar que países con ventajas fiscales comparativas o con gabelas menores, con la finalidad de atraer negocios, han existido durante siglos en Europa; empero, es con la aparición del impuesto a las ganancias en el primer cuarto del siglo XX, que los refugios fiscales comenzaron a funcionar como "herramientas de planificación tributaria", activadas por personas o empresas de países de alto componente impositivo que buscaban eludir o evadir –según cada caso– el pago de impuestos en su lugar de residencia. En la actualidad, con la finalidad de evitar la evasión fiscal y la operación de prácticas tributarias que crean situaciones de desequilibrios fiscales, como también el lavado de activos, ha aumentado el interés en los convenios de cooperación tributaria por estos fenómenos distorsivos, aun cuando debe ser bien entendido que los llamados "paraísos fiscales"[73] no nacieron con el lavado de dinero sino que, al contrario, los "lavadores organizadores" (es decir, los que diseñan, supervisan el lavado y aportan a los ejecu-

[73] Los comentarios de prensa especializados advierten que los países calificados como "paraísos fiscales" no solo procuran reducir la tributación a un mínimo, sino lograr confidencialidad y privacidad en la protección de los activos de que se trata.

tores) se aprovechan de las posibilidades que ofrecen estas plazas financieras.

El fenómeno destacado en último lugar ha provocado que al concepto original de paraíso o refugio fiscal, actualmente se lo identifique con la falta de transparencia fiscal y con la no cooperación para el intercambio de información sobre cuestiones impositivas. Así lo entienden los dos principales organismos internacionales que se ocupan del tema: la Organización para la Cooperación y Desarrollo Económico (OCDE-OECD) y el Financial Stability Forum (FSF), organismo que en el año 2000 introdujo el concepto de "Centro Financiero Off-Shore" (Offshore Financial Center, OFC). Es clave tener claro que además del clásico "Centro Financiero Off-Shore" (vulgarmente, "paraíso fiscal") existen jurisdicciones que en la práctica ofrecen servicios muy similares en el interior de un país (desde luego con un régimen legal diferenciado), como los ejemplos paradigmáticos de los Estados de Delaware o Nevada en los Estados Unidos de América.

Se ha señalado en la doctrina que las iniciativas antilavado de los ochenta, "tomadas en conjunto, han adoptado una orientación muy similar a la que tuvo la Liga de la Naciones con respecto al problema de la evasión fiscal: en lugar de revertir las decisiones de liberalización financiera, estas alientan a los gobiernos a cooperar más estrechamente en compartir información y proveer asistencia administrativa y legal a los esfuerzos de cada uno por contraponerse a la evasión fiscal. Al mismo tiempo, estas iniciativas comparten la misma limitación que se encuentra en los años veinte: casi ninguno de los acuerdos cancela regulaciones domésticas concernientes al secreto bancario o provisiones de confidencialidad con respecto a la evasión fiscal"[74]. No obstante esta crítica, es muy problemático el cambio de paradigma, toda vez que todas las ilicitudes referidas en este trabajo (corrupción gubernativa o empresarial, financiación del terrorismo, fraude fiscal) tienen cobijo en esa zonas de opacidad, por lo que la extraterritorialidad a los fines impositivos o preventivos de las operaciones allí realizadas es parte de la defensa legítima preventiva frente a amenazas o expectativas de lucros ilícitos.

Cabe llamar la atención por la cambiante política de la Argentina al respecto, pues comenzó identificando taxativamente los

[74] Helleiner, "State power and the regulation of illicit activity in global finance", en Priman - Andreas, *The illicit global economy and state power*, p. 65.

"refugios fiscales" por decr. 1037/2000, abarcando así un grupo de ochenta y ocho naciones, dominios, jurisdicciones, territorios o Estados asociados, para luego pasar, con el decr. 589/2013, a definir como "países de baja o nula tributación" a los Estados no considerados "cooperadores a los fines de la transparencia fiscal". Una posterior reforma tributaria incorporó una nueva definición de qué debe entenderse por país de nula o escasa tributación en la ley del impuesto a las ganancias, encuadrando en esa categoría aquellos países, dominios, jurisdicciones, territorios, Estados asociados o regímenes tributarios especiales que establezcan una imposición máxima a la renta empresaria inferior al 60 % de la alícuota del 25 % de recepción en nuestra legislación. En consecuencia, gran cantidad de países que estaban en la lista blanca como cooperadores y no eran considerados países de baja o nula tributación, pasaron nuevamente a integrar esta última categoría. De manera que se aplica nuevamente la presunción que establece que los fondos provenientes de ellos son considerados incrementos patrimoniales no justificados[75].

e) *Cooperación en materia penal y tributaria*. Debemos destacar dos aspectos relevantes.

1) *Integración de los aspectos administrativos y penales.* Las diferencias entre los sistemas fiscales brinda oportunidad a la elusión y a la evasión tributaria, fenómenos que obligan a implementar nuevas estrategias para su disminución y para contrarrestar los efectos distorsivos que generan; esto sea perfeccionando los métodos tradicionales utilizados en su combate, sea desarrollando otros que sean acordes a la nueva situación, más aún cuando los fenómenos se desenvuelven en un contexto internacional en el que la evasión fiscal adquiere otras morfologías. Entre los nuevos retos presentados por la globalización pueden citarse la corrección en la determinación de la base imponible a las empresas multinacionales, los refugios tributarios y la capitalización exigua, todo esto en el marco de otros desafíos, tales como la posibilidad de degradación fiscal y la tributación en el comercio electrónico.

Entre los medios disponibles para lograr la cooperación tributaria, se contabilizan los convenios para evitar la doble imposición

[75] Oliveira, *Inversiones desde paraísos fiscales, la tentación que puede complicar a startups*, "El Cronista", 30/4/2018, www.cronista.com/economiapolitica/Inversiones-desde-paraisos-fiscales-la-tentacion-que-puede-complicar-a-startups-20180430-0017.html.

internacional, el intercambio de información, la asistencia mutua entre las organismos de recaudación y las fiscalizaciones simultáneas, como también la armonización de criterios entre las administraciones tributaria y aduanera. No obstante, lo central es que tanto los controles como la cooperación se basan en la extraterritorialidad de los actos y operaciones, tanto de los contribuyentes como de otras administraciones impositivas distintas del Estado local.

2) *Problemas que genera la necesidad de la cooperación.* En ejercicio de su soberanía fiscal, todos los países defienden el principio de territorialidad, en virtud del cual se gravan los ingresos generados dentro de sus territorios[76]. En ese marco, las entidades jurídicas están exclusivamente sometidas, por los beneficios que obtengan, al impuesto del país o territorio en el que residan, aun cuando dichas entidades pertenezcan a un grupo de carácter multinacional y, por tanto, dependan de entidades que residen en otro país o territorio[77]. El mencionado principio está recogido en el art. 7° del Modelo de Convenio para evitar la doble imposición de la OCDE en los siguientes términos: "Los beneficios de una empresa de un Estado contratante no son gravables más que en ese Estado, excepto si la empresa ejerce su actividad en el otro Estado contratante por medio de un establecimiento permanente".

Estrechamente relacionado con dicho principio se halla el denominado principio de libre concurrencia, cuya finalidad consiste en asegurar que el beneficio gravable por una entidad que pertenece a un grupo de sociedades sea el mismo que hubiera obtenido en condiciones de absoluta independencia. Este es el principio recogido en el art. 9° del Modelo de Convenio.

La aplicación conjunta de los principios de libertad de movimiento de capitales e independencia y libre concurrencia permite a las empresas multinacionales diseñar estrategias de constitución de entidades filiales en los países o territorios más convenientes desde el punto de vista fiscal, y también planificar métodos de imputación de los beneficios entre esas entidades, atendiendo a dicho punto de vista. Consecuencia de esto último han sido las dos ex-

[76] Figueroa, *OCDE y el intercambio de información tributaria*, "Revista Martes Financiero", mayo 2004.

[77] Sanz Gadea, *Medidas antielusión fiscal,* "Inspector de Hacienda del Estado", doc. n° 22/2001, p. 7.

cepciones al principio general enunciado, gravitando, por una parte, la deslocalización de capitales y, por la otra, la fijación de la base imponible respecto de las empresas multinacionales y de las rentas del capital.

En relación con la primera cuestión, la desaparición de las limitaciones a la libre circulación de capitales ha posibilitado la transferencia de capitales hacia otros Estados. Los rendimientos producidos por estos deberían tributar en cualquier caso en el Estado donde tenga el perceptor su domicilio fiscal[78]. El mecanismo de elusión fiscal puede ser perfeccionado haciendo que el titular de los fondos deslocalizados, ya sea porque se han transferido o se han generado en el exterior, no sea su propietario real sino una sociedad interpuesta. El fundamento de esta conducta es el que las rentas no son obtenidas por el residente en el Estado cuya tributación se elude, sino por una sociedad residente en otro Estado. Se obtiene además mayor protección a la privacidad, dado que es más complicado conocer quién es el propietario real de estos bienes.

En cuanto a la segunda, la liberalización de mercados presiona a las empresas multinacionales a ser más competitivas mediante la reducción de costos, incluyendo sus impuestos. Las empresas pueden lograr esto reestructurando sus operaciones, mediante la fijación de precios y el financiamiento intergrupos. Por ejemplo, pueden pedir prestado en jurisdicciones de altos impuestos y financiar activos netos en jurisdicciones de impuestos bajos. La capacidad de las multinacionales para adaptar sus operaciones con el fin de minimizar sus responsabilidades tributarias es asistida por muchas facetas de la globalización. Comercio más libre, fluidez de las transacciones de capital, adelantos en la tecnología de la información y perspectivas estratégicas mundiales están contribuyendo a la mayor complejidad de la tributación de las empresas multinacionales. El aumento resultante en la importancia de las rentas extranjeras a su vez reduce la capacidad de las administraciones tributarias para verificar la exactitud de las declaraciones de los contribuyentes.

Ante esta congerie de movimientos internacionales va de suyo que cuando no hay cooperación internacional e intercambio de información con el objeto de garantizar la capacidad efectiva de ve-

[78] Segarra Tormo, "La adecuación de los sistemas de información, la tributación en un contexto de globalización económica", XXXII Asamblea General del CIAT, 2000, p. 155 a 186.

rificar cuentas, disminuye la efectividad para cerciorarse acerca de los activos extranjeros y las rentas del capital. Sin una visión panorámica mundial correspondiente de parte de las administraciones de la hacienda pública, las rentas del capital originadas en el mundo pueden escapar cada vez más a una contabilidad adecuada.

f) *Entreayuda administrativa en particular.* Tratados de cooperación tributaria internacional e intercambio de información.

El intercambio de informaciones en el plano internacional puede producirse de manera informal, es decir, sin que medie ningún compromiso convencional, apenas como fruto de una actitud de cortesía o de solidaridad entre países. Esta forma de procesarse el intercambio, pese a la utilidad que puede asumir, adolece de los inconvenientes de ser esporádica, inarticulada y sujeta a todas las limitaciones legales internas del país informante y a la buena voluntad o benevolencia en cuanto a la oportunidad, extensión y forma en que serán prestadas las informaciones. De manera que solo si está jurídicamente articulado como una obligación internacional satisfará sus objetivos.

La información debe estar ciertamente condicionada en relación con ciertas exigencias de eficacia y respeto por valores superiores que se perfilan como límites, concretamente sometida a los principios de: confidencialidad (según el cual no se intercambia información que dentro del país tenga carácter de secreta o de acceso legalmente restringido), subsidiariedad (no se intercambiará información cuando el Estado solicitante no hubiera agotado todos los recursos para obtenerlos por sus propios medios), proporcionalidad (no se intercambiará información cuando por su índole la obtención implique un esfuerzo administrativo desproporcionado), reciprocidad (la información requerida debería ser suministrada, en idénticas condiciones, por el país que la pide) y especialidad (la información requerida debe ser utilizada con fines exclusivamente fiscales).

Desde luego que de no existir convenio que una a los Estados interesados, se tornará dificultoso reunir la información que permita verificar la realidad de los precios utilizados en las transacciones. No obstante, existen otros recursos para procurar de terceros la información más primaria, por ejemplo, bolsas y mercados para valores y *commodities*; a su vez, puede resultar de interés para la evaluación de bienes tangibles la información aduanera y la que puedan suministrar los fabricantes de las mercaderías sujetas a imposición.

El intercambio de informaciones pactado entre administraciones tributarias de diferentes países opera fundamentalmente bajo dos formas, esto es, por la inserción de una cláusula sobre la materia en los convenios de doble tributación, o mediante la celebración de convenios *ad hoc* sobre aquel intercambio.

La forma tradicional ha sido la primera, basándose la casi totalidad de las cláusulas en el art. 26 del Modelo de Convenio de la OCDE. En los comentarios a este dispositivo se prevén algunas formas principales de intercambio de información: a requerimiento, automático y espontáneo. En la primera forma se solicita de otro Estado contratante información específica para un caso concreto. El intercambio automático se refiere al envío regular de información, previamente especificada por las partes contratantes, referente a ciertos tipos de ingresos, por ejemplo, sobre los pagos de dividendos. A su vez, el intercambio espontáneo se refiere a la transmisión de información obtenida durante la fiscalización de los asuntos de un contribuyente que pudieran ser de interés para otro Estado. Por ejemplo, información sobre pagos hechos a los residentes del otro país cuando se sospecha que no se declararon ante la administración impositiva de este último.

1) *Convenios sobre intercambio de informaciones.* Cabe advertir que el tipo de acuerdo considerado en el rubro podría tener un alcance más amplio que el mero intercambio de información, estableciendo, por ejemplo, una asistencia administrativa recíproca para el control y ejecución de las obligaciones tributarias.

La práctica argentina destaca que los acuerdos entre autoridades de las administraciones tributarias están orientados básicamente por dos modelos. Una parte se inspira en el Acuerdo de Intercambio de Información del CIAT, en tanto que los convenios con los países de baja o nula tributación siguen, en principio, los preceptos del Modelo de Acuerdo sobre Intercambio de Información en Materia Tributaria elaborado por la OCDE.

Los instrumentos internacionales respectivos aparecen celebrados, en ejercicio de las facultades conferidas por el decr. 618/1997, por el administrador federal de ingresos públicos acordándolos con las máximas autoridades de otras administraciones tributarias. Dicho órgano normativo le otorga "toda otra atribución necesaria para el cumplimiento de las funciones del organismo" art. 6°, inc. *o*–, y más específicamente cuando establece que serán atribuciones del administrador federal: "*e*) Solicitar y prestar colaboración e informes, en forma directa, a administraciones aduaneras y tributarias extranjeras y a organismos internacionales competentes en la materia", y "*f*) Realizar en el extranjero investigaciones destinadas a reunir elementos de juicio para prevenir, detectar, investigar, comprobar o reprimir los ilícitos tributarios, aduaneros y, en especial, el contrabando" (cfr. punto 1, art. 9°, decr. 618/1997).

En el contexto apuntado, la Argentina celebró acuerdos de intercambio de información en materia tributaria con España, Chile, Perú y Brasil, abarcando en los dos últimos también la información aduanera. Igualmente, desplegó ese accionar respecto de países "de baja o nula tributación", tal como lo materializan los acuerdos con Mónaco (15/10/2009), Andorra (26/10/2009), Costa Rica (24/11/2009), Commonwealth de las Bahamas (3/12/2009) y San Marino (7/12/2009).

En lo que respecta al alcance del intercambio de información, este oscila entre los que se limitan a los impuestos comprendidos en el acuerdo (centralmente sobre la renta y el capital) y otras fórmulas más amplias que alcanzan a todos los tributos bajo la órbita de la administración fiscal. También se advierte cierta diversidad en cuanto a las modalidades permitidas, que van desde los acuerdos que se ciñen al intercambio rogado o a petición, hasta aquellos que admiten tres modalidades: rogado, espontáneo y automático. En cambio, se mantiene casi constante la regulación de los límites al intercambio de información y acerca de la confidencialidad de los datos suministrados.

2) *La Convención Multilateral de Asistencia Administrativa Mutua en Materia Fiscal.* A partir de la presencia del gobierno argentino en el G-20[79], se ha desarrollado una estrategia de suscripción de acuerdos de intercambio de información con ese grupo de Estados[80]. En el marco de esta estrategia, la Argentina adhirió el 3 de noviembre de 2011 a la Convención indicada en el rubro (CMAAM), ratificándolo al año inmediato; se convirtió, así, en el primer país de Sudamérica en ser miembro de este

[79] Torassa - Casoetto, *Convención Multilateral de Asistencia Administrativa Mutua en Materia Fiscal*, "El Cronista", 26/12/2012, www.cronista.com/fiscal/Convencion-Multilateral-de-AsistenciaAdministrativa-Mutua-en-Materia-Fiscal-20121226-0009.html.

[80] Etchegaray, *Transparencia fiscal internacional: el rol de la AFIP*, "El Cronista Comercial", 1/11/2012.

acuerdo[81]. Cabe recordar que esta Convención fue firmada el 25 de enero de 1988 por los países miembros del Consejo de Europa y de la Organización para la Cooperación y Desarrollo Económicos (OCDE), y fue revisada en el año 2010, para alinearla con las normas acordadas a nivel internacional sobre transparencia e intercambio de información y abrirla a los Estados no pertenecientes a la OCDE o al Consejo de Europa. También dio lugar a la firma de un protocolo modificatorio suscripto en la ciudad de París el 27 de mayo de 2010.

La CMAAM tiene como finalidad fomentar la cooperación internacional para lograr un mejor funcionamiento de las leyes tributarias de los Estados miembros, respetando a su vez los derechos fundamentales de los contribuyentes. Han suscripto la Convención luego de las modificaciones introducidas por el protocolo de 2010, Alemania, Australia, Bélgica, Brasil, Canadá, Colombia, Corea, Costa Rica, Dinamarca, Eslovenia, España, Estados Unidos de América, Finlandia, Francia, Ghana, Georgia, Grecia, Islandia, India, Indonesia, Irlanda, Italia, Japón, Malta, México, Moldavia, Noruega, Nueva Zelanda, Países Bajos, Polonia, Portugal, Reino Unido de Gran Bretaña, República Checa, Rumania, Rusia, Sudáfrica, Suecia, Túnez, Turquía y Ucrania. Empero, varios países mencionados, entre ellos los Estados Unidos de América[82], no han depositado el instrumento de ratificación o aprobación, paso necesario para que luego de cumplido un plazo de tres meses ella entre en vigor.

La Convención establece –bajo ciertas condiciones– la asistencia administrativa mutua entre los Estados miembros mediante cualesquiera de los siguientes comportamientos: *a*) intercambio de información, incluyendo auditorías fiscales simultáneas y participación en auditorías en el extranjero; *b*) asistencia en el cobro de créditos fiscales, incluyendo el establecimiento de medidas cautelares, y *c*) la notificación o traslado de documentos. Se dispone dentro del objeto que las partes proporcionarán asistencia administrativa

[81] Ver *Argentina becomes the first South American country to become a Party to the Multilateral Convention*, https://www.oecd.org/countries/argentina/taxargentinabecomesthefirstsouthamericancountrytobecomeapartytothemultilateralconvention.htm.

[82] Torassa - Casoetto, *Convención Multilateral de Asistencia Administrativa Mutua en Materia Fiscal*, "El Cronista", 26/12/2012, www.cronista.com/fiscal/Convencion-Multilateral-de-AsistenciaAdministrativa-Mutua-en-Materia-Fiscal-20121226-0009.html.

tanto si la persona afectada es residente o nacional de una de las partes de la Convención como también de un Estado no parte.

3) *Puntos de contacto entre la actividad administrativa y el accionar penal.* La eficacia de la fiscalización depende directamente de la capacidad disuasiva de la evasión que tenga la administración tributaria, la que se resume en la probabilidad de detectar el incumplimiento de los contribuyentes, es decir, se es más eficaz en la fiscalización si se tiene una mayor probabilidad de detectar a aquellos que no cumplen con las disposiciones tributarias[83].

Las dos vías que tiene toda administración tributaria para acrecentar la probabilidad de detección del incumplimiento son: aumentar la disponibilidad de información relacionada con las obligaciones tributarias de los contribuyentes u optimizar el uso de la que se dispone. La primera vía de acción se relaciona con el concepto de visibilidad de las infracciones, definida por Kagan[84] como los costos y dificultades relativas que enfrentan los fiscalizadores tributarios en la detección y prueba de las infracciones. En este sentido, va de suyo que la cooperación internacional pasa a ser componente imprescindible de las actuales estrategias político-tributarias.

4) *Epítome.* Corresponde aquí dar por reproducido lo adelantado en la parte dedicada a presentar los lineamientos de este trabajo. No obstante, cabe subrayar que primordialmente corresponde generar una conciencia de la "transnacionalidad" de los hechos y la "extrateritorialidad" de las actividades y soluciones en concernencia. A esto cabe agregar que se ha llegado a dos conclusiones generales: en primer lugar, que las tendencias observadas en las economías del mundo están contribuyendo a la creación o al aumento de la importancia de las externalidades o efectos secundarios de la actividad capitalista que trasciende las fronteras nacionales; y en segundo lugar, que ante la no existencia de un gobierno mundial que pueda manejar estas externalidades, urge potenciar toda política de acuerdos que agilice el accionar de las administra-

[83] Etcheberry Celhay, *Las atribuciones de la administración tributaria para la obtención y manejo de información*, conferencia técnica "Los aspectos clave en el control de las administraciones tributarias".

[84] Kagan, "On the visibility of income tax law violations", en Roth - Scholz (eds.), *Taxpayer compliance*, vol. 2.

ciones fiscales y brinde material jurídicamente indubitable, es decir, de vigor extraterritorial, a los tribunales penales[85].

B) Facetas extraterritoriales que exhibe la actividad fiscal*

§ 54. ***Adelanto de contenido.*** – Resulta indispensable formular una advertencia. La utilización del concepto de "facetas" no es una mera figura verbal sino un adelanto acerca del concepto de una extraterritorialidad que, con relación a las examinadas a lo largo de este trabajo, ofrece la particularidad de tener dos áreas de distinta entidad. La más estudiada por la doctrina atañe a la extraterritorialidad del derecho fiscal extranjero cuando actúa sobre la misma materia sometida a imposición por las leyes del Estado local, en cuyo caso se tienen como válidos los pagos efectuados en función de la normativa oriunda del otro Estado; esto con la clara finalidad de evitar la doble imposición naturalmente desalentadora de la actividad económica internacional. La restante, poco desarrollada por el quehacer doctrinal, apunta a que la elección del sistema de imposición sobre la renta universal –actualmente de mayoritaria aceptación en el horizonte tributario contemporáneo–, el que engloba todos los flujos económicos que tienen como destino el patrimonio del contribuyente cualquiera sea su origen jurisdiccional, lleva ínsito el reconocimiento de los actos y hechos jurídicos de significación económica que se relacionan con el patrimonio objeto de imposición. Esto último sin que medie otro recaudo que la constatación que el hacer negocial gravado efectivamente se ha plasmado en una forma jurídicamente atendible para el derecho del país donde existen los bienes o los valores relevantes para la imposición, sin detenerse a precisar el régimen de ley aplicable a que se hallan sujetos tales valores o bienes. Cuadra, entonces, trazar un firme vínculo entre esta concepción y la posición puntualizada en el § 9 por Lehmann y lo señalado por Tondini en el § 53.

[85] Ver en general, Tanzi, *El impacto de la globalización económica en la tributación*, "Boletín AFIP", nº 25, ago. 1999, p. 1449 y siguientes.

* Por Jorge Santi, profesor de Derecho Internacional Privado en la Universidad Nacional de La Plata, y de Derecho Comercial en la Universidad Católica de La Plata.

§ 55. ***Enfrentamiento entre libertad y poder impositivo.*** – Lo atractivo de la segunda problemática nos conduce a principiar por ella. Entonces, se debe recordar que el derecho fiscal regula la forma en que los habitantes de un país deben contribuir a la formación del erario público, o sea que regula quiénes, por qué motivo, de qué manera, cuándo y cuánto deben contribuir. A su vez, el derecho internacional privado es el derecho del hombre que, en ejercicio de la libertad que a partir del siglo XVIII comienza a tener consagración en las leyes fundamentales, se desplazó obteniendo de su nueva situación el reconocimiento de los derechos adquiridos en su anterior localización. Dentro de esta congerie particularmente interesa, a los fines de este trabajo, quienes han tenido un desarrollo económico que les permite trasladarse fuera de las fronteras, incluso iniciar en los nuevos lugares de tránsito negocios y adquirir bienes. Es entonces cuando se perfila un conflicto de intereses entre la libertad y los desbordes del poder impositivo.

En efecto, la introducción en el siglo XX del impuesto a las ganancias o réditos y, más modernamente, de las versiones contemporáneas de los impuestos al patrimonio, comenzó a suscitar en la psiquis de los contribuyentes cuestionamientos a la equidad de una tributación motorizada por un gasto social sin techo previsible o que, tal como ocurre en la Argentina, aparezca como desacomodado en relación con las reales posibilidades que otorga el estancamiento de su producto nacional bruto, el parvo crecimiento de su comercio exterior y la escasa dinámica de los factores que gobiernan su producción. Así las cosas, si es verdad que los impuestos constituyen el precio que se paga por vivir en una sociedad civilizada (Oliver Wendell Holmes Jr.), cabe representarse que el pensamiento pragmático de ese hombre arquetípico recaerá iterativamente en cuestionar si por tal precio no puedo optar por una mejor sociedad, o incluso mejor y más barata o, aunque sea igual, que sea más barata. Esto, por cierto, es un lugar común porque no debe olvidarse que todo lo que el hombre paga por contribuciones lo detrae de un dinero que puede aportar directamente a su desarrollo personal. Esto, que se vincula a los cuestionamientos en relación con los impuestos a la renta de magnitud confiscatoria[86], se aduna

[86] Durante el gobierno de Hollande, vigésimo cuarto presidente de Francia (años 2012 a 2017), se conformó un proyecto legislativo de elevar al 75 % para las rentas más altas la ya crecida alícuota del impuesto a las ganancias. Ello provocó "exiliados" fiscales, como lo fue el actor Gérard Depardieu, que comenzó a residir

a los argumentos que cuestionan la justicia misma de tributos que parten de considerar que el producto de la creación, del talento y la diferencia de capacidades tiene que ser económicamente sancionado, incluso con tributaciones de incrementos porcentuales progresivos, a medida que aumenta el monto sujeto a tributación.

En orden de ideas convergente transitan las reflexiones que, desde el punto de vista de la teoría económica, ve en estos súper impuestos la generación de un fuerte desaliento que conspira contra dos motores del desarrollo económico: la formación de capitales de riesgo y la generación de nuevos proyectos potencialmente productores de lucro. Esto significará en el mediano y largo plazo la necesidad de tomar otros elementos impulsores del desarrollo que deberán extraerse de las fórmulas socialistas o transpersonalistas que se basan en credos políticos o religiosos diametralmente alejados del sendero que traza la libertad en todas sus manifestaciones. Pruebas al canto en relación con la primera parte de nuestra afirmación surgen de comparar la economía europea, virtualmente cristalizada, con la economía de algunos "tigres" del oriente donde se arraigan los nuevos actores del crecimiento en un ambiente signado por tasas impositivas de mucha menor entidad[87].

§ 56. ***Los medios de defensa patrimonial en el marco de la extraterritorialización. Remisión.*** – Frente a esa amenaza de lisa y llana confiscación, el contribuyente ha acudido a dos medios de protección patrimonial: los "paraísos" o refugios fiscales y las sociedades *offshore*. La circunstancia de que ambos institutos fueron ya contemplados en la sección dedicada a la extraterritorialidad en el derecho penal económico internacional, impone un tratamiento de máxima concisión a nuestro particular enfoque.

a) *Paraísos fiscales.* La primera denominación engloba a naciones generalmente pequeñas sin demasiados recursos económi-

---

en Bélgica y luego se nacionalizó ruso para así disminuir su carga impositiva ("El País", Madrid, 16/12/2012).

[87] Por ejemplo, Hong Kong, Malasia, Tailandia y Singapur entre otros, www.msn.com/es-us/noticias/economia/estos-son-los-29-paises-con-los-niveles-mas-bajos-de-impuestos/ss-BBqJIsk#image=; en la vereda opuesta figuran Bélgica, Alemania y Dinamarca, con las más altas tasas respecto de la situación de un trabajador soltero y sin hijos (https://actualidad.rt.com/economia/169713-infografia-paises-tasas-impuestos).

cos que, como manera de sustentarse, tienen una oferta de bajísimos impuestos y secreto bancario, con el objeto de captar capitales para ser depositados en su sistema financiero que, a través de las redes bancarias, opera en los grandes centros mundiales. Lo que cobran por ello resulta ínfimo en comparación a lo que esos capitales deberían tributar en su lugar de origen y llegan, incluso, en épocas de gran liquidez en los mercados, a eximir totalmente de impuestos a las entidades allí radicadas[88]. Es común que además ofrezcan la constitución de sociedades verdaderamente anónimas y secreto respecto de los depósitos en sus bancos, lo cual completa el anillo de seguridad que se quiere brindar al inversor.

En la última década, todos los países tildados de paraísos fiscales han sido particularmente objeto de persecución por parte de los Estados Unidos de América y los Estados europeos nucleados en la OCDE[89], respecto de los cuales resulta de liminar importancia tomar nota que se brindan información recíproca acerca de las operaciones financieras y bancarias de sus nacionales o empresas vinculadas[90], con lo cual el flujo de datos tradicionalmente cubierto por el secreto bancario o tributario se abre sin necesidad de que

[88] Una página especializada en materia de inversiones informa que la normativa que rige en Seychelles respecto de los ingresos de las compañías de negocios internacionales es la ley de IBC que permite que todas las empresas se hallen legalmente exentas de impuestos y aranceles sobre las ganancias e ingresos de fuente extranjera. En otras palabras, las IBC están sujetas a un impuesto corporativo sobre la renta del 0 %, siempre y cuando no realicen negocios ni sean residentes fiscales dentro del territorio de Seychelles. Además de esto, las IBC no residentes no están sujetas a impuestos sobre regalías y dividendos recibidos o enviados al exterior (https://mundooffshore.net/beneficios-fiscales-de-una-compania-en-seychelles/).

[89] La Organización para la Cooperación y el Desarrollo Económico es un organismo compuesto por treinta y seis países, fundado en 1961, que tiene su sede en París, con catorce áreas de trabajo que abarcan los temas concernientes a la Administración pública y desarrollo territorial, agricultura, asuntos financieros y empresariales, asuntos fiscales, ciencia, tecnología e industria, comercio, cooperación con países no miembros, desarrollo, economía, educación, empleo y cohesión social, energía, estadísticas, iniciativa empresarial y medio ambiente, cuya misión, en líneas generales, es promover políticas que mejoren el bienestar económico y social, plasmando su actuación en foros y proyectos de convenios. En América, conforman parte de su membresía Canadá, Chile, Estados Unidos de América y México (www.oecd.org/centrodemexico/laocde/).

[90] Ver www.oecd.org/ctp/harmful/37975122.pdf. Varela, "Algunas consideraciones sobre el intercambio internacional de información tributaria", en AA.VV., *Estudios de derecho internacional tributario. Los convenios de doble imposición*, p. 487 y siguientes.

exista un proceso judicial o administrativo pendiente. Estos Estados, no obstante proclamar que es necesario brindar ayuda a los países nacidos del proceso de descolonización, endilga a los que ofrecen regímenes fiscales de excepción el sanbenito de que sirven de refugio a capitales provenientes del delito, en especial del narcotráfico. Empero, si se examina a fondo la problemática, máxime despojándola de toda ambición de mejorar la percepción impositiva, resulta más que diáfano que los favorecimientos institucionales no configuran, en cuanto a sus efectos, algo muy distinto de las ventajas económicas que perfilan, entre otras, los salarios más bajos, las mejores vías de comunicación o la buena organización del comercio exterior, factores que gravitan poderosamente a la hora de seleccionar escenarios para realizar inversiones. Repárese que con el devenir del tiempo, el abanderamiento de buques en Panamá, otrora signado por la cruda conveniencia fiscal y laboral, ha adquirido sustento de razonabilidad en atención a que este país, además de operar por sí uno de los dos canales de navegación más importantes del mundo, es un gravitante centro del comercio mundial y de las finanzas internacionales, además de que la oferta misma del transporte naval se ha diversificado y universalizado. Por otra parte, cabe recordar que, curiosamente, los paraísos fiscales que funcionan con mayor eficiencia se encuentran radicados en algunos Estados de la propia Unión de América del Norte[91].

b) *Sociedades "offshore"*. A su vez, el fenómeno asociativo *offshore* no es nuevo, dado que fue relatado en el siglo XIX por Edmond E. Thaler, quien se refería a los franceses que tomaban por la mañana el tren en París con destino a Bélgica y por la tarde regresaban con la sociedad comercial ya constituida en este último país[92]. En nuestra patria es común la mención de estas sociedades, antes constituidas en el Uruguay fajo la modalidad de Safis

[91] *Estados Unidos es el segundo país con más secreto bancario del mundo*, en www.france24.com/es/20180130-eeuu-es-el-segundo-pais-con-massecreto-bancario-del-mundo. La nota consigna que la lista se completa con los siguientes países: Hong Kong, Singapur, Luxemburgo, Alemania, Taiwán, Emiratos Árabes Unidos y Guernsey. Un artículo de similar contenido aparece en "El Espectador" de Bogotá, edición electrónica del 30/1/2018.

[92] El punto de vista del autor citado en el texto y de los comercialistas de esa época en *Répertoire Pratique de Législation, de Doctrine et de Jurisprudence*, t. 11, p. 435 y ss., todo enmarcado en el ámbito de un debate acerca de la nacionalidad de las sociedades anónimas y su incidencia en punto a la capacidad de actuación de estas.

(sociedades anónimas financieras de inversión) y luego de suprimida esa alternativa legal en el vecino país por exigencias de la OCDE, son actualmente configuradas en los estudios jurídicos de la República de Panamá[93].

Aquí tienen su punto de encuentro dos conductas exteriormente similares que pueden procurar finalidades distintas. En una se perfila un alejamiento del Estado en el cual se realizará el objeto de la sociedad para escapar a las formas y regulaciones que allí rigen; por ejemplo, procurando menor control y mayor agilidad de actuación, aun cuando la actividad social se lleve a cabo en el Estado soslayado. En el otro el alejamiento tiene como consecuencia el no sometimiento a las formas que allí tienen vigor; empero, lo esencial es que se procura que los capitales queden fuera del alcance de las autoridades de ese país, sin pretender desarrollar en él actividad alguna en el Estado donde se forman. Anotamos que en el primer modo, en rigor, se plasma un modo de actuación que ha sido utilizado en el derecho internacional privado para explicar el fraude a le ley denominado "contemporáneo"[94].

El tema de la sociedad *offshore* conduce a recordar que la sociedad genéticamente es un contrato plurilateral de organización[95], pero no es este aspecto el que interesa al derecho internacional privado, sino lo que se genera a partir de dicho contrato, esto es, un sujeto de derecho. En rigor, no hace mucho tiempo que las sociedades son consideradas tales, recurso técnico al que echó mano el legislador del siglo XIX, a partir de la positivamente exitosa experiencia del derecho público, cuando se vio obligado a sustituir la personificación del Estado en una persona humana a la que llamaban rey, emperador, etc., para darle personalidad al contrato social que importaban las repúblicas en nacimiento. No pasó mucho hasta que se dijera que si funcionaba para la gran sociedad política tenía, *a fortiori*, que funcionar para agrupaciones más pequeñas.

[93] La filtración de más de 11.000.000 de documentos de un estudio jurídico de la capital de ese país dio lugar a la investigación periodística y judicial conocida como "Panamá *papers*", que reveló el nombre de centenares de líderes políticos, empresarios y figuras del deporte y de los espectáculos artísticos que tenían fondos en sociedades constituidas allí (ver Mariel Fitz Patrick, "Infobae", 9/4/2019).

[94] Denominado también simultáneo (ver Feldstein de Cárdenas, *Historia de una aldea famosa en el derecho internacional privado,* "Revista de Derecho Procesal Civil y Comercial", nº 4, sep. 2013, https://ar.ijeditores.com/articulos.php?idarticulo=66362).

[95] Ascarelli, *Sociedades y asociaciones comerciales*, p. 23.

Esta sencilla cuestión cambió el planeta, pues permitió la aparición de la sociedad anónima, sin la cual el mundo de la actualidad sería sencillamente impensable. Lo central para nosotros es la extraterritorialidad de la persona jurídica, lo cual es referirse a la extraterritorialidad de la ficción que le dio nacimiento y, en definitiva, también hablar del reconocimiento del derecho extranjero que la creó. Se ha dicho sobre este tema que nuestra ley adopta la postura de la extraterritorialidad total, para el caso del acto aislado, y la parcial para el supuesto del efectivo ejercicio de la actividad propia del objeto social en el país. Sin embargo, entendemos que el criterio legal adoptado es el de extraterritorialidad total también en este último supuesto, dado que los recaudos establecidos tanto por el art. 118 como por el art. 123 de la ley de sociedades en manera alguna ponen en tela de juicio la personalidad, sino que, por el contrario, apuntan a que el peticionante acredite que la sociedad en cuestión ha sido constituida de manera regular en otro Estado, apartándose de este modo de la antigua posición del Código de Comercio, que sustentó la llamada "Doctrina de Yrigoyen"[96]. Cabe tomar nota que con relación a las sociedades *offshore* ha habido, por parte de los organismos de registro y control –especialmente por parte de la Inspección General de Justicia–, tentativas de bloquear esta modalidad. Si tal verificación de las autoridades debe ser realizada *ex ante* o *ex post*, nos inclinamos decididamente por el control *ex post*, por medio del art. 124, norma de policía que permite reparar los daños que pudiera causar el abuso de la constitución de sociedades por argentinos en el extranjero sin menoscabar la esfera de libertad. Si pensáramos que el control *ex ante* fuera eficaz, no haríamos que esos argentinos constituyeran la sociedad en el país, sino que directamente no lo harían, y no hay que olvidar que la sociedad solo es un vehículo o estructura sobre la que se monta un negocio o actividad, por lo que entonces perseguiríamos no a la sociedad, sino la realización de ese negocio en el país con la consecuente pérdida del incremento de la actividad comercial, esencial en un Estado que, como el nuestro, siempre se halla al borde de la paralización. Repensemos que el fundamento histórico de las sociedades anónimas radicó no en una creación jurídica, sino económica, y esta era que capitales que se encontraban escondidos vieran la luz, se unieran formando un todo sufi-

[96] Ver Santi, "Nacionalidad de las sociedades mercantiles", en Piombo, (coord.), *Doctrinas argentinas de derecho internacional*, p. 124 y siguientes.

ciente y brindaran su utilidad a la economía local. Las sociedades *offshore*, en la mayoría de los casos, resultan de la búsqueda por parte de los socios, en otros ordenamientos, del anonimato de que fueron privados en la Argentina –objetivo ligado más a la seguridad personal frente al delito que a motivos fiscales– a partir de la sanción de las sucesivas leyes de nominatividad de acciones, con un claro y corto objetivo de maximizar la recaudación fiscal por medio de los gravámenes al patrimonio. Pero nunca perjudicar la economía global de nuestro país.

§ 57. ***Validez extraterritorial de las actuaciones fiscales extranjeras.*** – En abordaje del otro aspecto enunciado en el § 53, cabe volver a insistir en el cambio que significó en la estructura del derecho tributario dejar de lado el sistema de imposición en la fuente[97], en cuyo ámbito los Estados funcionaban como compartimentos estancos; por tanto, la interconexión y la cooperación no constituían una necesidad, salvo supuestos de fraude impositivo operante, por ejemplo, en situaciones que se vinculaban a negocios jurídicos relacionados con el extranjero (v.gr., operaciones de exportación e importación). En un tiempo posterior, cuando el sistema de imposición personal se configuró, como se ha señalado, mediante el criterio de la renta mundial –esto es, de la responsabilidad fiscal territorialmente ilimitada[98]–, o cuando la imposición sobre el patrimonio alcanzó a bienes ubicados fuera del país de la nacionalidad o de la residencia permanente, un principio de equidad impuso reconocer los pagos efectuados en otro Estado cuando se trataba de impuestos allí devengados en razón de las mismas operaciones alcanzadas por el tributo del país que grava extraterritorialmente a sus nacionales o residentes, considerándolos así ade-

[97] Marzorati, *Derecho de los negocios internacionales*, t. 2, p. 7 y siguientes.

[98] Teijeiro, *Estudios sobre la aplicación espacial de la ley tributaria*, p. 26 y ss.; Gotlib - Vaquero, *Aspectos internacionales de la tributación argentina*, p. 12 y ss.; Braccia, *Derecho internacional tributario*, p. 41. Este último autor afirma que de acuerdo con el principio de la renta mundial, el Estado tiene derecho a gravar a sus residentes respecto de sus entradas de fuente doméstica y de fuente extranjera. Por su parte, los no residentes solo son gravados por las rentas de fuente doméstica. De seguido aclara que ningún sistema tributario responde en forma estricta a los principios de la renta mundial y en la realidad prevalecen las formas mixtas o híbridas con el sistema territorialista o de tributación en la fuente (p. 42).

lantos computables para la satisfacción del impuesto a la renta o a los bienes personales. La misma necesidad de extraterritorialidad se experimenta si se trata de situaciones que surgen de regímenes legales de incentivos fiscales, que se concretan en exenciones o diferimiento de la carga tributaria con miras a la promoción industrial o al fomento de la explotación de recursos naturales[99], en los que convencionalmente la situación recibe un tratamiento como si el gravamen hubiera sido efectivamente abonado, computándoselo con esta óptica en el país de la nacionalidad o residencia del inversor, todo con el propósito de no frustrar las políticas de fomento de los países en desarrollo y, a la vez, de consolidar la influencia internacional del Estado de donde provienen los fondos.

§ 58. ***Espacios de mutua asistencia tributaria y de restricciones a la doble imposición.*** – También forma parte de este entramado de una fiscalidad cooperativa que termine por minimizar la oposición territorialista, la idea de lograr un espacio geográfico donde los gravámenes fiscales no ocasionen, por su superposición, trabas mayores al intercambio de bienes y servicios, acudiendo, con esa finalidad, a una mutua delimitación de la competencia para gravar por medio de la conciliación de criterios nacidos de los diferentes enfoques acerca del tipo, clase y modalidad de la imposición. Resultado de esto son los convenios para evitar o morigerar los efectos de la doble o múltiple imposición –columna esencial del moderno derecho fiscal internacional[100]– que, en relación con el tema de este trabajo, constituyen canales por los que transitan, con vigor extraterritorial, los actos de una y otra parte enderezados a ejercer su protestad tributaria. Así se determina el tratamiento específico de las rentas provenientes del trabajo per-

[99] Plazas Vega, "Métodos para evitar la doble tributación internacional", en AA.VV., *Estudios de derecho internacional tributario. Los convenios de doble imposición*, p. 421 y siguientes. Gotlib - Vaquero, *Aspectos internacionales de la tributación argentina*, explican que la *tax sparing clause* consiste en que el inversor extranjero recibe en su país un crédito por un impuesto que no se tributó en el país en desarrollo en virtud de una exención (p. 249). El objetivo de su inclusión en los convenios sobre doble imposición consiste en no frustrar las medidas de fomento locales que incluyen beneficios fiscales (ver Convenio argentino-sueco del 3/9/1962, aprobado por decr. ley 12.821/1962, art. 7°; Convenio con Finlandia del 13/12/1996, aprobado por ley 24.654, art. 23, inc. *c*).

[100] López Espadafor, *Tendencias y fuentes de la fiscalidad internacional*, "Cuadernos de Derecho Transnacional", n° 11, mar. 2019, p. 438 y siguientes.

sonal, de los bienes inmuebles, de las regalías, de los dividendos de acciones, de las inversiones, etc., como también temas de central interés en la delimitación de las competencias entre los cuales se destacan la determinación y efectos del domicilio fiscal, la residencia y la existencia de un establecimiento. Todo esto, unido a los nexos permanentes de información en punto a los datos de relevancia arriba señalados, fue estructurando una colaboración tributaria, más allá de la confidencialidad que envuelve a los datos del contribuyente, en aras de evitar resquicios por los que puedan escapar quienes operen con reticencia, disimulación u ocultamiento. En definitiva, todo lo consignado articula un derecho tributario de alcance transfronterizo[101], que también se ha ido perfilando como el auxiliar indispensable para luchar contra la delincuencia transnacional organizada[102], en la medida en que adquiere relevancia la información exterior acerca del flujo internacional de divisas y de la transferencia de activos societarios, como, asimismo, acerca del origen de los fondos y de los antecedentes económicos y financieros de sus titulares[103]. Incluso, no debe echarse en saco roto que esa sintonía de las administraciones fiscales en punto a la necesidad de impulsar su accionar allende los límites estatales se traduce en la circunstancia de que la mayoría de los convenios de extradición contemporáneos incorporan ilícitos que tornan procedente la entrega a los delitos fiscales[104], sin exigir que guarden estricta semejanza las leyes impositivas del país de refugio y las vigentes en el Estado requirente de la entrega.

§ 59. ***A manera de mojón intelectual.*** – En definitiva, la amplia extraterritorialidad de nuestros días refleja una mejor justicia tributaria al evitar lo inequitativo de la múltiple imposición

[101] Braccia, *Derecho internacional tributario,* p. 3 a 5.

[102] La ineficacia de muchas de las políticas internacionales vinculadas al control fiscal sugeridas en el seno de la OCDE y llevadas adelante por el GAFI aparecen destacadas por la organización no gubernamental Attac (Asociación por la Tasación de las Transacciones Financieras y por la Acción Ciudadana) en documentos como el que aparece en www.taxjustice.net/cms/upload/pdf/delincuencia_financiera.pdf.

[103] Ver referencias del profesor Tondini en el § 53, apdo. d, 2, y desarrollos correlativos.

[104] Convenio con España del 16/7/1990, arts. 2° y 4°, aprobado por ley 23.708; Convenio con el Estado Plurinacional de Bolivia del 22/8/2013, aprobado por ley 27.022, art. 7°.

internacional; también trasunta la exigencia de un mayor esfuerzo cooperativo en favor de genuinidad de los datos suministrados por el contribuyente. Sin embargo, debe tener un cariz restrictivo ante el avance de sistemas que quieren perseguir a la persona física, creándole una vinculación mediante un domicilio, residencia o establecimiento, para avanzar sobre reservas y previsiones que el hombre edifica con el objeto de protegerse de las crisis económicas y de las persecuciones políticas o de las maniobras extorsivas de asociaciones ilícitas, o con la finalidad de iniciar nuevas empresas en un mundo sacudido, sin solución de continuidad, por las innovaciones tecnológicas que tornan obsoletos sus inventarios y por las recurrentes crisis económicas que malogran los más conservadores proyectos.

§ 60. ***El componente extraterritorial en el derecho aduanero.*** – La territorialidad parece el continente natural de toda cuestión que sea concerniente a la imposición aduanera, toda vez que se trata, luego de discernida la naturaleza y posición de la mercadería, de pesar, contar o medir y aplicar el tributo. No debe olvidarse que existe una doble finalidad en el ejercicio de tal potestad tributaria. Por una parte, la de policía administrativa destinada a ejercer un control de todos los bienes que se pretenden introducir desde el extranjero al territorio del Estado, impidiendo la entrada de aquellos que sean dañosos para la salud, la seguridad y la moralidad publicas, así como deteriorantes de la economía y de la producción. Por la otra, la de recaudación, destinada a percibir aranceles y tributos conformando una renta que en nuestra patria tiene emplazamiento constitucional. Precisamente esta última finalidad, para ser eficazmente satisfecha, requiere el auxilio de la extraterritorialidad, toda vez que su logro depende, en gran medida, de la cooperación de las aduanas de los países donde se inicia el transporte internacional o se redespacha la mercadería, o de aquellos en los que radica su destino final. De ahí surge el significado de la tarea asumida por el Consejo de Cooperación Aduanera desde su creación en 1952 y, desde 1996, por la Organización Mundial de Aduanas (OMA)que es su continuadora[105]. Solo con el acopio de los datos que puedan suministrar tales engranajes de la policía del comercio internacional, que gozan de fe y crédito dando

[105] Ver www.wcoamericaribe.org/que-es-la-oma.

cuerpo a su extraterritorialidad, la imposición fiscal puede hacer frente, con expectativas de buen éxito, a las usuales maniobras de sub y sobrefacturación de importaciones y exportaciones. Sobre esto se ha señalado que cuando los agentes económicos consideran que la cotización de la moneda no está en un valor acorde con los equilibrios macroeconómicos básicos, aquellos tienen una tendencia a abultar el precio de las importaciones (sobrefacturación) y a ingresar menos divisas (subfacturación), intentando que una parte de ellas permanezca en el exterior, esto por medio de un esquema de triangulación del comercio que resulta en mayor grado asequible a las grandes corporaciones multinacionales[106] y que cobra manifestación en temas en ocasiones colaterales tal como ocurre, por ejemplo, en materia de fletes marítimos[107]. Desde luego que también operan las ilicitudes de carácter penal, como el liso y llano contrabando que reposa en una actividad de clásica expansión espacial en las conductas comisivas –entrada-salida o entrada clandestina de la mercadería con la finalidad de eludir aranceles– que amerita, ciertamente, poner en contacto órganos de más de un ordenamiento jurídico, reforzando así la faceta ligada con la extraterritorialización.

C) Derecho previsional: la caída de las restricciones a la extraterrtorialidad*

§ 61. ***Orientación de esta parcela conceptual.*** – El propósito de trazar una perspectiva de síntesis acerca del derecho previsional en su despliegue extraterritorial, conduce a llamar la atención sobre características que juzgamos dotadas de especial poder de articulación.

Una primera, que el material formativo originario fincó en ámbitos de acendrado territorialismo, desde que se trataba de una rama de la actividad administrativa destinada a instrumentar la

[106] Dikenstein, *Las operaciones de importación: acerca de su triangulación*, www.despachantesargentinos.com/; Vidal Albarracín, *La subfacturación en importación. ¿Delito o infracción aduanera?*, *LL*, 1996-A-53.

[107] "Página 12", 11/11/2014, sección economía, artículo referido a la suspensión de empresas para operar en el ámbito aduanero.

* Por Eugenia Lundqvist, profesora de Derecho Internacional Privado en la Facultad de Derecho de la Universidad Nacional de Mar del Plata.

política social del Estado. Otra, que su desarrollo pleno recién se alcanzó contemporáneamente, con la conformación de una activa estructura convencional internacional bi y multilateral. Una tercera, que su desenvolvimiento se vinculó a la facilitación de las comunicaciones, al avance de la integración económica y al desborde de las migraciones motivadas por necesidades económicas. La cuarta, que toda su extraterritorialidad descansa sobre un cañamazo de prestaciones que inciden sobre las finanzas del Estado y sus exigencias presupuestarias, o sea, sobre el riñón mismo de la política económica contemporánea. La quinta y última, las finalidades sociales y humanitarios que moldean esta rama del derecho, cada vez más importantes en tiempos que claramente se caracterizan como de vigorización de los derechos humanos.

§ 62. ***Raíces del derecho previsional internacional.*** – El nacimiento del derecho previsional se ubica con la difusión de la idea del Estado de bienestar, también designado Estado "benefactor" o "providencia", que en las postrimerías del siglo XIX comienza a sentar sus bases en Alemania y en los países nórdicos. Es así que la perspectiva que gobernó a la seguridad social a partir de su inicio a fines del siglo XIX, se asentaba sobre el empleo formal y asalariado (sistema bismarkiano) y lo inscribía de acuerdo con el principio contributivo, en donde a la mayor cantidad de aportes ingresados por un afiliado al sistema, le correspondían mayores derechos.

Este paradigma entró en crisis durante la época inmediatamente anterior a la Segunda Guerra Mundial. Las causas fueron múltiples y, si bien su estudio excede los propósitos de este trabajo, principalmente obedecían a la falta de cobertura de los estratos sociales más bajos, y a una incipiente problemática –actualmente de particular gravitación– como lo constituye el paulatino aumento de la esperanza de vida de la población con el correlativo desbalance en la relación entre aportantes y beneficiarios.

Aparece entonces una nueva perspectiva, traída por la presentación del Informe Beveridge en el Parlamento inglés en 1942, que implicó un cambio de paradigma en la forma de concebir un sistema de seguridad social, al extender los beneficios a toda la sociedad, pero poniendo fundamentalmente su financiación a cargo del Estado.

Años más tarde el sistema experimentó una nueva conmoción, precisamente cuando el fenómeno económico de la integración recibió impulso con miras a la formación de mercados comunes. Se acudió, entonces, a la idea de libre circulación de bienes, personas y servicios, que, en tiempos en los que los beneficios previsionales se hallan universalmente consagrados y resultan irrenunciables[108], implica otorgar validez extraterritorial a los aportes previsionales realizados fuera del país de contratación o en el cual los trabajadores aportantes desarrollan habitualmente sus tareas. La idea es sumar esas contribuciones con el objeto de obtener el retiro por edad, sin que las tareas llevadas a cabo en países extranjeros significaran lapsos perdidos para las expectativas trazadas con la ley que va a regir en el retiro o jubilación. La extraterritorialidad de aportes y lapsos de actividad cumplidos en los espacios jurídicamente integrados pasa a ser, entonces, objetivo de toda legislación de un Estado comprometido en un proceso que apunta a la formación de un mercado común. Más aún, es tema de fundamental importancia no solo hacer valer los servicios en el país que conforma la contraparte de un convenio y las contribuciones allí realizadas, sino también la actividad con aportes llevada a cabo en terceros Estados, relacionados también convencionalmente, con alguna de las partes vinculadas en el pacto de seguridad social en aplicación, contribuyendo así a modular el valor económico de la jubilación o pensión a la cual eventualmente sea acreedor el peticionario. Sin embargo, todo es apenas una parte de la actividad humana que se ve tocada por la extraterritorialidad previsional, ante un mundo en el que comienzan a gravitar las tareas llevadas a cabo en organizaciones intergubernamentales y supranacionales. Recapitulando: tanto los elementos propios de la extraterritorialización como los nuevos mecanismos internacionales de cooperación ponen las primeras bases de un derecho internacional de la seguridad social[109].

§ 63. ***Elementos propios de la extraterritorialidad del derecho de la seguridad social.*** – Los sistemas de cobertura creados

[108] El principio configura la piedra angular del derecho laboral para así asegurar el cumplimiento de las normas protectoras del trabajador y una regla en las normas previsionales configurativas de los sistemas estatales de previsión (v.gr., ley 20.744, arts. 7°, 12 y 15). Zapata de Tamantini - Tamantini, *El principio de irrenunciabilidad,* "Trabajo y Seguridad Social", 1987, p. 14.

[109] Ver Mendizábal Bermúdez - Kurczyn Villalobos, *Apuntes sobre el derecho internacional de la seguridad social y su relación con América Latina,* "Revista Latinoamericana de Derecho Social", t. 25, 2017, p. 37 y siguientes.

a raíz de la coyuntura histórica arriba referida se articularon sobre la base de otros principios que enseguida resaltamos: *a*) dignidad del hombre; *b*) solidaridad; *c*) subsidiariedad, y *d*)universalidad del sistema.

Estos elementos articulantes llevaron a la común convicción de que operando de consuno garantizaban la protección integral de la persona al momento de jubilarse.

§ 64. ***Recepción del derecho de la seguridad social en el plexo internacional de los derechos humanos.*** – La idea-fuerza centrada en el acrecentamiento de la dignidad humana y del respeto de la personalidad del hombre se vio vigorosamente fortalecida con la aprobación de la Declaración Universal de Derechos Humanos (10/12/1948). Allí luce lo dispuesto en el art. 22, cuyo texto estatuye: "*Toda persona, como miembro de la sociedad, tiene derecho a la seguridad social y a obtener mediante el esfuerzo nacional y la cooperación internacional, habida cuenta de la organización y los recursos de cada Estado, la satisfacción de los derechos económicos, sociales y culturales indispensables a su dignidad y al libre desarrollo de su personalidad*". Brinda claridad aún mayor a esta disposición, la circunstancia de que la Organización Internacional del Trabajo (OIT) conceptúe la seguridad social como "la protección que la sociedad proporciona a sus miembros, mediante una serie de medidas públicas, contra las privaciones económicas y sociales que de no ser así ocasionarían la desaparición o una fuerte reducción de los ingresos por causa de enfermedad, maternidad, accidente de trabajo o enfermedad profesional, desempleo, invalidez vejez y muerte, y también la protección en forma de asistencia médica y de ayuda a las familias con hijos" (Principios de Seguridad Social OIT-AISS, Ginebra 2001). Vale decir que su concepto actual, de universal vigencia, reputa a la realización de la seguridad social como una de las tareas inherentes al Estado, cuyo objetivo básico es el logro del bien común, núcleo conceptual que ha sido entendido por el magisterio social de la Iglesia, como la armonización de los intereses individuales al interés colectivo o común, de tal forma que toda persona humana pueda alcanzar su pleno desarrollo en forma integral"[110]. Se desprende que el

[110] Paulo VI, encíclica *Populorum progressio* (26/3/1967), nº 42, www.vatican.va/content/paulvi/es/encyclicals/documents/hf_p-vi_enc_26031967_populorum.html.

hombre, como protagonista de la seguridad social, espera por parte del derecho del país de su nacionalidad y de las normas internacionales, un conjunto de medidas necesarias y efectivas para gozar y disfrutar de condiciones de vida mínimas y decorosas.

Nuestro ordenamiento no resulta ajeno a la nueva jerarquía que asume la seguridad social, atento lo dispuesto por el art. 14 bis, párr. 3°, de la Const. nacional, que dispone: "*El Estado otorgará los beneficios de la seguridad social, que tendrá carácter de integral e irrenunciable. En especial, la ley establecerá: el seguro social obligatorio, que estará a cargo de entidades nacionales o provinciales con autonomía financiera y económica, administradas por los interesados con participación del Estado, sin que pueda existir superposición de aportes; jubilaciones y pensiones móviles; la protección integral de la familia; la defensa del bien de familia; la compensación económica familiar y el acceso a una vivienda digna*".

El texto constitucional citado se complementa con lo que disponen sobre este aspecto los tratados internacionales incorporados a la Constitución por medio del mecanismo establecido por el art. 75, inc. 22, de la carta conformada en 1994, insertando a la seguridad social como derecho fundamental en los arts. 22 y 25 de la Declaración Universal de Derechos Humanos, el art. 26 del Pacto de San José de Costa Rica, así como en el art. 9° del Pacto Internacional de Derechos, Económicos, Sociales y Culturales[111].

Estas normas conforman el bloque de constitucionalidad y sobre esta sólida base, que condensan internacionalidad y extraterritorialidad, se plasma el derecho internacional de la seguridad social basado –como ya parcialmente se anticipara– en un paradigma que se fundamenta en los principios de universalidad en cuanto al acceso y la exigibilidad de un piso mínimo y racional para todos los ciudadanos, solidaridad inter e intrageneracional, que confluye con la redistribución de la riqueza en forma horizontal y vertical, contribuyendo a combatir la pobreza y al fortalecimiento económico mediante la demanda de bienes de consumo, y la sostenibilidad financiera a mediano y largo plazo[112].

[111] Ver González Saborido, *La garantía constitucional de la movilidad de las jubilaciones y pensiones*, www.infojus.gov.ar, Id SAIJ: DACF150780.

[112] Mesa-Lago, *Las reformas de pensiones en América Latina y su impacto en los principios de seguridad social*, p. 13.

Confluye, entonces, no solo por el hontanar metodológico, el objetivo de la rama internacional del derecho previsional con el objetivo central del derecho internacional privado concebido como disciplina conflictualista de leyes; *id est*, asegurar el pleno goce de la capacidad del ser humano ante la diversidad de jurisdicciones soberanas en un marco de creciente valoración positiva de la dignidad del hombre.

§ 65. ***La cooperación jurídica internacional como factor determinante de la extraterritorialidad del derecho de la seguridad social.*** – Notable incremento ha alcanzado la legislación internacional en este sector del mundo jurídico, exteriorizándose bajo dos manifestaciones distintas. Una es la emergente de los convenios internacionales o de las normas emanadas de los organismos de integración, que reglamentan específicamente la cooperación en el campo del derecho objeto de esta sección; otra es la referida esencial o prioritariamente a otras cuestiones (cooperación económica, política, cultural, etc.), que, a la vez, incorporan menciones o criterios acerca de los regímenes previsionales.

Hay que precisar que los fundamentos actuales de la cooperación jurídica internacional no pueden cifrarse en la tradicional consideración de la obligación de los Estados de prestarse asistencia mutua. En la actualidad, la internacionalización de la vida de las personas hace que los Estados deban ponerse de acuerdo para alcanzar mecanismos que posibiliten la protección de los intereses de los sujetos privados. Se trata de tutelar de manera efectiva transformando en obligatorias las actitudes estatales, otrora realizadas con una cierta espontaneidad, resaltando al "ser humano" como centro de gravedad de las normas de cooperación destinadas a salvaguardar sus derechos. Dentro de este marco de cooperación, se han ideado distintas metodologías materializadas en los criterios directivos siguientes:

a) Unificación, que implica el cumplimiento obligatorio por parte de los distintos regímenes de seguridad social de una norma única o igual para todos ellos.

b) Armonización, que consiste en el establecimiento de normas de mayor jerarquía legislativa a las que deben adecuarse o subsumirse las reglas de los diferentes regímenes.

c) Convergencia, que importa la elaboración de políticas en materia de seguridad social en torno al logro de objetivos que han sido definidos de común acuerdo para guiar la evolución de las políticas sociales.

d) Coordinación, que significa el mecanismo por medio del cual los Estados reconocen y computan, recíprocamente, el tiempo de servicios que se ha prestado en cada uno de ellos y los aportes que se hubieran efectuado para brindar la respectiva cobertura de seguridad social[113].

§ 66. ***La situación del trabajador migrante en relación con los beneficios jubilatorios otorgables en la Argentina.*** – Una de las características de la dinámica poblacional del presente consiste en la expansión de lo que se denomina "migraciones económicas", o sea, el desplazamiento de personas o familias en busca de mejores oportunidades de trabajo o de subsistencia. En tales situaciones surge la cuestión relativa al aporte del trabajador migrante al sistema de seguridad social del país donde trabaja y, como consecuencia, el reconocimiento de los beneficios de la seguridad social en ese Estado u otro con el que se halle convencionalmente vinculado. Esto configura el pilar fundamental de la extraterritorialidad del derecho internacional de la seguridad social.

Se requiere, tal como se señalara, un esquema de armonización de las normas que conforman el régimen de seguridad social de los Estados que edifique una coexistencia entre los distintos sistemas. Tal punto de partida exige que cada país retenga la competencia para establecer los requisitos para acceder a los beneficios, la documentación por aportar, las características de las tareas por tener en cuenta, la cuantía de los beneficios por percibir, las causales de extinción de la relación previsional y, en general, todas las exigencias de admisibilidad sin que el ejercicio de tal potestad implique desvirtuar la naturaleza propia de los derechos de la seguridad social. Desde luego que el instrumento más apto para alcanzar el reconocimiento y goce de los derechos por parte de aquellas personas que han desarrollado una vida laboral bajo distintos regímenes no puede ser otro que el acuerdo internacional, que usualmente suele ir acompañado por un reglamento o acuerdo administrativo que tiene por finalidad tornar operativo lo diplomáticamente

[113] Gorostegui, *Situación de los migrantes residentes en Argentina respecto de los beneficios jubilatorios*, "Revista Aequitas", nº 9, 2015, p. 125 y siguientes.

acordado. A su vez, tal como puntualiza la doctrina, los acuerdos deben descansar en los siguientes puntos:

a) Igualdad de trato, en virtud de la cual los trabajadores migrantes deben estar comprendidos por las legislaciones nacionales de la seguridad social y recibir sus prestaciones en igualdad de condiciones respecto de los ciudadanos del país de inmigración.

b) Determinación de la legislación aplicable, criterio cuya finalidad consiste, por un lado, en asegurar la actuación de una única legislación y, por otro, evitar los conflictos tanto positivos (aplicabilidad de dos o más legislaciones) como negativos (ausencia de una legislación aplicable). El postulado básico está dado por la circunstancia de que todo trabajador extranjero debe realizar sus aportes conforme a las leyes previsionales del país. Este principio, conocido como *lex loci laboris*, contiene excepciones que se relacionan con el tipo de tareas, entre las cuales cabe mencionar a los funcionarios que integran las representaciones diplomáticas y consulares, el personal afectado al transporte internacional, los funcionarios dependientes de alguno de los poderes o instituciones propias de un Estado trasladados al territorio de otro y los trabajadores llevados a otro país para realizar labores temporarias.

c) Asistencia recíproca entre los organismos, autoridades e instituciones competentes de los Estados contratantes en las actuaciones o desinteligencias que se susciten en relación con lo acordado. Una de las alternativas elegidas para enfrentar futuras controversias consiste en constituir una comisión de carácter permanente, integrada por funcionarios de cada Estado vinculado, cuya principal misión consiste en velar por el cumplimiento del convenio.

d) Conservación de los derechos adquiridos: esto es, preservar los derechos de la seguridad social que se le haya reconocido a una persona en otro Estado distinto de aquel en que se solicita el beneficio.

e) Facilitación del cobro por parte del beneficiario, pudiendo este ser favorecido con el pago de las prestaciones en el extranjero, en el caso de haber mudado el trabajador su residencia a un país distinto de aquel donde obtuvo su prestación previsional. Esta idea, ligada al carácter alimentario de las prestaciones, también determina que la percepción en lugar diferente del lugar de trabajo se aplique a las familias de los trabajadores cuando les corresponda la percepción de los respectivos beneficios[114].

Las fuentes convencionales que se deben analizar en el tratamiento de esta temática, mas allá de las referidas de carácter constitucional, complementándolas en la tarea hermenéutica, son el Programa de Ottawa de Seguridad Social, adoptado en la VIII Conferencia de los Estados de América Miembros de la OIT, reunida en esa ciudad del 12 al 23 de septiembre de 1966[115]; y también el Convenio 118 de dicha organización –que entrara en vigencia el 25/4/1964–, por medio del cual se decidió adoptar diversas proposiciones relativas a la igualdad de trato de nacionales y extranjeros. En virtud de lo allí acordado todo Estado parte puede aceptar las obligaciones contenidas en él en cuanto concierna a una o varias de las siguientes ramas de la seguridad social: asistencia médica, prestaciones de enfermedad, prestaciones de maternidad, prestaciones de invalidez, prestaciones de vejez, prestaciones de supervivencia, prestaciones en caso de accidentes del trabajo y de enfermedades profesionales, prestaciones de desempleo y prestaciones familiares. Esta idea de amplitud y extensión graduada en función de las posibilidades de los países marca una clara directriz en cuanto al anhelo de extender la igualdad de trato respecto de los migrantes en atención a los procesos de integración regional en desarrollo. Así, es de interés focalizar sendos acuerdos; uno, el multilateral de seguridad social del Mercosur, suscripto el 15 de diciembre de 1997 en la ciudad de Montevideo por la Argentina, Brasil, Paraguay y Uruguay, acompañado a la sazón de su respectivo reglamento administrativo, como también el Convenio Multilateral Iberoamericano de Seguridad Social, celebrado en Santiago de Chile en noviembre de 2007, y su acuerdo de aplicación, celebrado en Madrid en septiembre de 2009. Es de destacar que el acuerdo del Mercosur establece su ámbito de aplicación personal, comprendiendo la seguridad social de los trabajadores que presten o hayan prestado servicios en cualquiera de los Estados parte reconociéndoles, así como a sus familiares, los mismos derechos y estando sujetos a las mismas obligaciones que los nacionales de los países vincula-

[114] Gorostegui, *Situación de los migrantes residentes en Argentina respecto de los beneficios jubilatorios*, "Revista Aequitas", nº 9, 2015, p. 125 y siguientes.

[115] Ahumada Pacheco, *Manual*, p. 279; Salineros Vidal, *Acción internacional en el campo de la seguridad social*, p. 40 y 41.

dos convencionalmente. También dispone su aplicación a los trabajadores de cualquier otra nacionalidad residentes en el territorio de uno de los Estados parte, siempre que presten o hayan prestado servicios en los Estados parte. A su vez, el Convenio Multilateral Iberoamericano de Seguridad Social es el primer instrumento internacional a nivel iberoamericano que protege los derechos de los trabajadores migrantes y sus familias en materia de prestaciones económicas, mediante la coordinación de legislaciones nacionales en temas de pensiones, como garantía de la seguridad económica en la vejez, la incapacidad o la muerte, infortunios materia de tutela en los regímenes de la seguridad social de los diferentes Estados iberoamericanos[116].

Para solidificar el alcance extraterritorial de la protección, la Argentina ha celebrado convenios de seguridad social con Brasil (ley 22.594), Chile (leyes 26.525 y 26.526), Colombia (ley 22.146) y Perú (ley 22.306), en el ámbito de los países de América, y con Eslovenia (ley 26.465), España (ley 25.707), Grecia (ley 23.501), Italia (ley 22.861) y Portugal (ley 17.219), en el ámbito europeo[117]. A esto cabe sumar acuerdos multilaterales cuyas disposiciones generales permiten estructurar el marco de cooperación necesaria para hacer efectivos los beneficios previsionales con otros países que sean parte en estos instrumentos, tal como ocurre con los antes mencionados concluidos en los ámbitos del Mercosur (ley 25.655) y de Iberoamérica (ley 26.603).

Debemos mencionar que, aparte de los clásicos tratados y convenios internacionales aprobados y ratificados por la Argentina en la materia, han surgido instrumentos de *soft law*, tales como observaciones, recomendaciones, declaraciones, objetivos, etc., donde se

[116] El convenio tiene origen en la Organización Iberoamericana de Seguridad Social (OISS), entidad internacional que tiene como finalidad promover el bienestar económico y social de los países iberoamericanos y de todos aquellos que se vinculan por el idioma español y portugués mediante la coordinación, intercambio y aprovechamiento de sus experiencias mutuas en seguridad social, cuya carta fundacional fue aprobada en el II Congreso Iberoamericano de Seguridad Social celebrado en Lima, Perú, en 1954. Acerca del ámbito de aplicación territorial de este acuerdo –concretamente, Bolivia, Brasil, Chile, Ecuador, El Salvador, España, Paraguay y Uruguay– como también respecto de su interpretación, cabe remitir a la página web https://oiss.org/.

[117] Ver www.argentina.gob.ar/trabajo/seguridadsocial/internacional. En el listado no se incluye el convenio bilateral con Brasil por no estimarlo vigente las autoridades de aplicación.

referencian compromisos internacionales del Estado argentino en temas relacionados con la seguridad social, tal como ocurre con los pisos de protección social de la OIT, los objetivos proclamados por la Cumbre para el Desarrollo Sostenible que elaborara la Agenda 2030 (ODS), y los Estudios y Recomendaciones de la Organización para la Cooperación y el Desarrollo Económicos (OCDE).

Como corolario de este cúmulo normativo y axiológico, la autoridad de aplicación del sistema nacional de seguridad social publicita oficialmente en su página web los recaudos para solicitar el reconocimiento de servicio para las personas que trabajaron en relación de dependencia o de forma autónoma en alguno de esos países con los que Argentina tiene un convenio vinculante, y realizaron los aportes a los sistemas de la seguridad social respectivos, determinándose por el mismo medio a qué beneficios se puede acceder y los recaudos exigibles conforme los convenios respectivos[118].

§ 67. ***Jurisprudencia relevante en la materia.*** – Algunos principios en torno a la ideas referenciadas han sido recibidos por doctrina judicial[119]. Así, en autos "Cicconetti"[120] se resolvió acerca de la supremacía de los convenios internacionales y su relación con el derecho de la seguridad social, hallándose en el caso discutida la aplicación del convenio de seguridad social entre los gobiernos de las repúblicas argentina e italiana (1981, ley 22.861), dejando sentado que *el beneficio previsional otorgado por un Estado extranjero en virtud de un convenio internacional reviste linaje extranacional excluyendo la aplicación del principio de territorialidad, por lo que cabe dar andamiento a las cláusulas que reconocen en forma expresa la invulnerabilidad de goce y poder adquisitivo en el país de residencia de su titular, como asimismo inhibir cualquier intento de lesionarlo, restringirlo o vulnerarlo por conducto de normas locales o administrativas de inferior jerarquía. El principio de supremacía constitu-*

[118] Ver www.anses.gob.ar/prestaciones-por-convenio-internacional. Expte. nº 106359/2012, sentencia interlocutoria nº 85567JFSS2, Sala II, www.diariojudicial.com/public/documentos/000/058/412/000058412.docx.

[119] Lodi-Fe, *Reciprocidad jubilatoria en convenios internacionales*, "Colección Practica Profesional Jurídica. Jubilaciones & Pensiones", 2015.

[120] CNSegSoc, Sala II, 12/3/2015, "Cicconetti, Alberto c/Poder Ejecutivo nacional y otro s/acción de amparo".

cional y convencional se yergue –en este supuesto– como su protector inexpugnable frente a cualquier intento o secuela de esta índole (doctrina de la mayoría).

La jubilación que paga el gobierno de Italia, con fondos propios y en la moneda del curso legal en este país, al no afectar las reservas monetarias del Estado Argentino ni violar el régimen denominado "cepo cambiario", hace triunfar su pretensión de que se le abone en la misma moneda que le es solventada por el gobierno de Italia con esa finalidad específica –jubilación ordinaria–, toda vez que la pretensión se halla protegida por el derecho constitucional e internacional de que es parte la Nación Argentina.

Esto equivale a decir que aun en épocas de restricciones cambiarias tiene relevancia superior la aplicación extraterritorial del derecho de la seguridad social.

En idénticas condiciones se expidieron la Corte Suprema de Justicia de la Nación en autos "Sassi"[121], y la Cámara en lo Contencioso Administrativo Federal en autos "Fiorita"[122].

Corresponde concluir en esta parte que la característica de la seguridad social en las últimas décadas es la extensión extraterritorial de los derechos de esa naturaleza, otorgando a sus normas reciprocidad entre los países para el otorgamiento de las prestaciones; es decir, el principio de internacionalidad, que anula las barreras económicas formando mercados comunes, permitiendo la libre movilidad de la mano de obra, garantizando los derechos sociales de los trabajadores migrantes, brindando igualdad de trato para el derecho a las prestaciones, reconociendo el tiempo de servicio cualquiera sea el país en que se lo haya prestado, y admitiendo las cotizaciones cualquiera sea el país vinculado donde se hayan efectuado[123].

§ 68. ***A manera de corolario.*** – El proceso de internacionalización del derecho de la seguridad social es fruto de los grandes pactos internacionales de derechos humanos y del desarrollo del

[121] CSJN, 29/4/2015, "Sassi, M. c/BCRA y otro s/amparo L. 16.986".

[122] CNContAdmFed, Sala IV, 5/2/2015, "Fiorita, Gina c/PEN-BCRA y otros s/amparo L. 16.986".

[123] Altamira Gigena, *La seguridad social en Latinoamérica como instrumento de unidad, DT,* 1983-B-1411.

derecho de los migrantes. Tiene un doble objetivo al pretender establecer las bases mínimas en la protección a cargo de la seguridad social a las que se deben someter las legislaciones nacionales y, por este mecanismo, proteger a los trabajadores migrantes.

Los avances y consolidación de la seguridad social internacional han rebasado a la normativa interna para dar mayor cobertura y beneficios a los sujetos de esta, para unificar a nivel mundial la protección y elevación de calidad de vida de las personas. Todo ello conduce a que debamos expresarnos dentro del contexto detallado de derecho internacional de la seguridad social sin que existan dudas acerca de su activa y esencial extraterritorialidad.

D) Expansión internacional del derecho administrativo*

§ 69. ***Factores gravitantes.*** – El cambio de circunstancias y la vigorosa transnacionalización también influyen y redimensionan el derecho administrativo, perdiendo cualidad determinante el clásico territorialismo de sus preceptos. En el presente se observa una sensible desconexión entre esa disciplina jurídica y los Estados nacionales, producto del surgimiento de reguladores y reglas globales[124]. Mientras el derecho administrativo tradicional se exhibe como algo enteramente monístico, al desarrollarse y tener su fuente exclusivamente en el ámbito local, el derecho administrativo actual se mueve en una dimensión que origina relaciones no solo con el derecho doméstico de cada país sino, además, con la creciente cantidad de regímenes regulatorios de alcance mundial[125].

Esta faceta ultraestatal de la rama de la ciencia jurídica que, históricamente, ciñó su objeto de estudio a las relaciones entre los particulares y el Estado al cual se hallaban sujetos, no opera nece-

* Por Horacio José Piombo, magíster en Derecho Administrativo (Universidad Austral) y en Leyes (Columbia Law School), relator en la SCBA.

124 Ya en 1962 Gordillo eliminaba de su definición de "derecho administrativo" su carácter de ordenamiento eminentemente interno, concepción por entonces dominante ("Hacia la unidad del orden jurídico mundial", en AA.VV., *El nuevo derecho administrativo global en América Latina*, p. 84).

125 Cassese - D'Alterio, "The development of global administrative law", en Cassese (ed.), *Research handbook on global administrative law*, p. 1 a 3.

sariamente como un entramado normativo superpuesto al sistema de leyes locales. Sus contenidos más bien se filtran y encuentran camino de distintas formas y por diferentes razones a través de los ordenamientos domésticos, dando como resultado disposiciones que son una mixtura de medidas nacionales y globales. No se trata de dos niveles separados de regulación nacional e internacional; antes bien, se trata de un mecanismo que opera, como se ha dicho, "a través de una red de interacciones e influencias, horizontales, verticales y diagonales, entre una diversa multiplicidad de regímenes y actores"[126], de lo que resulta que "el cuasi monopolio estatal en materia de promulgación normativa [...] ha sido reemplazado por un campo más heterogéneo de legisladores"[127]. Como ilustra Casesse, en tales situaciones el Estado sigue siendo el protagonista, pero ahora nuevos actores interpretan el papel de deuteragonistas, o viceversa[128].

Sucede que la globalización ha producido una "revolución espacial" que desplaza a los Estados, en la medida en que ha amplificado tanto los efectos de la actividad humana por ellos regulada como el impacto de esas regulaciones en tales actividades[129]. Se ha notado que "la conducta humana que ocurre en un determinado lugar cada vez más produce efectos en muchos otros, afectando los intereses de personas en todos lados". Así, "los alimentos que son producidos en un país con bajos estándares de seguridad alimentaria amenazan la salud de los consumidores en los países donde ellos son importados; del mismo modo, la aplicación de estándares de seguridad domésticos más rigurosos a los alimentos importados hace peligrar (la situación competitiva de) los productores extranjeros". Igualmente, "las actividades económicas desarrolladas en un Estado con bajos estándares laborales o medioambientales ponen en jaque a empresas radicadas en Estados que aplican estándares más severos", al mismo tiempo que "la aplicación extraterritorial de los altos estándares de los países desarrollados pue-

126 Stewart, *The global regulatory challenge to US administrative law*, "New York University Journal of International Law and Politics", nº 37, p. 703.

127 D'Alterio, "Judicial regulation in the global space", en Cassese (ed.), *Research handbook on global administrative law*, p. 306.

128 Cassese - D'Alterio, "The development of global administrative law", en Cassese (ed.), *Research handbook on global administrative law*, p. 1 a 3.

129 Battini, "The proliferation of global regulatory regimes", en Cassese (ed.), *Research handbook on global administrative law*, p. 49 y 50.

de desestabilizar los procesos productivos de los países en vías de desarrollo"[130].

Los ejemplos en estas áreas que informan acerca de potenciales "efectos de derrame" o problemas de escala global se suman a una extensa lista de materias que actualmente son de vital interés para la comunidad internacional, entre ellas: calentamiento global, internet, privacidad, mercados financieros, comercio internacional, transporte de pasajeros y mercancías, telecomunicaciones, herencia cultural, estandarización, seguros, terrorismo, servicios postales, navegación, lavado de activos, educación, inmigración, policía, deportes, etcétera[131].

Para Battini, lo referido pone en evidencia que siempre que los Estados unilateralmente regulen asuntos que trascienden de sus propias fronteras, incurrirán en un doble déficit: de efectividad y de rendición de cuentas (*accountability*)[132]. De allí que el desarrollo de regímenes regulatorios globales se haya alzado como un imperativo para brindar una respuesta institucional a la ya mentada "revolución espacial" producto de la globalización, tendiente a remediar sus consecuencias adversas. Es ello lo que ha llevado a la instauración de sistemas de integración tanto horizontales como verticales para que, al hacer actuar principios de cooperación y coordinación, de un lado exista un aceptable grado de cohesión normativa a nivel mundial y, de otro, se reconcilie la posible desconexión entre "jurisdicción regulatoria" e "impacto regulatorio"[133].

Se aprecian así modelos que ponen en crisis el paradigma del derecho administrativo como una institución puramente nacional y máxima encarnación de la soberanía estadual: *a*) las relativamente informales redes regulatorias transgubernamentales integradas por autoridades u órganos internos del Estado; *b*) las más formales organizaciones internacionales dotadas de estructura propia, y *c*)

[130] Battini, "The proliferation of global regulatory regimes", en Cassese (ed.), *Research handbook on global administrative law*, p. 49 y 50.

[131] Stewart, *Remedying disregard in global regulatory governance*, "New York University Journal of International Law and Politics", nº 108, 2014, p. 216.

[132] Se trata de un término cuya esencia no es pasible de ser plenamente captada por la lengua española. Si bien en ciertos contextos pude ser entendido como "rendición de cuentas", la palabra también se emparenta con ideas de responsabilidad y legitimidad democrática de ciertos funcionarios o instituciones.

[133] Battini, "The proliferation of global regulatory regimes", en Cassese (ed.), *Research handbook on global administrative law*, p. 51.

las instituciones híbridas o privadas que han tomado a su cargo el ejercicio de funciones regulatorias a nivel global[134]. Adelantamos que profundizaremos el estudio de las primeras dos, al adentrarnos en las maneras en las que ellas actúan a modo de catalizador de la aplicación extraterritorial de actos y reglamentos de sustancia administrativa.

§ 70. ***Dimensiones actuales de lo administrativo.*** – En su proyección actual, el derecho administrativo muestra dos órdenes de desarrollos normativos y doctrinales vinculados al ámbito transfronterizo, en apreciable medida similares a los experimentados en el marco penal; esto es, la división entre un derecho penal internacional y otra rama, de factura mucho más reciente, que cabe denominar derecho internacional penal que se proyecta como el derecho penal de la comunidad internacional. Si bien la doctrina contemporánea es conteste en cuanto a la existencia de dos campos de análisis para ese fenómeno dentro del moderno derecho administrativo, no hay consenso respecto a qué elementos han de formar parte de una u otra vertiente.

Con esa advertencia, en primer término cabe destacar la existencia de un derecho administrativo internacional, constituido por las normas, prácticas y valores que hacen al alcance espacial de las disposiciones administrativas, a las funciones de cooperación, coordinación y convergencia interestatales y al ejercicio de la autoridad en el plano extraterritorial. Lo medular de esta vertiente es denominada por muchos "derecho administrativo global"[135], que también abarca el análisis de los elementos que colaboran en cuanto a mejorar los procedimientos de participación, transparencia, rendición

[134] Battini, "The proliferation of global regulatory regimes", en Cassese (ed.), *Research handbook on global administrative law*, p. 53; Stewart, *Remedying disregard in global regulatory governance*, "New York University Journal of International Law and Politics", nº 108, 2014, p. 216.

[135] Cassese (ed.), *Research handbook on global administrative law*, p. 1 y 2. Con todo, hay quienes se oponen a la existencia de un derecho administrativo "global" y, en su lugar, prefieren seguir refiriéndose a un derecho administrativo "internacional" reformulado. Ello, en la inteligencia de que el mundo aún no está enteramente globalizado y se halla plagado de Estados fallidos (ver Lamela, "El impacto de las redes transgubernamentales en la evolución del derecho administrativo internacional", en AA.VV., *El nuevo derecho administrativo global en América Latina*).

de cuentas, motivación y mecanismos de revisión de las decisiones adoptadas en el ámbito de la gobernanza global[136].

Es necesario indicar que el desarrollo de lo anterior en absoluto ha desplazado a aquel sector más tradicional –y cuyo estudio precede al derecho administrativo internacional o global–, conformado por el derecho internacional administrativo. En este concurre la fenomenología jurídica nacida en el campo convencional con motivo de la creación y funcionamiento de entidades intergubernamentales, en la medida que generen estructuras burocráticas y brinden servicios a los Estados y organizaciones que operan como miembros. Todo lo concerniente a su estructuración administrativa interna y al funcionariado internacional –p.ej., el nombramiento de empleados, sus deberes y obligaciones, promociones, salarios, vacaciones, régimen previsional, sanciones disciplinarias– es alcanzado por esta rama[137]. Por añadidura, ella abarca los procedimientos de revisión a cargo de tribunales administrativos internacionales, destacándose la histórica labor del tribunal administrativo de la Organización Internacional del Trabajo (OIT) establecido en 1946, al cual se han sometido voluntariamente numerosas organizaciones internacionales[138], así como también el más reciente sistema de justicia administrativa de las Naciones Unidas creado en 2009, conformado en doble instancia por el tribunal contencioso administrativo (United Nations Dispute Tribunal –UNDT–) y el tribunal de apelaciones (United Nations Appeals Tribunal –UNAT–)[139], sin per-

[136] Kingsbury - Krisch - Stewart, *The emergence of global administrative law*, "Law and Contemporary Problems", nº 28, 2005.

[137] Villalpando, "Managing international civil servants", en Cassese (ed.), *Research handbook on global administrative law*, p. 67 y 68.

[138] En 2017 totalizaban cincuenta y nueve, destacándose por su incidencia en las relaciones interestatales la Organización Mundial de la Salud (WHO), la Organización de las Naciones Unidas para la Educación, la Ciencia y la Cultura (UNESCO), la Unión Internacional de Telecomunicaciones (ITU), la Organización Meteorológica Mundial (WMO) y la Organización de las Naciones Unidas para la Alimentación y la Agricultura (FAO).

[139] Se ha notado que, tras la reforma del sistema de justicia administrativa de la ONU en 2009, solo seis de las organizaciones que antes estaban sometidas a su tribunal administrativo de instancia única han aceptado la competencia en grado de apelación, reservándose para sí el juzgamiento de los conflictos en primera instancia mediante estructuras específicas, entre ellas, la Organización de la Aviación Civil Internacional (ICAO), la Organización Marítima Internacional (IMO), la Autoridad Internacional de los Fondos Marinos (ISA), el Tribunal Internacional del Derecho del Mar (ITLOS) y la Corte Internacional de Justicia (ICJ).

juicio de otras instituciones que han preservado tribunales administrativos propios[140].

Es menester advertir que las fuentes de uno y otro no son enteramente coincidentes, toda vez que respecto del primero gravitan los medios de generación normativa internos (ley, decreto, etc.) y excepcionalmente el tratado internacional, mientras que en relación con el segundo opera el tratado internacional y lo que se denomina normativa internacional de segundo grado, esto es, la creada por las propias entidades internacionales con motivo u ocasión de su funcionamiento. En el primero, los fenómenos jurídicos operantes guardan vinculación con los que ocurren en el campo del derecho internacional privado contemporáneo. En el segundo, con los que suceden en territorio del derecho internacional público.

Por la actuación de los organismos internacionales[141], actos y disposiciones de un Estado nacional o subnacional pueden tornarse efectivos en otros ordenamientos, hermanando estos fenómenos a los típicos de la extraterritorialidad del derecho extranjero. Desarrollar la nueva dinámica internacional en torno al derecho administrativo ineludiblemente importa pasar por estudios especializados en cada uno de los sectores en los que este se manifiesta (telecomunicaciones, medio ambiente, seguridad, etc.), incluyendo fragmentos regulatorios de derechos de inserción interna –como lo son los reales–, pero sobre los cuales ha incidido alguna forma de administración internacional.

Lo expresado conlleva desarrollos de una extensión no congruente con el objetivo de esta tarea; de ahí que el contenido se limite, de aquí en más, a puntualizar las relaciones que hacen a la estructuración básica del sector, particularmente en relación con su forma de operar en red; esto es, dónde el hacer de uno de los

---

Ver Villalpando, "Managing international civil servants", en Cassese (ed.), *Research handbook on global administrative law*, p. 77.

[140] Por ejemplo, el Banco Mundial (BM), el Fondo Monetario Internacional (FMI), la Organización para la Cooperación y Desarrollo Económicos (OCDE) o la Organización de Estados Americanos (OEA). Ver Villalpando, "Managing international civil servants", en Cassese (ed.), *Research handbook on global administrative law*, p. 76 a 78.

[141] Ver Benvenisti, *The law of global governance,* "Recueil des Cours. Collected Courses", vol. 368, p. 59 y ss., quien describe las diversas manifestaciones y finalidades que se plasman en el despliegue de las entidades intergubernamentales, supranacionales y privadas con proyecciones internacionales.

miembros de la organización o de la organización en sí, repercute en los ordenamientos jurídicos de cada parte. Cabe aquí tomar nota de que un primer paso se concretó al establecer un vaso comunicante desde la organización internacional hacia el Estado miembro, mientras que luego, con la atribución conferida a la organización de tomar decisiones operativas por sí, o que conduzcan a que por medio de los Estados miembros se lleven a cabo ciertas actividades en nombre de la organización, se movilizó una corriente jurídica de sentido distinto, mucho más caudalosa y eficiente, de la cual somos ahora no solo espectadores sino, fundamentalmente, recipiendarios directos o indirectos.

§ 71. ***Ubicación metodológica de los contenidos internacionales.*** – Más allá de su implantación en orden a las fuentes, cabe advertir que los contenidos de derecho internacional administrativo aparecen en la actualidad mayoritariamente estudiados en el derecho internacional público. Esto no es otra cosa que un producto propio del enfoque usual –adoptado por ejemplo en el Digesto Jurídico Argentino; ver ley 26.939– de que las relaciones, por el solo hecho de estar recogidas en una fuente de carácter internacional, deben ser motivo de estudio en el ámbito del derecho internacional público, sin que importe si la relación de que se trata es comercial, tributaria o laboral. Llamativo es que algo similar ocurre en el derecho internacional privado cuando se introducen contenidos materiales de derecho comercial, por ejemplo. Esta idea de especialización no por la materia, sino por el continente o envoltura, es la que prima para mantener en las estructuras gubernativas un órgano especializado en relaciones internacionales, cuando los medios de comunicación actuales, que permiten a los servicios de un Estado especializados en determinada materia ponerse en contacto en forma inmediata y directa con los servicios similares de otros países, tornan innecesaria la intermediación diplomática excepto, desde luego, en el caso de que se trate de fijar las políticas fundamentales por seguir en cada sector de la actividad estatal internacional[142].

Así, en la unidad transnacional del viejo continente, las sesiones del Consejo de la Unión Europea tienen una estructura distinta según se trate de reuniones que afecten los asuntos atingentes,

[142] Piombo, *Administración de las relaciones internacionales, passim.*

por ejemplo, a agricultura y pesca, transporte, telecomunicaciones o energía, alcanzando hasta diez conformaciones diferentes según los sectores administrativos comprometidos. Paralelamente, en el plano de las relaciones especializadas por materia, las conferencias internacionales han dejado de ser diplomáticas para estar protagonizadas por expertos en el tema cuyo lenguaje es el de la ciencia, arte o actividad sobre la que versa. La circunstancia de que el idioma inglés se haya universalizado y actúe como *lingua franca* en los negocios internacionales, facilita aún más los contactos a todo nivel y, por tanto, las posibilidades de aporte conjunto. De ahí que ante esta situación cada rama del derecho tiene que desarrollar sus propios nexos con las instituciones similares de otros ordenamientos, por cierto, mediante una pluralidad de herramientas, entre las cuales operan las que le brinda el derecho de la extraterritorialidad del derecho extranjero.

§ 72. ***Impulso dado por los organismos internacionales.*** – El fuerte cambio experimentado por la materia administrativa en función del proceso de transnacionalización (extraterritorialización + internacionalización) ofrece al análisis varias facetas.

Una de particular interés consiste en que la importación del derecho extranjero fue tradicionalmente adoptada caso por caso, movilizándose de esta manera el derecho estimado competente. En el tiempo presente, tal carril de importación se ve acompañado por otras formas en las que la inserción de las normas extrañas al foro se da, incluso, de manera automática, lo que implica la introducción grupal de la normativa. Es decir, que esa incorporación no solo tenga el clásico alcance particularizado, sino también uno general en relación con todos los Estados miembros del organismo regional o universal, o con relación a una determinada categoría de personas conectadas a países diversos: esto mediante los mecanismos de actuación de un organismo intergubernamental y, en situaciones temporalmente más recientes, de una entidad supranacional. La aparición de las primeras organizaciones internacionales destinadas a desarrollar la cooperación administrativa contribuyó a esmerilar algunos de los preconceptos limitativos que se han venido desgranando respecto de la extraterritorialidad.

De la expansión de estas entidades da cuenta el "Anuario de Organizaciones Internacionales", cuyo número ha pasado de mil cuatrocientos veintidós en 1960 a sesenta mil ciento treinta y nueve en 2013[143]. Pero si nos limitamos a aquellas organizaciones de base puramente convencional (p.ej., aquellas basadas en un acuerdo entre tres o más Estados nacionales o supranacionales dotados de una secretaría permanente), ese número indica un veloz crecimiento hasta mediados de 1980, pasando de treinta y siete en 1919, a ciento veintitrés en 1951 y trescientos setenta y ocho en 1985, para descender a doscientos cuarenta y uno en 2000 y finalmente asentarse en doscientos cincuenta y tres en 2011[144]. Dentro de esta constelación se destaca el extenso sistema de la Organización de las Naciones Unidas (ONU), a través de sus numerosos comités y agencias. Lo anterior no debe eclipsar la existencia de otras organizaciones internacionales de tipo híbridas o incluso privadas, que no obstante su constitución, ejercen un monopolio regulatorio en actividades de suma trascendencia. Ejemplos paradigmáticos de este fenómeno son la Organización Internacional de Normalización (ISO) y la Junta de Normas Internacionales de Contabilidad (IASB)[145].

De vuelta sobre el tópico, vale destacar que el accionar del derecho público de un Estado en otros Estados mediante estas estructuras internacionales se fue articulando sobre la base del trinomio:

a) Creación (dictado o generación del acto o precepto)[146].

b) Réplica (reproducción del acto o precepto en otras entidades jurisdiccionales o partes en el organismo)[147].

[143] Union of International Associations (UIA), *Yearbook of International Organizations*, https://uia.org/sites/uia.org/files/misc_pdfs/pubs/yb_2017_vol4_lookinside.pdf.

[144] Battini, "The proliferation of global regulatory regimes", en Cassese (ed.), *Research handbook on global administrative law*, p. 46 y 47.

[145] Büthe - Mattli, *The new global rulers*, p. 25 a 33.

[146] Todo el sistema de la Unión Europea ilustra con suficiencia acerca de este pilar de normatividad. En el plano de las organizaciones intergubernamentales cabe traer a colación el art. 3° del Convenio constitutivo del Organismo Internacional de la Energía Atómica (OIEA), que en su apdo. 5 empodera a la entidad para establecer y aplicar salvaguardias destinadas a asegurar que los materiales fisionables especiales y otros, así como los servicios, equipo, instalaciones e información suministrados por el organismo, o a petición suya, o bajo su dirección o control, no sean utilizados de modo que contribuyan a fines militares; y a hacer extensiva la aplicación de esas salvaguardias, a petición de las partes, a cualquier arreglo bilateral o multilateral, o a petición de un Estado, a cualquiera de las actividades de él en el campo de la energía atómica.

[147] El Convenio de la Aviación Civil Internacional (OACI) establece en su art. 37 que cada contratante se compromete a colaborar, a fin de lograr el más

c) Reconocimiento del acto o precepto por las demás partes en la organización respectiva (su asimilación a un acto interno en cada jurisdicción).

En esta secuencia de ideas, la organización internacional de que se trate, por sus órganos competentes –generalmente la asamblea compuesta por los representantes de los Estados y organismos internacionales parte y un órgano ejecutivo– dispone esquemas de comportamiento que deben ser adoptados por las entidades que la conforman. Estos se traducen en reglas de variada denominación (v.gr., recomendaciones, principios, políticas, directrices)[148] que sin perjuicio de englobarse generalmente bajo la rúbrica de *soft law*, muchas veces, por su contenido, resultan preceptivas en la práctica[149]. Es importante notar que en esta fase creacional también influyen y compiten entre sí los Estados nacionales, puesto que gran parte de los regímenes regulatorios globales imitan y se inspiran en los sistemas legales internos de cada país[150].

Con todo, las entidades regulatorias constituidas por los gobiernos nacionales o supranacionales, de ordinario, dependen de

---

alto grado de uniformidad posible en las reglamentaciones, normas, procedimientos y organización relativos a las aeronaves, personal, aerovías y servicios auxiliares, en todas las cuestiones en que tal uniformidad facilite y mejore la navegación aérea. A este fin, la Organización de Aviación Civil Internacional adoptará y enmendará, en su oportunidad, según sea necesario, las normas, métodos recomendados y procedimientos internacionales que traten de "la disposición continúa con una enunciación de ítems que hacen a la seguridad y buen servicio de las líneas aéreas". A su vez, el art. 38 del Convenio prescribe que cada miembro debe comunicar las diferencias entre sus preceptos y las normas acordadas por la OACI a los efectos de que sean conocidas por la organización y los interesados con miras a ealizar los procedimientos que requiera lograr la mayor uniformidad y seguridad.

[148] Huesa, "La protección del interés público global: una nueva dimensión para las normas y obligaciones internacionales", en Bauza - García - Rodrigo (dirs.), *La gobernanza del interés público global*, p. 284.

[149] Por ejemplo, se ha dicho que "en materia de comunicaciones, la Unión Internacional de Telecomunicaciones (ITU) adopta centenares de recomendaciones cada daño, las cuales, a pesar de no ser obligatorias, son observadas por los estados. Consecuentemente, el marco regulatorio ya no se vale solamente de instrumentos tradicionales de derecho internacional (tal como los tratados y convenciones), sino que se ve enriquecido por herramientas legales basadas en el consenso". Ver Casini, "The expansion of the material scope of global law", en Cassese (ed.), *Research handbook on global administrative law*, p. 34.

[150] Casini, "The expansion of the material scope of global law", en Cassese (ed.), *Research handbook on global administrative law*, p. 33; Büthe - Mattli, *The new global rulers*, p. 12.

las autoridades administrativas de sus integrantes a fin de llevar a cabo los procedimientos de reglamentación, adjudicación y ejecución necesarios para que un esquema regulatorio internacional tenga vigencia efectiva. Este escenario, en el cual las agencias nacionales asumen simultáneamente una doble función de reguladores domésticos e internacionales, se ha visto revitalizado por dos características de la práctica contemporánea: de un lado, la fragmentación de las relaciones internacionales donde las agencias eluden a los ministerios de relaciones exteriores y participan directamente en el espacio regulatorio global; y, de otro, la circunstancia de que muchos reguladores domésticos han sido estructurados siguiendo ciertas matrices concebidas de antemano por las organizaciones internacionales[151].

Las razones que pueden actuar a modo de aliciente para disparar los procesos de réplica y reconocimiento –es decir, la transmisión y asimilación de normas globales por cada Estado nacional– pueden ser muchas. Richard Stewart reconoce al menos las siguientes[152]: *1*) económicas, de seguridad u otros beneficios materiales, como consecuencia de ser parte de un "club" que provee ventajas a sus miembros (v.gr., OTAN, OACI, ISO, Interpol); *2*) financieras, con motivo de los beneficios que confiere acatar los lineamientos fijados por los benefactores (v.gr., FMI, Banco Mundial)[153]; *3*) de influencia política y económica, ejercida por Estados poderosos sobre los demás países (v.gr., Trips); *4*) de incentivos profesionales de las autoridades nacionales, que han participado personalmente en la creación de normas regulatorias globales mediante organizaciones internacionales y redes transgubernaentales; *5*) de incentivos producto de la doble dimensión del espacio regulatorio global, es decir, la implementación de políticas alcanzadas a nivel inter-

151 Stewart, "Global standards for national societies", en Cassese (ed.), *Research handbook on global administrative law*, p. 178 y 179.

152 Stewart, "Global standards for national societies", en Cassese (ed.), *Research handbook on global administrative law*, p. 182 y 183.

153 En materia de desarrollo y cooperación internacional, la influencia del derecho extranjero puede también provenir de otros actores nacionales, como el caso de la Agencia de los Estados Unidos para el Desarrollo Internacional (USAID) o el Bundesministerium für Wirtschaftliche Zusammenarbeit un Entwick (BMZ), cuando supeditan el otorgamiento de ayudas al cumplimiento de ciertas condiciones y el establecimiento de determinadas salvaguardias. Ver Dann, "The global administrative law of development cooperation", en Cassese (ed.), *Research handbook on global administrative law*, p. 418.

nacional consideradas deseables que hubiese sido difícil o imposible sancionar a través de los procesos legislativos domésticos; *6*) estratégicas, a fin de mejorar la posición de determinadas instituciones *vis a vis* sus propios gobiernos y actores políticos (v.gr., sistema internacional de derechos humanos); *7*) de oportunidad y eficiencia, con el objeto mejorar la regulación local sin tener que aumentar el aparato burocrático estatal, al valerse directamente de la capacidad, conocimiento y experiencia de una organización internacional o extranjera[154]; *8*) de reciprocidad, con el propósito de que ciertos actores puedan ser reputados confiables y, de tal modo, recibir beneficios de la esfera internacional, al mismo tiempo de evitar represalias o marginalización (v.gr., OMC)[155], y *9*) constructivistas, producto de la constante participación en el desarrollo, diseminación, adopción e implementación de normas a nivel global; las autoridades nacionales tienden a emplear una forma similar para resolver problemas.

Finalmente, cuadra reparar en que la influencia del derecho extraestatal en ocasiones se traslada directamente al derecho público local, moldeando los elementos del acto administrativo tal como estos son reconocidos en la mayoría de los países de tradición civilista[156]. Así, la ley supranacional puede mandar o impedir

[154] La Administración Nacional de Aviación Civil de la República Argentina (ANAC) reconoce como válidas y adopta para sí las *technical standard orders* (TSO) emitidas por la Agencia Federal de Aviación de los Estados Unidos de América (FAA) y por la Agencia Europea de Seguridad Aérea (EASA). Ver RAAC, parte 21, § 21.1355. En otro ámbito, la Secretaría de Industria de este mismo país determinó que a afectos de acreditar el cumplimiento de los requisitos de seguridad activos y pasivos respecto de vehículos importados o fabricados localmente se podrán validar las homologaciones, sus revisiones y extensiones, otorgadas por las autoridades nacionales de los países miembros de la Unión Europea en tanto se traten de homologaciones de tipo CE expedidas de conformidad a la directiva 2007/46/CE u homologaciones de tipo UE expedidas de conformidad al reglamento 2018/858, ambas del Parlamento Europeo y del Consejo de la Unión Europea, sus modificatorias y complementarias. Ver res. 2019-15-APN-SIN-MPYT del Ministerio de Producción y Trabajo.

[155] En el marco de la OMC (particularmente, el Acuerdo de Obstáculos Técnicos al Comercio –OTC– y el Acuerdo de Medidas Sanitarias y Fitosanitarias –MSF–) los Estados contratantes asumen el compromiso de reconocer las leyes de los demás Estados como equivalentes a las propias, aun cuando ellas sean diferentes, en la medida en que adopten un estándar aceptable de protección. Ello, a riesgo de ser blanco de represalias comerciales permitidas por el mismo régimen regulatorio global.

[156] La ley nacional de procedimiento administrativo de la República Argentina (LNPA) menciona en sus arts. 7° y 8° los siguientes elementos del acto administrativo: causa, objeto, procedimientos, motivación, finalidad y forma.

el dictado de un acto por parte de las administraciones domésticas, establecer su contenido o regular el procedimiento por seguir. En el caso de la Unión Europea, un ejemplo de ello se da con la regulación de subsidios estatales, en tanto el TFUE en su art. 107 y ss. impide a los Estados miembros otorgar ayudas que distorsionen la competencia en los mercados europeos, a la vez que es susceptible de generar el deber de dejarlas sin efecto en sede administrativa si ya fueron dispuestas. Lo mismo se puede decir con relación al respeto de ciertas garantías procedimentales derivadas de los instrumentos regionales de derechos humanos (v.gr., art. 6°, Convención Europea de Derechos Humanos) o la necesaria producción de ciertos mecanismos mandados por organismos o convenios internacionales (v.gr., estudios de impacto ambiental)[157].

§ 73. ***La actuación en red y sus consecuencias.*** – Organizadas de manera más informal, las redes regulatorias transgubernamentales, consistentes en contactos y reuniones de autoridades administrativas de distintas naciones, constituyen la forma más antigua de gobernanza global, precediendo incluso a las primeras organizaciones internacionales conformadas por Estados nacionales. Su propagación se ha justificado sobre la base de que los tratados consumen tiempo y energía para concluirse, son difíciles de ratificar y se han convertido en sumamente específicos, razón por la cual los tecnócratas han decidido circunnavegar a políticos y diplomáticos para conducir de modo expeditivo su gestión[158]. Entre los primeros exponentes de esta forma de cooperación es posible incluir a la Unión Telegráfica Internacional (1865), la Unión Postal Universal (1874), la Unión para la Protección de la Propiedad Industrial (1883) y a la Unión para la Protección de las Obras Literarias y Artísticas (1886)[159].

En este modelo de gobernanza global, representantes de agencias domésticas con competencia en una cierta área se relacionan con sus pares de otros países a fin de acordar reglas y prácticas que luego cada cual aplicará dentro de sus jurisdicciones territoria-

[157] Mattarella, "The influence of european and global administrative law on national administrative acts", en Chiti - Mattarella (eds.), *Global administrative law and EU administrative law*, p. 62 a 67.

[158] Zaring, *Sovereign mismatch and the new administrative law*, "Washington University Law Review", n° 91, 2013, p. 59, y 69 a 75.

[159] Battini, "The proliferation of global regulatory regimes", en Cassese (ed.), *Research handbook on global administrative law*, p. 54.

les. Las redes transgubernamentales se traducen en un mecanismo de actuación en el que hay formas de inducción, comunicación y recepción por las cuales se torna efectivo el reconocimiento de los actos brindando, a la vez, un marco de ejecución a las decisiones adoptadas. Tal particularidad origina un sistema en el cual los procedimientos, sea en el plano del diligenciamiento de las medidas adoptadas, sea en la faceta de ejecución, experimentan una particular contracción temporal en la velocidad de su implementación, así como una acusada expansión espacial en su alcance[160].

De tal manera, este sistema se caracteriza por su fragmentación funcional, su falta de estructura internacional y, como ya se adelantó, por su relativa informalidad[161].

Ejemplos de este modo de actuación abundan, pero algunas redes destacan por su importancia y organización. Así, tenemos en el campo financiero al Comité de Supervisión Bancaria de Basilea (BCBS), que reúne a los representantes de los bancos centrales de los países miembros del G-10, además de Luxemburgo y España; a la Asociación Internacional de Supervisores de Seguros (IAIS), que nuclea a autoridades regulatorias en materia de seguros de más de ciento cuarenta países, y a la Organización Internacional de Comisiones de Valores (IOSCO), que junta a ciento ochenta y dos miembros provenientes de autoridades nacionales que regulan los mercados de valores y futuros. Ellos, a su vez, se encuentran coordinados por un metarregulador: el Consejo de Estabilidad Financiera (FSB) creado por el G-20 tras la crisis de 2008 y alojado en el seno del Banco de Pagos Internacionales (BIS)[162].

Comparativamente, otras redes transgubernamentales son mucho más informales. Un ejemplo de esto es la denominada Privacy Shield, consistente en un marco normativo entre Estados Unidos de América y la Unión Europea y Suiza, relativo a la confidencialidad de datos personales (una materia densamente regulada en estos últimos pero no en el primero). Lo anterior se traduce en un régi-

160 Se toma literalmente la expresión empleada por Goldschmidt para referirse a las características más relevantes de la prueba del *fraudem legis* en el derecho internacional privado (*Derecho internacional privado*, p. 196), pero que resulta plenamente utilizable para referirse a la problemática en examen.

161 Goldschmidt, *Derecho internacional privado. Derecho de la tolerancia (basado en la teoría trialista del mundo jurídico)*, p. 196.

162 Battini, "The proliferation of global regulatory regimes", en Cassese (ed.), *Research handbook on global administrative law*, p. 55.

men de cooperación interadministrativa para el reconocimiento de ciertas equivalencias entre las autoridades europeas y el Departamento de Comercio estadounidense, a fin de suministrarle a empresas radicadas a ambos lados del océano Atlántico mecanismos para la transferencia de datos de manera compatible con las reglamentaciones que a cada cual les resultan aplicables[163].

Todo conduce a predicar que el derecho internacional administrativo se halla en trance de constituirse en un derecho administrativo global[164]. Si ahora tomamos en cuenta que aparte del sector antes delineado ha habido un marcado desarrollo de figuras jurídicas internacionales de accionar conjunto, como las entidades binacionales destinadas a plasmar obras públicas de especial magnitud en espacios fronterizos[165], cuadra afirmar que se encuentra en este espacio un nivel de extraterritorialidad de la ley y de los actos jurídicos extranjeros –acompañados de nuevos conceptos como el de automaticidad internacional de los efectos de un acto o procedimiento– nunca antes logrado en el marco del derecho esencialmente comprometido con la extraterritorialidad, como lo fue el derecho internacional privado en su versión clásica.

§ 74. ***Barreras a la extraterritorialidad en materia administrativa.*** – La expansión horizontal de la actuación extraterritorial tropieza, en el área regida por el derecho administrativo, con la índole del material jurídico allí existente, generalmente disperso y de menor organicidad que el regido por las codificaciones articuladas en materia civil y comercial. Esto, ciertamente, lo torna más proclive a la incerteza y, por lo tanto, menos valorizado en sectores en los que ha sido tradición la estabilidad.

También a la extraterritorialidad del derecho extranjero generalmente se la ha circunscripto a la propia de la ley en desmedro de otras formas usuales en el marco administrativo. Así, el derecho extranjero "es la ley competente" o la normativa del Estado *A* o del

[163] Zaring, *Sovereign mismatch and the new administrative law*, "Washington University Law Review", nº 91, 2013, p. 70 a 72.

[164] Lamela, "El impacto de las redes transgubernamentales en la evolución del derecho administrativo internacional", en AA.VV., *El nuevo derecho administrativo global en América Latina*, p. 155 y siguientes.

[165] Piombo, *Obras de entes binacionales. Sus proyecciones en el campo del derecho internacional privado*, "Anuario Argentino de Derecho Internacional", t. II, 1978, p. 97 y siguientes.

Estado *B* "es la ley aplicable"; pero no se determina con precisión la extraterritorialidad que fluye con relación a los actos en particular. Llamativo es, sin embargo, que esta última forma de manifestación es la única mencionada constitucionalmente en la Argentina, aun cuando solo con relación a los contactos extraterritoriales entre regímenes que en rigor son interprovinciales, interestatales internos o subnacionales (art. 7°, Const. nacional). Más aún, una sola categoría de juristas, concretamente los notarialistas, ha brindado atención particularizada a tales manifestaciones aun cuando, naturalmente, centran la óptica en el área de los actos negociales instrumentados bajo la forma pública[166].

Otro foco de resistencia para la extraterritorialidad del derecho administrativo tiene que ver con la legitimidad de decisiones que son adoptadas lejos de los Estados nacionales pero que, no obstante, obligan a sus ciudadanos como la ley local misma[167]. Esto último se convierte en un problema aun mayor cuando las organizaciones internacionales o las redes transgubernamentales que ejercen funciones regulatorias carecen de los controles y mecanismos de rendición de cuentas que pueden resultar aplicables a las agencias locales (v.gr., participación pública en la elaboración de reglamentos, acceso a la información, audiencia previa con el afectado, revisión judicial)[168].

Semejantes preocupaciones han llegado al conocimiento de los tribunales federales en los Estados Unidos de América. El caso "Department of Transportation v. Public Citizen", demuestra de qué manera la regulación internacional puede servir para circundar normas de procedimiento administrativo locales. En 1980 el Congreso de ese país suspendió los certificados que le permitían a los camiones mejicanos –generalmente más antiguos– operar dentro del territorio del país, pero luego ambos países acordaron levantar gradualmente la prohibición. En 2001, un panel de arbitraje del Tratado de Libre Comercio de América del Norte (NAFTA)[169] determinó que Estados Unidos de América había incumplido su

[166] Ver Vizcarra - Perugini, *Derecho internacional privado notarial*, "Revista Notarial", t. 790, p. 797.

[167] Breyer, *The court and the world*, p. 227 y 228.

[168] Breyer, *The court and the world*, p. 229 y 230.

[169] Actualmente en trance de ser reemplazado por el TMEC, suscripto el 30 de noviembre de 2018, que innova en temas tales como reglas de origen del sector automotor, régimen laboral, comercio electrónico, medio ambiente y propiedad in-

compromiso de eliminar la restricción y, por ende, había violado el tratado. A fin de cumplir con el laudo, el presidente Bush anunció que eliminaría la interdicción y que el Departamento de Transporte (DOT) dictaría reglamentos de modo acorde, lo que finalmente hizo. En respuesta a ello, varias asociaciones ambientalistas impugnaron las regulaciones alegando que la agencia había omitido llevar a cabo el estudio de impacto ambiental requerido por la ley federal, dado que el ingreso de los camiones previsiblemente tendría consecuencias nocivas para la ecología. De su lado, el DOT adujo que tal mecanismo no era aplicable en tanto era el laudo arbitral y no una acción de la agencia estatal lo que había ocasionado el influjo de camiones más propensos a contaminar la atmósfera. La Suprema Corte avaló esta inteligencia y se libró de tener que resolver la cuestión más espinosa, ligada a la constitucionalidad de la delegación internacional de facultades legislativas[170].

Algo semejante aconteció en el caso "Natural Resources Defense Council v. EPA", que involucraba el Protocolo de Montreal de 1987 para la protección de la capa de ozono. Luego de entrar en vigencia, los Estados parte acordaron en su reunión anual terminar con la producción y consumo de bromuro de metilo[171], reservándose solo pequeñas cantidades para "usos críticos". En 2004, Estados Unidos de América fue autorizado a producir y consumir 7.000 toneladas métricas, pero teniendo en cuenta los *stocks* preexistentes. Al año siguiente, su Agencia de Protección Ambiental (EPA) promulgó un reglamento que reguló los usos críticos en violación del Protocolo, al permitir a usuarios no críticos acceder a las disponibilidades de aquella sustancia[172]. Además, habilitó nueva producción sin requerir que antes se agotasen las reservas. La Corte Federal de Apelaciones para el Distrito de Columbia sugirió que el ejercicio de potestades regulatorias por parte de una organización internacional podía hallarse en conflicto con la Constitución[173].

---

telectual (ver la ratificación de la reforma por México, www.infobae.com/america/mexico/2019/07/29/aprobaron-el-decreto-para-sustituir-el-tlcan-por-tmec/).

[170] 541 US 752, 2004.

[171] Sustancia usualmente utilizada en la Argentina para el control de plagas y desinfección de sustratos (ver res. Senasa 77 /2006).

[172] Bodnar, *NRDC v. EPA: Testing the waters of the constitutionality of delegation to international organizations*, "Ecology Law Quarterly", nº 34, 2007, p. 895, 909 y 916.

[173] "Natural Res. Def. Council v. EPA", 464 F.3d 1 (D.C. Cir. 2006).

En esta línea, concluyó que las decisiones adoptadas en las reuniones anuales del Protocolo de Montreal no eran vinculantes, ni importaban disposiciones del protocolo en sí mismo. Por ende, al carecer de contenido preceptivo, concluyó que no podían serle impuestas a la agencia demandada. Cualquier otra interpretación –advirtió– podría ocasionar graves inconvenientes desde el plano del derecho constitucional, en tanto que si las resoluciones tomadas en el marco de dicho tratado vinculaban a la EPA al igual que las leyes del Congreso, entonces este último "o bien ha delegado autoridad legislativa a un cuerpo internacional, o de lo contrario ha autorizado enmiendas a un tratado sin la firma del presidente o la ratificación del senado", todo ello en violación del texto fundamental[174].

El juez Breyer advierte lo que está en juego aquí: "El razonamiento de la Corte de Apelaciones, correcto o incorrecto, sugiere un dilema. Si las reglas anuales del Protocolo de Montreal son la ley, susceptible de ejecución por ante las cortes domésticas [...] pues entonces la reglamentación autorizada por el tratado suplanta los procesos de toma de decisiones de las agencias locales, aun cuando los procedimientos previstos por el tratado carezcan de las garantías que el derecho administrativo (o incluso, constitucional) exigen. Pero si las reglas internacionales no son obligatorias aun cuando el Congreso emplee un lenguaje sugiriendo (aunque no definitivamente afirmando) lo contrario, pues entonces ¿cómo harán los Estados Unidos para seguir siendo un participante activo en los esfuerzos globales para moderar el uso de químicos destructivos de la capa de ozono? La Corte de Apelaciones, a través de herramientas de interpretación estatutaria, evitó abordar el problema directamente. Sospecho que volverá"[175]. La falta de equivalencias procedimentales en el espacio administrativo global ciertamente puede –y debe en muchos casos– ser visto como un problema serio. De allí que los más prominentes estudiosos del derecho administrativo global hayan planteado distintas aproximaciones a fin de superar estos desfases entre lo local y lo internacional[176].

[174] Breyer, *The court and the world*, p. 231 y 232.

[175] Breyer, *The court and the world*, p. 231 y 232.

[176] Ver Stewart, *U.S. administrative law: a model for global administrative law?*, "AUT Law and Contemporary Problems", nº 68, 2005, p. 63, quien propone replicar en el ámbito global similares mecanismos administrativos a los que rigen en los Estados Unidos de América.

Por lo demás, desde el plano de la legitimidad democrática de los reguladores globales hay quienes fustigan que mientras las delegaciones legislativas a favor de los Estados subnacionales, el Poder Ejecutivo, las agencias administrativas o, incluso, entidades privadas –aun cuando fueren extremadamente amplias– no generan un "espectro de resultados enteramente antidemocráticos", las delegaciones legislativas a entidades regulatorias extranjeras sí son sumamente preocupantes, en tanto sustraen enteramente al legislador de la comunidad política sobre la cual se proyectan los efectos de sus acciones[177]. Con todo, hay quienes consideran que los reparos son exagerados en tanto no advierten un motivo válido para que toda decisión administrativa deba ligarse a un funcionario electo –directa o indirectamente– por la ciudadanía de un Estado determinado. Para este grupo de escépticos, el solo hecho de poder castigar en las urnas a aquellos actores políticos domésticos que establecieron el sistema regulatorio global reputado "antidemocrático" es suficiente para calmar las críticas que esta forma de delegación internacional despierta[178].

Como sea, la entidad a la que quepa asignarle al déficit democrático inherente a la gobernanza global dependerá en gran medida del arreglo constitucional con el que cada sociedad se haya dotado a sí misma. En esta inteligencia, es evidente que mayores dificultades encontrarán para adecuar sus instituciones al fenómeno de la globalización aquellos gobernados por textos constitucionales antiguos, mientras que quienes han reestructurado su norma *normarum* con la participación de las actuales generaciones probablemente tendrán por delante un camino más llano para conferirle validez a la ley extraestatal[179].

[177] Zaring, *Sovereign mismatch and the new administrative law*, "Washington University Law Review", nº 91, 2013, p. 86; Stewart, *U.S. administrative law: a model for global administrative law?*, "AUT Law and Contemporary Problems", nº 68, 2005, p. 71.

[178] Lawrence, *Private exercise of governmental power*, "Indiana Law Journal", nº 671, 1986; Volokh, *The new private-regulation skepticism: due process, non-delegation, and antitrust challenges*, "Journal of the Federalist Society Practice Groups", nº 15, 2014, p. 44.

[179] La Constitución de la Nación Argentina reformada en 1994, avizorando la impronta del factor global, hizo lugar para recibir en el orden interno a la ley extraterritorial. En su art. 75, inc. 24, se facultó al Congreso nacional a aprobar tratados de integración *que deleguen competencias y jurisdicción a organizaciones supraestatales* en condiciones de reciprocidad e igualdad, y que respeten

§ 75. ***Incorporación de nuevas modalidades de actuación administrativa.*** – En el enfoque internacional del derecho administrativo, comienzan a gravitar nuevas modalidades de actuación tales como:

a) La sustitución de la administración propia por una administración extranjera o de distinta jurisdicción en la realización de determinados cometidos[180]; incluso por una comisión internacional como ocurre en materia deportiva (ley 25.387).

b) La inserción de funcionarios o de un órgano extranjero en un procedimiento que se lleva a cabo en el ámbito local como continuación de una actividad iniciada en otro país[181].

c) La ejecución de resoluciones o disposiciones de una autoridad extranjera, tanto para producir modificaciones en el ordenamiento local, como con relación a otros mediante una organización intergubernamental[182].

En todos anida una idea de extraterritorialidad que se plasma en materializaciones que ya son perceptibles en la actividad administrativa cotidiana, tal como surge de la circulación internacional de documentos tales como licencias de conducir, habilitaciones docentes, verificaciones de seguridad en materia de navegación marítima o aérea, atestaciones de haberse elaborado un producto sin acudir a elementos reputados nocivos (Convenio sobre la diversidad biológica del 3/6/1992) y certificaciones de sanidad vegetal o animal[183].

§ 76. ***El territorialismo relativo en materia administrativa.*** – Así las cosas, aun predicando que el territorialismo sigue

---

el orden democrático y los derechos humanos. Dada esta cuestión, *las normas dictadas en su consecuencia tienen jerarquía superior a las leyes.*

[180] Un ejemplo es el régimen de control argentino-uruguayo en la frontera del río Uruguay, en el que las verificaciones se realizan por las autoridades de uno y otro Estado en recintos aduaneros conjuntos. Al respecto, ver trabajo de Sosa Pinilla citado en el § 38

[181] Sobre las alternativas jurídicas de la construcción de una obra multinacional en un espacio plurijurisdiccional, ver el trabajo de Horacio D. Piombo citado en § 73.

[182] Remitimos a las reglamentaciones aeronáuticas mencionadas en el § 73

[183] Ver, por ejemplo, el protocolo sobre requisitos fitosanitarios para la exportación de soja desde Argentina a la República Popular China del 30/11/2010, en Senasa, Portal de Certificación Fitosanitaria de Exportación, www.senasa.gob.ar/instructivo-para-consulta-de-disposiciones-de-ingreso.

siendo nota caracterizante en la fenomenología jurídica producida por la gestión administrativa estatal, dicho concepto no puede ser tomado tal cual fue tradicionalmente entendido, en la medida que la regulación de ciertas actividades motiva que se hayan enlazado las esferas de actuación de las administraciones de países distintos. De tal forma, sectores como el comercio internacional impulsan la creación de una estructura que vincula órganos encargados de la regulación del transporte, de la vigilancia aduanera, de la coordinación de las telecomunicaciones y también de la policía profesional con miras a posibilitar el reconocimiento internacional de ciertas idoneidades técnicas.

Paralelamente a este fenómeno de implantación de un derecho no local, la confiabilidad puesta en duda por los inversores respecto de los tribunales de los países receptores de inversiones –sobre todo por la lentitud de los procedimientos, los muy altos costos de la actuación profesional y de la producción de prueba pericial, así como lo errático de los criterios jurisprudenciales exhibidos[184]–, lleva a que se produzca otro fenómeno: la "evaporación" del derecho administrativo nacional[185] y su reemplazo por vía convencional por cláusulas atributivas de jurisdicción, por ejemplo, en el marco de los acuerdos de garantía de inversiones que son actuados como régimen sustantivo por los tribunales arbitrales que conocen en las controversias que suscitan, en especial, por el Ciadi[186]. Esto impulsa a que, anticipadamente, las partes tengan en mira usos recibidos a nivel mundial o, por los menos, habituales en contratos que hayan superado el test de aceptación por otras jurisdicciones arbitrales internacionales.

[184] Mairal, "El silencio de los tribunales argentinos", en AA.VV., *El nuevo derecho administrativo global en América Latina*, p. 186 y siguientes.

[185] Barraguirre (h.), "Los tratados bilaterales de inversión y el Convenio Ciadi ¿la evaporación del derecho administrativo doméstico?", en AA.VV., *El nuevo derecho administrativo global en América Latina*, p. 203 y siguientes.

[186] Granato - Oddone, *La protección del inversor extranjero a través de los acuerdos bilaterales de inversión*, en "Tendencias. Revista de la Facultad de Ciencias Económicas y Administrativas de la Universidad de Nariño", vol. VIII, nº 2, 2007, p. 43 y siguientes.

Capítulo IV

LIMITACIONES FORMALES A LA EXTRATERRITORIALIDAD

§ 77. ***Restricción determinada por el legislador.*** – Pese a la recepción del derecho extranjero en ámbitos distanciados del entorno privatístico, el cerco creado por la actitud y la prédica limitativa se potencian al insertar el legislador lo concerniente a la aplicación del derecho extranjero en un continente legislativo de estrechez conceptual, tal como ocurre con la inclusión de su problemática general en los Códigos contentivos de las instituciones civiles y comerciales, particular que, como se ha señalado en el § 15, tuvo unánime aceptación desde fines del siglo XVIII hasta mediados del siglo XX y que ha merecido alguna recepción en codificaciones jusprivatistas dictadas en el siglo XXI, tal como ha ocurre en la Argentina (art. 2594 y ss., Cód. Civil y Comercial) y en Holanda[1]. Esta actitud significa someter la materia a principios generados por la inserción en un marco de instituciones que atienden a características y particularidades nacionales, que no guardan entera armonía con la esencia de una estructura que principia por ser internacionalmente compartida, y que se basa en el respeto al componente jurídico extranjero[2],

[1] Vigente desde el 1/1/2012, https://wetten.overheid.nl/BWBR0002656/2012-01 01/#Boek1.

[2] La captación puntualizada en el texto también en el Código Civil peruano de 1984, art. 2055, cuyo tenor literal prescribe: "Las disposiciones del derecho extranjero aplicable se interpretan de acuerdo al sistema al que pertenezcan". *A posteriori*, la ley venezolana de 1998 de derecho internacional privado confirma esa orientación, previendo en su art. 2° que "el derecho extranjero que resulte competente se aplicará de acuerdo con los principios que rijan en el país extranjero respectivo, y de manera que se realicen los objetivos perseguidos por las normas venezolanas de conflicto".

incluyendo, naturalmente, la percepción y captación de valores diversos[3]. No obstante esa inadecuación que puede abarcar diversos grados, algunas codificaciones contienen cláusulas de "desborde", esto es, que prevén la extensión de las reglas allí consignadas, con reserva de compatibilidad que obviamente las relativiza, a otras ramas del universo jurídico[4]. Esto, desde luego, se entronca con la cuestión concerniente a la codificación, tema tradicionalmente vinculado a la autonomía del derecho internacional privado como rama del mundo jurídico que contiene aportaciones de particular valor doctrinal, realizadas tanto en América, con centro de gravedad en la Organización de los Estados Americanos[5], como en Europa, en cuyo ámbito reuniones de especialistas realizadas en la ciudad de La Haya trazan el meridiano conductor[6]. Paralelo a este andarivel, y con el mismo significado, se mueve la codificación autónoma de fuente nacional, con ejemplos de enorme valor jurídico como las leyes de las repúblicas Popular China, Italiana, Suiza y Federal Alemana. Una particularidad que marca un sendero

[3] La finalidad del DIP a que hacen referencia las tesis materiales, por ejemplo, la posición de Boggiano, quien sostiene que consisten en lograr soluciones justas respecto de los casos multinacionales, implica movilizar elementos propios junto con los extranjeros, armonizándolos conforme nuestras concepciones y sin que el respeto sea un elemento determinante y rector sino solo concomitante y parcial.

[4] Código Civil peruano de 1984, "Título Preliminar", art. IX: "Las disposiciones del Código Civil se aplican supletoriamente a las relaciones y situaciones jurídicas reguladas por otras leyes, siempre que no sean incompatibles con su naturaleza".

[5] Maekelt, *El desarrollo del derecho internacional privado en las Américas,* www.oas.org/juridico/spanish/tatiana_maekelt.htm. Respecto de la Argentina, en relación con el lapso que antecedió al Proyecto de Código de Derecho Internacional Privado elaborado por el Ministerio Justicia y Derechos Humanos, ver Piombo, *Proceso de codificación del derecho internacional privado en la Argentina, recepción legislativa del Código Goldschmidt,* "Revista Internacional del Notariado", nº 86, XLI, dic. 1990, p. 81 y siguientes. Organización de los Estados Americanos, *Desarrollo del derecho internacional privado,* www.oas.org/dil/esp/derecho_internacional_privado_desarrollo.htm.

[6] Ilustrando el temperamento contrario al asumido en el texto, Pamboukis, *Droit international privé holistique, droit uniforme et droit international privé,* "Recueil des Cours. Collected Courses", vol. 330, 2007, p. 100, expresa que "puede afirmarse que el conflicto de jurisdicción tiende a disolver [...] la controversia o el caso, (*id est*) el conflicto de leyes". Su observación advierte una tendencia hacia la jurisdiccionalización del derecho internacional privado, fruto de un impulso pragmático y de mayor desformalización.

de unificación exhibe la codificación panameña, que engloba en un título único la cooperación judicial civil y penal (ley del 8/5/2014, que adopta el Código de Derecho Internacional Privado de la República).

§ 78. ***Exigencia de un caso o controversia jurisdiccionalmente resoluble como condición de operatividad.*** – Milita en la misma categoría de condición limitativa, jugando a la manera de un efectivo encapsulamiento, supeditar la actuación del derecho extranjero a la existencia de controversias jurisdiccionalmente resolubles. Tal dato ha sido conceptuado como caracterizante, y el hecho de que aparezca incluido en definiciones del derecho internacional privado es muestra de ello[7]. Esto, aparte de estrechar el ámbito de actuación material, gravita para que lo concerniente a la competencia de los jueces aparezca con prelación al derecho aplicable (ley federal *sur le droit international privé* del 18/12/1987, art. 2° y ss.), lo cual implica dar primacía a un tema de naturaleza procesal, es decir, instrumental o de realización del derecho, colocándolo por encima de lo central que es la actuación del ordenamiento extranjero llamado a reglamentar la situación institucional. Se menciona extensivamente que la controversia puede ser meramente eventual; pero siempre se halla en el centro de la atención lo concerniente a un conflicto de intereses. Desde luego que la elaboración normativa o la celebración de negocios jurídicos se hallan precedidas de un conflicto de intereses y que la potencial discordia es el ingrediente presupuesto a toda la elaboración del derecho; pero esto no debe hacer perder de vista la función arquitectónica y fundacional del régimen normativo que construye la convivencia por medio de la actuación valorada de sus preceptos.

La postura que centraliza la aplicación en la materia controversial implica no tener en cuenta que el derecho extranjero opera sin controversia o caso jurisdiccional en todos los sectores de la vida

[7] Así, Boggiano articula el concepto que suministra como la ordenación normativa "de las soluciones justas de los casos jusprivatistas multinacionales" (*Tratado*, t. I, p. 13). Goldschmidt, como "el conjuntos de casos iusprivatistas con elementos extranjeros y de sus soluciones" [*Derecho internacional privado. Derecho de la tolerancia (basado en la teoría trialista del mundo jurídico)*, p. 3].

administrativa que generan actuaciones[8], determinaciones[9], habilitaciones[10], etc., esto es, manifestaciones emergentes de organismos de gestión o control susceptibles de extraterritorializarse y que por ello pasan a revestir la característica de ser ajenas al ordenamiento local. De esta perspectiva emerge la virtual relegación de los problemas concernientes a la ley aplicable. Más aún, que la rama jurídica entera sea desarrollada sin que lo administrativo ni lo institucional extranjero, pese a ser cuantitativamente superior en sus manifestaciones actuales, tracen decisiva huella en la estructura conducente a la inserción del derecho no propio. Recuérdese que a fines de la Edad Moderna el derecho internacional público se dividió en dos ramas, el derecho de la guerra, o sea, el de los conflictos, y el derecho de la paz. Una visión nacida por aquel entonces estimaba que cuando estaba en tela de juicio la aplicación de una ley extranjera, que siempre implicaba la exteriorización de la voluntad del titular de la soberanía, se generaba un conflicto, es decir, una especie de confrontación en la que solo podía ser triunfadora una ley en detrimento de otra u otras[11]. Tal visión está emparentada, en lo esencial, con una idea más de nuestros días en la que el conflicto deja de ser estatal para transformarse en individual, cuya solución incumbe a la jurisdicción (judicial o arbitral). En el derecho codificado, el tema del juez competente continúa siendo central en seguimiento de la idea de que solo fijando la sede que debe resolver la controversia se tendrá determinada la ley aplicable al caso, desde el momento que cada órgano actúa el sistema de ley aplicable del país al cual pertenece; empero, esto conservará importancia en tanto la decisión de la competencia sea puramente local y no fruto de órganos intergubernamentales o supranacionales de aplicación de

[8] Así, las inspecciones realizadas por la Prefectura Naval Argentina a buques extranjeros cuando estos representan una amenaza al medio marino o existe sospecha de que han efectuado descarga de contaminantes en aguas argentinas (Reginave, disp. 801.0104, texto según decr. 1886/1983).

[9] Decreto de la ROU 355/998 sobre determinación del arqueo de buques y expedición de los certificados en concernencia.

[10] Habilitación de prácticos paraguayos para navegar en aguas argentinas (art. 1106 bis III, decreto del PEN 9001/1967).

[11] Se trataba –según apunta Fernández Rozas– de un enfoque en el que aparecía un componente "publicista" y "normativista", que ponía el acento en las relaciones entre Estados soberanos y en los "conflictos" o colisiones entre sus leyes con miras a la regulación de un caso (Albaladejo García - Díaz Alabart, *Comentarios al Código Civil y compilaciones forales* t. I, vol. 2, p. 1 y siguientes).

convenios. Llamamos la atención sobre el hecho de que la idea de que el acceso a la protección jurisdiccional es un derecho humano esencial que cabe potenciar también en el orden internacional[12] no cambia la perspectiva ni el alcance de nuestra observación.

§ 79. ***Limitaciones que fluyen de lo controvertido e indeterminado de la materia.*** – Debe tener lugar central aquí la advertencia formulada por Arminjon cuando escribía, en época cercana a la Primera Guerra Mundial, que el derecho internacional privado exhibe "reglas oscuras e insuficientes, a la vez que (presenta) un objeto mal determinado, su alcance mal circunscripto, su lugar en la legislación mal fijado, sus materias mal clasificadas, su terminología mal definida" y sobre todo anfibológica, además de que su "nombre mismo resulta ambiguo y contradictorio (y solamente adecuado para dar una idea falsa de aquello a lo que se refiere)". Sus reglas resultan entonces –según este autor– incompletas, imperfectamente justificadas, dudosas, en mayor medida en la etapa de aplicación. Estas imperfecciones –afirmó– "no solo se desprenden del carácter especial y de la complejidad de las cuestiones que el derecho internacional privado tiene por finalidad resolver, sino también del método defectuoso que ha servido para su elaboración", procurando la doctrina deducirlo de una noción más general y más abstracta: "soberanía territorial, soberanía personal o de la existencia de una comunidad de derecho entre los Estados o de la cortesía internacional"[13]. Anotamos que la indeterminación que dejó señalada el profesor Arminjon resulta ajustada a la realidad en cuanto se encuadre a la extraterritorialización del derecho extranjero como sector o rama del mundo jurídico; pero no si se la concibe, tal como se ha dejado señalado, con una visión abarcativa a nivel de la teoría general del derecho. Empero, concebida de la primera forma, se plantea su relativa ineficacia para canalizar con razonabilidad el fenómeno de la extraterritorialidad. Así las cosas, en esa corriente de pensamiento que guarda afinidad en la medida que trata de explicar las dificultades en que se halla la doctrina en

[12] Marabotto Lugaro, *Un derecho humano esencial: el acceso a la justicia*, "Anuario de Derecho Constitucional Latinoamericano, Instituto de Investigaciones Jurídicas de la UNAM", p. 291 y ss., especialmente 295.

[13] Arminjon, *Précis de droit international privé (les notions fundamentales)*, p. 1 a 3.

cuanto a la extensión de los dominios de la materia, se advierte que el hecho de que la doctrina del conflicto de leyes sea de factura más moderna que el resto del derecho común, ha movido a dejar sentado que aquella es una sección inacabada del derecho, mucho menos completa que ninguna otra[14].

A la luz de lo expresado, se está en condiciones de afirmar que el rechazo a las limitaciones a la aplicación y reconocimiento del derecho extranjero, cuando tales impedimentos no aparezcan fundamentados en motivos de orden y de seguridad públicos, viene impuesto por la ínsita unicidad del mundo jurídico, su accionar tendencialmente armónico respecto de todos los institutos y destinatarios, así como también por el estrecho nexo existente entre observancia y aplicación de las reglas de derecho.

§ 80. ***Limitaciones emergentes del medio cultural.*** – Podemos mencionar seis.

a) *La autosuficiencia que perfilan los estudios emprendidos.* Es usual en la mayoría de las ramas del derecho procurar en la propia materia los elementos idóneos para resolver los casos ocurrentes; esto es, no acudir, en principio, a otros sectores para hallar los criterios que se utilizarán en la posible solución. En rigor, no es otra cosa que afianzar la autonomía del terreno que se cultiva, además de incrementar las posibilidades de decidir con una dosis acrecida de libertad, esto es, lograr soluciones que se acomoden en mayor medida a los intereses que priman en su área, cuando se trata de resolver acerca de la propia problemática en un tiempo y lugar determinados. Esto es lo que ha ocurrido también, aunque con restricciones, en el derecho internacional privado desde muy antiguo. Pocas veces ha mirado más allá de la materia civil y comercial, circunscribiendo su almacén de ideas a ese ámbito. La reordenación que aquí se prohíja, dentro de su modestia, se dirige en sentido opuesto, habida cuenta de que aspira a intercambiar, compartir y, a la postre, universalizar. Tal como se ha dicho, parte de un método de construcción normativa que tradicionalmente fue abordado con intensidad, aunque no en totalidad, por la ciencia del conflicto de leyes, permitiendo conformar un instrumento para vincular distintos ordenamientos o, también, dos o más sectores de un mismo ordenamiento, todo con una finalidad inmediatamente

[14] Wolff, *Derecho internacional privado*, p. 47 y 48.

constructiva. No se trata de una rama que desborda hacia otras asignaturas vecinas o afines, sino de un método destinado a vincular distintos ordenamientos, que puede pertenecer a diversas soberanías, o estar inserto en el derecho internacional. Con la ubicación del método de integración normativa en el marco de la teoría general del derecho se facilita poner cierto límite a actitudes que generan obstáculos en el camino hacia un objetivo de unidad. Así, la de crear compartimentos estancos, excluyendo determinadas materias y contenidos de una metodología que le puede ser aplicada con beneficio común en relación con los valores que encarnan la coordinación y el afianzamiento de mayor justicia en el plano internacional. Subrayamos esta última misión porque es, fundamentalmente, integradora y no disruptora.

b) *Dificultades de percepción respecto del alcance y funciones de la extraterritorialidad.* En el orden de ideas apuntado en el párrafo precedente, cabe ir al encuentro de los factores humanos, esto es, culturales, psicológicos o sociales que coadyuvan a la negación del verdadero alcance del instrumento internacionalizador con funciones de beneficio común en trato. Desde esta perspectiva, lo primero es tomar razón de que toda tarea que tenga como punto de mira el desarrollo y explicación del derecho internacional privado o, más centralmente, su núcleo de extraterritorialidad, tropieza con dificultades ciertas en relación con el conocimiento que la comunidad tiene de la materia de que se trata. Por ello, al confrontar ese sector del mundo jurídico con la realidad social, se trasluce de inmediato que con relación a otras ramas del derecho –v.gr., penal, comercial o administrativo–, la percepción que existe acerca de su naturaleza y misión es deficitaria, y no tiene la mayoría de la población siquiera idea aproximada de su contenido[15]. A esto se aduna que una pequeña porción que cree distinguirlo, lo termina confundiendo con el derecho internacional público. Tal defecto de conocimiento, a la postre, impone una tónica reduccionista que las características de los estudios que se cursan, así como la formación profesional, contribuyen a mantener. En lo que a esto último atañe, es nota distintiva que en este ámbito graviten intereses, particularmente de los profesores de derecho internacional privado, que

[15] En este orden de ideas, Batiffol subraya el escaso interés social por el derecho internacional privado, y la parva repercusión pública que tienen sus problemas (*Aspects philosophiques du droit international privé*, p. 174 y 175).

tratan de restringir el área de conocimiento a los temas conectados con los propios de su ejercicio profesional; esto por naturales razones de comunidad metódica, seguridad intelectual y un explicable ahorro de esfuerzos[16].

c) ***Reparos originados por la inserción curricular del estudio de la actuación del derecho extranjero.*** Acampando ahora en el marco trazado por los factores que contribuyen a que la comprensión del objeto y fin del derecho internacional privado no alcance suficiencia entre los profesionales del derecho, toca destacar que uno de aquellos que asume relevancia no se enraíza en la materia misma, sino que proviene de que los temas que comprende se imparten en el tramo final de la carrera de abogacía, cuando si bien se tiene mayor madurez cognitiva, fatalmente incide la premura por culminar la currícula con la obtención del título, de manera que todo encaja de manera superficial en la formación cultural del educando. Tal estado de cosas no resulta fácilmente revertible, dado que el examen de la incidencia de la extraterritorialidad en cada una de las ramas del derecho presupone el conocimiento, aun cuando sea somero, de la temática propia de tales sectores. Consecuencia de esa situación del educando, siempre caracterizada por el apuro, es que solo se estudia el mínimo suficiente para aprobar la asignatura, por lo que las principales problemáticas son muy superficialmente recordadas por una gran parte de los egresados.

Otro de los factores que contribuye a que la comprensión del objeto y fin del derecho internacional privado resulte insatisfactoria en el estamento de los abogados no es extraño a la materia misma, sino –concretamente– parte de ella. Precisamente, la incertidumbre y cierta confusión que genera la diversidad de concepciones en lo relativo al objeto del derecho internacional privado. De manera que mientras nadie duda acerca del contenido y de los temas abrazados, valga como ejemplo, por el derecho penal o el derecho minero, una somera revisión de lo que se estima como contenido del derecho internacional privado exhibe fundamentales discrepancias a nivel de la literatura científica más asequible. Así, a las tres posiciones clásicas –esto es, doctrina unimembre germánica en la

[16] Contactos directos con estudios jurídicos españoles dedicados al asesoramiento comercial en el marco comunitario permiten tomar conocimiento de que allí ejercen su profesión algunos de los integrantes de las cátedras de derecho internacional privado que disfrutan de mayor predicamento en el área académica.

que únicamente el conflicto de leyes conforma al objeto de la materia, la bimembre anglosajona a tenor de la cual lo integra no solo el conflicto de leyes sino también el de jurisdicciones y, por último, la trimembre francesa, que adita nacionalidad y extranjería al conflicto de leyes–, una importante parte de la literatura contemporánea –con amplias repercusiones en Francia, España y la Argentina– suma el tema de las normas materiales que contemplan la solución de los casos con elementos extranjeros, mientras que la española directamente asigna como objeto de la asignatura el tráfico jurídico externo de orden privado o proveniente de sujetos de derecho público, realizando actividades ajenas a su calidad de poderes del Estado. Esta diversidad de pareceres no se agota en meras declaraciones sino que se proyecta sobre el aspecto funcional, significando –p.ej., desde el mirador de la última posición delineada– absorber en el derecho internacional privado una parte significativa del derecho comercial en su faceta internacional o transnacional, lo cual contribuye –en medida no despreciable– a incrementar las dificultades para discernir diáfanamente lo que es propio y tratable conforme con una metodología homogénea.

d) *La actitud de los especialistas como limitante.* Tradicionalmente, la aplicación extraterritorial del derecho extranjero es considerada como materia propia por los profesores del derecho internacional privado Esto, por gravitación natural, debería operar como acicate para que aquellos perfeccionen sus mecanismos y amplíen el alcance de su misión; máxime que se ha puntualizado desde el angular de la jusfilosofía que la posibilidad de aplicar el derecho extranjero, por medio de una pluralidad de leyes, reve la el carácter sistemático del derecho internacional privado[17]. La tesis de restringir la actuación de la materia no tiene otro resultado que romper esa sistematicidad, abriendo rumbo a la dispersión de lo que es homogéneo y muestra común pertenencia. Actualmente esa apropiación por vía de la incorporación de los contenidos traídos por la extraterritorialidad no se verifica. Esto significa que el primer inconveniente con que tropieza todo esfuerzo para consolidar una respuesta totalizadora a la transnacionalización del derecho es el artificial aislamiento que experimenta la actividad científica más relevante a su respecto. Tal estado de cosas se ve favorecido por reparos de orden psicológico nacidos –como se ha

[17] Batiffol, *Aspects philosophiques du droit international privé*, p. 47.

señalado– de la formación básica del jurista y de su ejercicio profesional, ambos enmarcados en ramas del derecho dotadas de principios consolidados en una evolución multisecular que, por cierto, contrastan con el ámbito abarcado por un frente jurídico pleno de dinamismo como es el estructurado en torno al del derecho administrativo y sus ramas conexas. Es que en este último lar campean la variabilidad de las estructuras formales y la mutación en las conformaciones sustantivas, necesitadas de constante adaptación a las necesidades emergentes del cambio social o a las provenientes de las exigencias propias de la eficacia del gobierno. Esta última característica añade otro reparo de orden psicológico, que finca en la sensación, frente a la vorágine de preceptos que día a día incorporan las diferentes fuentes de lo administrativo, de que la materia se torna escasamente gobernable, desde el punto de vista de la aprehensión y ordenación del conocimiento. Además, confluyen las dificultades de orden formal, desde que los cambios operados por el derecho extranjero en el ámbito de lo administrativo no advienen mayoritariamente mediante su aplicación por los jueces locales –esto según el clásico esquema de actuación expuesto desde fines del siglo XIII–, sino mediante la inserción en el mundo jurídico de que se trate de procedimientos, actos y atestaciones que se distancian considerablemente, en cuanto a su atendibilidad, de las reglas clásicas referidas a los documentos extranjeros en materia procesal civil. Incluso, aumenta la dificultad de comprensión la ausencia de paralelismo con el mundo del derecho internacional privado clásico, en situaciones como las referidas a resoluciones o decisiones estatales que, sin proceso previo de admisibilidad o reconocimiento, cobran efectos en todos los países miembros de una organización intergubernamental o supranacional por vía de la actuación en red ya examinada.

e) *Ingrediente psicológico.* Hay también que perforar ciertas barreras de orden psicológico. La percepción de que los derechos públicos, especialmente por medio de la replicación producida por la red, provocan una avalancha de actos ligados a ordenamientos extranjeros que, al llenar los espacios jurídicos, epilogan en una especie de sofocación de lo que estiman es el derecho internacional privado, configura elemento intelectualmente compartido. Vale decir que se percibe casi como un despropósito pasar de una aplicación parsimoniosa, caso por caso, a un accionar (esto es, aplicación de normas + reconocimiento de actos o hechos + actuación funcionarial + equiparación del derecho extranjero al derecho propio), en cadena o como fruto de una replicación, en ocasiones automática, máxime sin que sea preocupación central –salvo controversia– si lo importado se ajusta a una ley determinada, bastando que lo jurídico extraño al foro exhiba los requisitos externos de un acto proveniente de un Estado o de una organización internacional a la se está convencionalmente ligado. Esto incluso en el caso de que el derecho de que se trata solo sirva para ser tenido en cuenta por ser condición para la aplicación del derecho administrativo o fiscal local[18]. La estridente disimilitud de lo clásico con la experiencia o praxis actual de la extraterritorialidad conduce a una actitud de fuerte rechazo de amplia recepción[19].

f) *Viabilidad política.* En el marco trazado por la dimensión sociológica del mundo jurídico gravitan factores que pueden dinamizar el avance de la extraterritorialidad o, en atención a la incidencia de situaciones desvaliosas, ralentizar su avance o determinar su retroceso. Desde luego que el acrecimiento del comercio internacional, del turismo o la facilitación de los medios de comunicación significan vigorosos impulsos a una mayor interpenetración e integración. Empero, como contrapartida, situaciones de discordia política (por ejemplo, conflicto bélico, ruptura de relaciones diplomáticas, sanciones y retorsiones en el comercio bilateral) de ordinario llevan a quitar eficacia a lo acordado, especialmente aquello que depende de mecanismos institucionales de cumplimiento.

[18] Ver lo desarrollado por Tondini en el § 53.

[19] Ver lo expresado acerca del pensamiento de Lehmann en la nota 9 del Capítulo Primero.

Capítulo V

LA MATERIALIZACIÓN DEL DERECHO INTERNACIONAL PRIVADO COMO FACTOR GRAVITANTE

§ 81. ***Pérdida de significación protagónica de la extraterritorialidad.*** – Todos los obstáculos a los que se ha pasado revista tienen en común que restringen la extraterritorialidad impidiendo que ella despliegue todo su potencial, en la medida en que el derecho contemporáneo exhibe, con convincente reiteración, hipótesis que, por su particular naturaleza, reclaman un tratamiento igualitario al dado por la ciencia clásica del derecho internacional privado. Con la materialización, se pasa de la idea de bloqueo al funcionamiento de la extraterritorialización, al rol de esmerilar su centralidad doctrinal, su carácter de método que tradicionalmente representa la inserción de lo extranacional en el ordenamiento jurídico. Vale decir, su transformación en un camino más en la delimitación del sector, con lo cual no se evapora, pero sí se opaca para aparecer relegado, toda vez que, en rigor, el centro del escenario ha sido ocupado por varios fenómenos de materialización que desplazan el original contenido, de perfil eminentemente formal, de la extraterritorialidad. Primeramente, los ocurridos en tiempos en que el desarrollo del conflicto de estatutos se aproximó visceralmente a lo que actualmente serían algunos contenidos propios del derecho internacional público. Los posteriores, acontecidos con la ascensión de los Estados nacionales al centro de la escena política, produjeron la inclusión en su contenido de los temas concernientes a la reglamentación de la nacionalidad y ciudadanía, como también al tratamiento de la extranjería, particulares que en tiempo posterior migraron hacia los sectores constitucional y administrativo de la enciclopedia jurídica. Luego, la inserción de las normas de policía y de las reglamentaciones materiales de los casos multinacionales acrecieron el sector adelantando gran parte de su conformación actual. Por último, la materialización tuvo otro aporte cuando la doctrina española difundió como idea rectora que todo lo referido al tráfico externo, enclavado originalmente en el marco del derecho privado y procesal, formaba el material propio del sector del mundo jurídico conocido como derecho internacional privado. Es llamativo que las nuevas contribuciones, además de dar otro sentido a lo que tradicionalmente se asignaba a la materia, legitimaron a sus tratadistas para abordar temas que venían siendo estudiados por otros especialistas en las distintas ramas del derecho privado. O sea que una vez más pusieron de manifiesto la conexión entre ejercicio profesional, función docente y construcción doctrinal.

§ 82. ***El rumbo hacia los métodos que privilegian lo material.*** – Lo anteriormente puntualizado lleva a tener presente como componente psicológico operante en pro de la materialización que, a la luz de la doctrina clásica, en la esfera del asesoramiento letrado resulta que el especialista en derecho internacional privado puede pronunciarse con la autoridad que otorgaba esa especial idoneidad académica solo en el supuesto de controversias predominantemente formales (ley aplicable y juez competente), mientras que en el área de las soluciones materiales únicamente podía hacerlo con la calidad común del profesional del derecho, situación que operaba como impelente psicológico para escapar de lo que semejaba cierta estrechez propia del método indirecto. En efecto, el operador del sistema de derecho internacional privado concebido en el sentido tradicional encontraba que su específico saber le limitaba a la determinación del derecho ajeno, sin que perteneciera a su cometido abordar la interpretación de las demás normas que condicionaban esa actuación concerniente al tratamiento de los elementos extranjeros ocurrentes, salvo cuando se hallasen en juego temas ligados a los problemas esenciales de esa aplicación, como la existencia de fraude a la ley o incidencia del orden público. Llegaba a una situación en la que veía su propia especialidad como insuficiente al no poder dar esta, en muchos supuestos, una solución que sirviera, por sí sola, para resolver la problemática que constituía el fondo de la situación conflictiva o de la problemática institucional. De ahí que atraer al terreno todas las preceptivas que apuntan al mismo objeto, aun cuando fueran sustantivas y se afincaran en otra rama del derecho que se desarrolla en su dimensión transnacional, sirvió de puente para otorgar mayor amplitud y unidad al quehacer de quien aborda cada sector del mundo jurídico por medio de la mecánica del derecho de la extraterritorialidad, aun cuando la nueva posición significara desmedro de la articulación sistemática u ontológica.

§ 83. ***Consecuencias de la incorporación de normas no indirectas.*** – Sea como pluralismo metódico en el derecho internacional privado, sea como parte del sector transnacional de cada rama del derecho, la introducción de las normas materiales amplifica el espectro de lo jurídico sometido a estudio, incluso llega a superposiciones cuando los jusprivatistas encaran la internacionalización de las instituciones que estudian en coincidencia con los internacionalprivatistas, entre muchas: compraventa internacional, sociedades multinacionales y transporte multimodal. No obstante, tal superposición no es negativa de por sí, dado que significa reunir una mayor cantidad de pareceres en sectores en los que la dinámica de la experiencia deja muchas veces atrás los esfuerzos metódicos o sistemáticos articulados desde un solo hontanar. Conviene aquí marcar un paralelo con una problemática que anida en otra rama de mundo jurídico: el derecho diplomático existe porque los primeros internacionalistas estaban persuadidos de que las relaciones con los otros Estados era una materia con características propias. Incluso se creó una doctrina, reflejo de esta última, que abogaba en el sentido de que las relaciones de los países con el exterior debían transitar por un único camino con un solo departamento de Estado como conductor. En verdad, la circunstancia de que tales relaciones, durante siglos, solo se refirieran a temas políticos ayudó a perpetuar esa creencia. Sin embargo, en estos tiempos, en los que las vinculaciomes internaciomales no solo son de muy diverso tipo (comerciales, administrativas, culturales, laborales, etc.), sino que obedecen a distintas finalidades (integración económica, defensa, coordinación jurisdiccional, etc.), se percibe su dispersión por una pluralidad de ministerios y departamentos gubernativos, como también por el tejido de un creciente número de organismos internacionales, siguiendo el todo el criterio de la especialización[1].

[1] Por ejemplo, regulación de la navegación aérea a través de las Normas y Métodos Recomendados, esto es, SARP, de la OACI.

Entonces, lo formal, que es la canalización por una rama especializada, desaparece absorbido por lo sustantivo, que refleja la materia sobre la que se edifica la relación y los vínculos que se crean con las demás actividades alcanzadas por la transnacionalidad. Actualmente cada rama de la administración del Estado ejercita una porción de las relaciones internacionales, habida cuenta de que la comunicación directa y la traducción simultánea permiten a los órganos de distintos países relacionarse entre sí sin intermediarios[2]. Examinando la idea de que todos los desarrollos hacia lo internacional en el marco de las disciplinas iusprivatistas pertenecen al derecho internacional privado, cabe subrayar que esta recibió especial respaldo doctrinal de los expositores que se afilian al pluralismo metodológico, vale decir, que suman al conflictualismo clásico, reglas materiales y normas de policía[3]. Desde este punto de vista, el pluralismo metódico, a la vez que configura un rediseño del objeto del derecho internacional privado, indirectamente es la demostración cabal del impacto que la etapa de transnacionalización deja en todos los sectores del mundo jurídico, incluso en el propio derecho internacional privado.

§ 84. ***El imperativo de lograr un mayor avance luego de la materialización.*** – Para el conflictualismo en su versión más pura, todo lo que es extraterritorialización del derecho extranjero es derecho internacional privado. Las normas materiales son, según su destinos, normas de extranjería pertenecientes a cada área de la enciclopedia jurídica o normas configurativas de disposiciones de orden público, ligadas a la tutela de los intereses esenciales del Estado. La visión abarca todo el espectro jurídico; pero parte

[2] Salvando las distancias, cabe catalogar un fenómeno semejante en las organizaciones bancarias, en las que la aceleración e inmediatez de los modernos sistemas de comunicaciones y la tipificación de las operaciones asequibles, llevó a la paulatina pérdida de importancia de las gerencias locales que fueron reemplazadas, a la postre, por una operatoria de decisión centralizada dirigida desde la sede administrativa.

[3] Dentro de este temperamento, la profesora Luciana Scotti sostiene que las concepciones materiales, con el avance de la mundialización, llevarían a que el derecho privado, en especial el comercial, se vaya transformando en derecho internacional privado. El fenómeno señalado, en nuestro entendimiento, significa que una rama del derecho de contenido predominantemente formal –en la medida que consiste primordialmente en métodos– se haga elemento dominante de gran parte del espectro jurídico que se configura por contenidos materiales.

de la base de que en algunas materias son escasas las manifestaciones captadas en normas indirectas, y solo se trata de regímenes de extranjería o afines con el derecho internacional privado que tienen como objetivo solucionar situaciones con elementos extranjeros. No obstante, para el punto de vista que aquí se sigue, debido al considerable impacto de la extraterritorialización por reconocimiento de actos o procedimientos o por equiparación de efectos, esta última apreciación ha dejado de tener vigencia, tratándose cada uno de esos sectores de ámbitos alcanzados por el fenómeno típico. Retomando la importancia de la afectación que al rol protagónico de la extraterritorialidad del derecho ocasiona, esta se transparenta cuando rememoramos que, décadas atrás, Goldschmidt habló del SOS del derecho internacional privado, aludiendo con ello a las dificultades y necesidad de auxilio que originaba la vigorosa irrupción del pluralismo metódico, con sus contenidos materiales, en una rama cuya tradicional problemática se relacionaba íntimamente con la norma indirecta y la aplicación del derecho extranjero[4]. Ni más ni menos que un virtual naufragio por destrucción de los diques lógicos y conceptuales que permitían hallar la preceptiva aplicable, esto con rumbo axiológico seguro, por sobre el mar de la diversidad fáctica. Al propio tiempo, tal fenómeno invasivo –oriundo del pensamiento francés[5]–, traía aparejada la fragmentación del anhelado hito de una parte general común para todos los contenidos de la materia. Así las cosas, la inminencia de tal infortunio requería un esfuerzo científico dispensado con la prontitud y la conciencia de que ello era esencial para la conservación de un sistema de respeto por lo extranjero y vital para el humanismo enseñado por el inolvidable maestro. Realizar un balance de lo ocurrido desde entonces en la literatura científica y en la enseñanza de la materia en torno al tema no es el objetivo que concita la tarea ahora emprendida, pero sí examinar otro ámbito en el cual campea una situación que reclama el pronto auxilio de la doctrina, a la cual cabe convocar a través de un SOS virtual. Repárese en que aun cuando las posiciones acerca del objeto aparecen divergentes y disímiles, son ampliamente conocidas y están doctrinalmente esquematizadas. Cabe acudir a ellas y comparar-

[4] Goldschmidt, *El S.O.S. del derecho internacional privado y otros ensayos*.

[5] Batiffol, *Aspects philosophiques du droit international privé*, p. 37 y ss., y *Le pluralisme des méthodes en droit international privé*, "Recueil des Cours. Collected Courses", vol. II (t. 139), 1973, p. 79 y siguientes.

las para saber acerca de su corrección y utilidad. En cambio, no existe un claro ensayo de sistematización de las funciones que cumple la extraterrritorialización del derecho extranjero, reafirmándose la clásica respuesta de que su accionar se centra en mantener la capacidad en un mundo jurídicamente fraccionado y conservar los derechos adquiridos en caso de desplazamientos transfronterizos. Lo señalado implica, en rigor de verdad, admitir que no se conoce totalmente el alcance de la materia; esto, al menos, en la parte de ella que hace a su carácter más esencial y distintivo: la aplicación del derecho extranjero y el reconocimiento de los actos y procedimientos producidos por este. Empero, esto no es todo porque se suma otro factor que torna ya indispensable atender al SOS: la aplicación de un derecho extranjero, que es fruto de una actuación conjunta (vale decir, en sus orígenes no coordinada ni proyectada previamente) de dos o más sistemas jurídicos, aparece –según se ha visto– como "encapsulada", "retraída" o "limitada" por la doctrina, pese a que tal exteriorización se produce, según se reseñara, en ramas centrales de la enciclopedia jurídica.

§ 85. ***Inmovilismo temático en el marco del derecho internacional privado.*** – Si se avanza sobre los contenidos del derecho internacional privado y se traza una comparación entre los contenidos actuales con el material abordado por la doctrina del último siglo y medio, en cuanto atañe al aspecto sustantivo, fluye un dato de especial interés: no han variado significativamente los temas; esto, por supuesto, dejando de lado los desarrollos pertenecientes a la parte general. O sea que ha mediado un acrecimiento que si bien puede considerarse importante, se circunscribe al desenvolvimiento de sectores referidos al derecho comercial, en especial en lo atingente a contratos –esto como consecuencia de la complejidad del intercambio internacional y al despliegue de las transacciones electrónicas– como también en el área ocupada por el derecho de familia, que acusa profundos cambios en la última parte del siglo XX y en lo que va del XXI. Vale decir que pese a que la designación misma de la rama del derecho objeto de atención es la de internacional y es, precisamente, en este sector donde mayor ha sido la dinámica de los cambios ocurridos en el lapso antes indicado, se pone de manifiesto un desnivel entre la magnitud que debería exhibir y la situación que efectivamente muestra el objetivo en observación. Esta señal, lógica si se tiene presente el proceso de permanente restricción al real dimensionamiento del fenómeno de la extraterritorialidad del derecho, no es la única que transmite la observación comparativa por medio de un lapso más que centenario, dado que también las funciones que se le asignan al derecho internacional privado en su concepción más restricta –reducida a los conflictos de leyes en materias regidas por el derecho privado y a la extraterritorialidad del derecho extranjero– han permanecido invariables pese al notable incremento de la complejidad social, del impacto tecnológico, de la multiplicación de especializaciones temáticas en el ámbito jurídico y del engrandecimiento de los espacios ocupados por las organizaciones internacionales.

§ 86. ***Visión compendiada de las restricciones a la extraterritorialidad.*** – Lo expuesto hasta ahora ha mostrado una situación en que, pese la creciente internacionalización del mundo jurídico, se ha operado un paulatino reforzamiento de las posiciones reduccionistas de la extraterritorialidad en el marco del derecho internacional privado. A una primera, encaballada sobre la distinción entre derecho privado y derecho público, excluyendo a este del alcance de la extraterritorialización, se sumó una segunda, consistente en concentrar la presencia del derecho extranjero en la aplicación de sus soluciones en las controversias sometidas a resolución jurisdiccional, dejando de lado el reconocimiento de los actos generados por las administraciones estatales y, en nuestros días, las entidades internacionales que, por su forma de actuar en red, multiplican exponencialmente los casos de extraterritorialidad. A las dos precedentemente indicadas se agregó una tercera, que se edifica por medio de la doble vía de la psicología de los especialistas –que prácticamente circunscriben la actuación del derecho extraño al foro a las situaciones propias del derecho que cultivan en la docencia o en las actuaciones profesionales–, y de la forma asaz prieta con que se imparten los contenidos centrales del derecho internacional privado en la enseñanza universitaria. Por último, se adicionó una cuarta posición reduccionista originada por la materialización de contenidos como parte del objeto del derecho internacional privado, según resulta de lo referido en lo anterior inmediato.

§ 87. ***Necesidad de encarar una actividad revisiva.*** – Para avanzar en el objetivo de conocer la verdadera dimensión de la extraterritorialidad resulta, a nuestro juicio, imprescindible recorrer un sendero cuyo desarrollo importa al menos tres pasos primordiales, consistentes en:

a) Hallar el sentido de la actuación de un derecho distinto del local. Esta faceta fue abordada por una multisecular tarea doctrinal, pero de aristas precisas recién a partir de la segunda mitad del siglo XIX y con logros significativos a lo largo de la centuria siguiente, concretamente la determinación de alguno de los principales problemas de la parte general y de la estructura que conforma a esta última (concepción normológica del derecho internacional privado).

b) Examinar los mecanismos que emplea el derecho extranjero para insertarse en el orden jurídico local (entre otros, aplicación, reconocimiento de actos o de procedimientos, ejercicio extraterritorial de autoridad y actuación conjunta de funcionarios locales con otros pertenecientes a Estados nacionales o subnacionales o comisiones internacionales)[6].

c) Verificar las funciones que cumple actualmente la extraterritorialidad del derecho extranjero en los distintos sectores del mundo jurídico (p.ej., robustecimiento de los derechos humanos a la igualdad y a la repulsa de toda discriminación, afianzamiento de la libertad en la esfera negocial).

Todo esto teniendo presente que no obstante la consistencia que ha cobrado la tesis reduccionista de la importancia de la extraterritorialidad y el parcial desconocimiento del alcance operativo de esta, debemos estar plenamente persuadidos de que ese sector del mundo jurídico resulta particularmente importante porque ha ejercido su influencia en la vida humana, en la medida en que ha socavado el localismo y la adversión a lo extraño al foro, reemplazándolo por una concepción asentada en la existencia de un sujeto de derecho de dimensión transnacional, planetaria, que coexiste con los arquetipos creados en el marco de las ciencias culturales, tales como el *homo economicus*[7],

[6] En la actividad deportiva, la ley 25.387 determina que en las pruebas supervisadas por federaciones de carácter internacional o el Comité Olímpico, se aplicarán las disposiciones de estos organismos en materia de dopaje.

[7] Término utilizado por los comentaristas de los tratadistas clásicos teniendo en mira un agente económico movido por decisiones racionales en procura de lograr la mayor utilidad (ver Fernández, *Hacia una nueva conceptualización del homo economicus. Aportes a la teoría del consumidor*, "Visión de Futuro", nº 2, año 6, vol. 12, jul.-dic. 2009).

el *homo faber*[8] y el *homo ludens*[9]. Va de suyo que ha resultado extraordinariamente útil al desarrollo humano, con obvia gravitación refleja en el ámbito político y que lo será mucho más en un futuro previsible, brindando soporte a toda manifestación de reconocimiento, asistencia, colaboración y cooperación para realizar fines jurídicos, cualquiera sea la rama del derecho en la que esté regulada.

[8] Concepto acuñado por el filósofo francés Bergson, *La evolución creadora*, p. 336.

[9] El término proviene del lingüista e historiador holandés Huzinga, *Homo ludens*, p. 7 a 9.

Capítulo VI

PERSPECTIVA FUNCIONAL DE LA EXTRATERRITORIALIDAD

A) Despliegue de su problemática

§ 88. ***Determinación de las funciones como objetivo.*** – Ante la situación de incertidumbre que dificulta dar clara respuesta al interrogante sobre qué abarca y para qué sirve el derecho de la extraterritorialidad del derecho extranjero, resulta ineludible realizar una aproximación determinando las funciones que efectivamente cumple en el universo jurídico. Esto, teniendo presente que el derecho extraño al foro aparece como elemento esencial constitutivo no ya de una rama del derecho, sino de un método que hoy puede calificarse de central, con fundamentos para ser considerado como propio de la teoría general del derecho (remitimos al § 9). Esto libera de obstáculos para que aspectos transnacionales de cada materia hallen ubicación, según sea su campo de actividad, como derecho civil internacional, o derecho comercial internacional, o derecho de la navegación internacional, etc., aun cuando sus elementos comunes sean objeto de estudio en el derecho internacional privado. La tarea brindará, por vía indirecta, un razonable acercamiento al ámbito de actuación del derecho extranjero, trazando así una delimitación que emergerá de una sumatoria de manifestaciones enclavadas en las distintas ramas del derecho y, por otra vía, esta vez directa, precisar la utilidad que presta la extraterritorialidad del derecho extranjero a los sistemas jurídicos contemporáneos. No cabe olvidar que ella transita desde posibilitar el goce de derechos humanos tan centrales como ser considerado persona a nivel universal, no sufrir discriminación por motivo de extranjería, conservar los derechos adquiridos con relación tanto a derechos reales como a derechos de orden creditorio, y a la posibilidad, de especial gravitación económica, de que el hombre disfrute de la libertad de construir su propio estatuto en materia de relaciones contractuales internacionales. Frente a un sistema como el utilizado por el derecho internacional privado actual que deja fuera de su ámbito partes fundamentales del derecho de la extraterritorialidad del derecho extranjero, materia que fue origen mismo de su existencia, corresponde, tal como fuera adelantado en el inicio de este trabajo, determinar el alcance y funciones de lo que constituye un admirable fenómeno de operatividad conjunta en el orden internacional, inicialmente no planificado y actualmente dotado de considerable riqueza instrumental; todo en aras de la necesaria unidad conceptual de un sector particularmente homogéneo del mundo jurídico. Cabe insistir en que la perspectiva metodológica prohijada en este trabajo persigue no recortar el sector objeto de estudio mediante las clásicas categorizaciones edificadas en torno al concepto y al objeto, sino tomar conocimiento y razón de su presencia en las principales divisiones de la enciclopedia jurídica, subrayando las funciones que en concreto cumplimenta.

§ 89. ***Polifuncionalidad.*** – La ampliación en proporción geométrica de la actuación del derecho extranjero, su inserción en diferentes planos jerárquicos del ordenamiento normativo, la complejidad de las relaciones económicas alcanzadas por los contactos con elementos transnacionales, la multiplicación de los nexos entre organizaciones internacionales, organismos subnacionales y entes no gubernamentales en temas negociales referidos a las personas físicas o jurídicas como sujetos de derecho[1], ha producido un fenómeno de expansión funcional. En primer lugar, cada sector del mundo jurídico asume las funciones que se vinculan a su específico objeto. En segundo momento, hace propias las que fluyen de su necesaria coexistencia con otras ramas o sectores. En tercer término, va incorporando las que emergen de las nuevas situaciones a las que da lugar el continuo acrecimiento de las interacciones so-

[1] Respecto de esto, el acrecimiento de la dimensión penal de su responsabilidad y el tema de la *compliance* abren perspectivas inéditas en la dimensión internacional, sobre todo a horcajadas de la corrupción y el fraude en los contratos internacionales que versan sobre trabajos y servicios públicos (ver ley 27.041 y las reformas que incorpora al Código Penal argentino).

ciales en los distintos niveles. Un ir y venir en el que en cada giro se incorporan nuevos contenidos. Esto se conecta con la acentuada polifuncionalidad que, junto con el número de relaciones que en la dimensión sociológica revela la experiencia jurídica, brinda una razonable noción de la importancia que el sector de que se trata asume en el marco de los distintos sistemas jurídicos estatales, nacionales o subnacionales, o propios de los organismos internacionales.

§ 90. ***El denominador común.*** – Al examinar las funciones que cumplimenta el derecho que se extraterritorializa, incluso en caso de concebírselo como tradicionalmente se lo ha hecho, esto es, como rama del mundo jurídico bajo la denominación de derecho internacional privado, se perfila un común denominador que aparece claramente iluminado con el empleo de un concepto utilizado en el mundo jurídico del siglo XVII. Concretamente, se trata de un accionar –el propio del derecho extranjero– que puede denominarse como cuasi "misional", si entendemos con esto no solo el desempeño de un cometido de particular gravitación, sino que apareje un beneficio directo en el estatus del hombre que, por aquellos tiempos, se presuponía que solo ponía advenir por la recepción de lo religioso mediante la evangelización. Tal accionar, que en la actualidad percibimos en un sentido figurativo, se plasma en acto si tomamos en cuenta la entidad de los valores que moviliza la actuación del derecho extranjero, por ejemplo, asegurar la personalidad jurídica ante las distintas jurisdicciones soberanas, afirmar el sistema de derechos descartando situaciones peyorativamente discriminatorias, extender el beneficio de la protección jurisdiccional sin exclusiones, reforzar la libertad en la articulación del mundo de las relaciones económicas, entre otros. Este particular sentido de que aparece dotado lo que tradicionalmente fue conocido como derecho internacional privado y cuya esencia más característica –que es la aplicación de un derecho distinto del que otorga jurisdicción al juez o, en su caso, la potestad de dictar el acto administrativo al funcionario– es la que inspira las observaciones sentadas por los más calificados estudiosos. Así, la formulada por Goldschmidt, que le atribuye el rol de encarnar la rebelión de la unidad de la persona humana contra el fraccionamiento impuesto por las soberanías. O la idea de vinculación con lo más central del hombre que aparece en el pensamiento de Estanislao Zeballos, quien no vaciló en proclamar que el derecho internacional privado era, en rigor, un "derecho privado humano", esto es, un sector especializado del mundo jurídico que aspiraba a facilitar el disfrute de los derechos al hombre de todas las razas[2]. También cabe incluir a Tatiana Maekelt, con su idea de un derecho "de la dignidad y del respeto", subrayando la calidad instrumental del derecho internacional privado para evitar la desigualdad y la discriminación peyorativa[3]. Aquí se trata también de una mínima recepción de las enseñanzas de Goldschmidt cuando el maestro mentaba la existencia de un derecho de la extraterritorialidad del derecho extranjero, o sea, algo mucho más amplio que una rama del derecho enlazada exclusivamente a lo jusprivatístico. Entendemos, entonces, que se está en presencia de un modo de ser distinto de todo el resto del orbe jurídico; en rigor, de una estructura central con emplazamiento en la teoría general. O sea, tal como ha sido adelantado en la primera parte de este trabajo, la integración de dos o más derechos para dar significado a una relación, solucionar una controversia o elaborar el régimen a que se sujeta una entidad jurídica. En esta perspectiva, la integración pasa a ser una faceta que no controvierte la función de coordinación de órdenes jurídicos, al menos en relación con determinadas materias o sectores, que se asigna por una posición de la doctrina al derecho internacional privado, ni tampoco la tesis de que la actuación en concreto pueda eventualmente realizar la voluntad de un soberano extranjero[4].

§ 91. ***Armonización de sus manifestaciones.*** – Ante la diversidad creciente –sea por proliferación de fuentes, sea por la exigencia de dar respuesta a nuevas situaciones que crea el impacto tecnológico–, la respuesta debería ser edificar un sistema armonizado

[2] Scotti, *Estanislao S. Zeballos: maestro de la escuela argentina de derecho internacional privado en la Universidad de Buenos Aires*, www.derecho.uba.ar/publicaciones/libros/pdf/facultad-de-derecho-y-ciencias-sociales-ensenanza-de-su-historia/estanislao-zeballos-maestro-de-la-escuela-argentina-de-derecho-internacional-privado-en-la-uba.pdf.

[3] Acerca de Maekelt y su personalidad científica, como también los principales lineamientos de su ideas, ver Hernández-Bretón, "En recuerdo de la profesora Tatiana B. de Maekelt", en AA.VV., *Derecho internacional privado. Derecho de la libertad y del respeto mutuo. Ensayos a la memoria de Tatiana B. de Maekelt,* p. 17 y siguientes.

[4] Ver Mayer, *Le phenoméne de la coordination des ordres juridique étatiques en droit privé (cours général de droit international privé),* "Recueil des Cours. Collected Courses", vol. 327, p. 323 y siguientes.

en un medio donde se choca, hasta la actualidad, con la carencia de interés por realizar tal tarea. En otras palabras, existe aislamiento consolidado en una actitud generalizada. Así, sucede que quien en el derecho penal internacional estudia el reconocimiento y ejecución de pronunciamientos judiciales extranjeros, no articula ningún análisis en paralelo con la doctrina de los derechos civil y comercial que se ha construido acerca de tales temas en sus respectivos ámbitos. También ocurre que en el derecho procesal civil internacional pocos se han detenido a examinar y extraer conclusiones de los avances distintivos de la cooperación penal, que ofrecen mayores facetas de agilidad y eficacia. Manifestación concluyente, por cierto, de esa falta de interés en vincular y coordinar lo que de por sí muestra signos basales de homogeneidad es, sin duda, recluir el sistema de aplicación del derecho extranjero en códigos de derecho privado (civil y comercial)[5], o en leyes orientadas únicamente a este sector del mundo jurídico (ley de reforma del sistema italiano de derecho internacional privado 218 del 31 de mayo de 1995). Campea la actitud que parte de la premisa de que el sistema que rige la extraterritorialidad del derecho extranjero es una rama que se reputa privada; resulta poco menos que irrazonable avanzar en la armonización a través del camino trazado por los regímenes jurídicos creados para regir las relaciones fiscales, penales, previsionales, etcétera. O sea que no se podría ir más allá de donde ha llegado. Frente a esto corresponde adoptar, conforme lo expuesto a lo largo de este trabajo, una actitud positiva reafirmando que se puede llegar más allá trazando vínculos con manifestaciones que son similares por su naturaleza y que responden a necesidades análogas en lo sustantivo. La extraterritorialidad, recuérdese, opera siempre con similares objetivos, cumpliendo funciones que resultan homogéneas aunque no iguales. De manera que aislar cada manifestación de extraterritorialidad con relación a otras, si bien parece respetar cierta desigualdad formal, no permite evaluar la verdadera dimensión de la categoría, dado que le hace perder contacto con el recurso más fértil en materia de

[5] Reforma del Código Civil español sancionada por el decr. 1836/1974, que sustituyó el enunciado de su Título Preliminar, denominado "De las leyes, de sus efectos, y de las reglas generales para su aplicación", por la rúbrica "De las normas jurídicas, su aplicación y eficacia". Al mismo tiempo, dividió la materia regulada en cinco capítulos, dedicando el cuarto (arts. 8º a 12) a las "Normas de derecho internacional privado" (ver la consolidación legislativa efectuada por el real decr. de 24 de julio de 1889 por el que se publica el Código Civil).

encontrar soluciones comunes que es, precisamente, la percepción del todo.

§ 92. ***Vinculación y dirección.*** – Las funciones que se exponen, si bien exhiben relaciones de conexidad entre sí, también aparecen vinculadas por su finalidad con ciertos bienes objeto de tutela jurídica, aunque esto con intensidad no uniforme. Así, algunas tienen una más acentuada dirección hacia el sujeto de derecho, tal como ocurre con la de asegurar el respeto de una prerrogativa o capacidad fuera de la jurisdicción en que fue creada; mientras otras atañen a la expresión normativa o al ordenamiento en su conjunto, tal como sucede con la referida al desarrollo progresivo del mundo jurídico local por comparación con el derecho extranjero. Al vincular, en un paso más adelante, cada una de las funciones según sus mayores afinidades, quedará estructurado un centro de convergencia de intereses que en la praxis otorgará mayor eficacia respaldatoria a la temática en trato.

§ 93. ***Abordaje en la literatura especializada.*** – Acerca de la problemática que convoca el accionar del derecho extranjero, en forma casi unánime se repara en que tiene la doble función de permitir el respeto de las relaciones jurídicas originadas fuera del ámbito de vigencia del derecho de foro y hacer posible la cooperación jurisdiccional internacional. Empero, de ahí en más, en relación con otras posibles funciones, lo usual es un tratamiento disperso o un abordaje casi lacónico, cuando no su inserción en lo concerniente a la finalidad del derecho internacional privado como rama del mundo jurídico[6]. Si bien la doctrina no se detiene a explicar este fenómeno de particular carencia, parece atendible atribuirlo a que mientras lo concerniente al objeto y a las instituciones propias de la parte general del derecho internacional privado transita sobre

[6] Cuando el tema aparece inmerso en el marco de la finalidad de la disciplina, se afirma que conjuga garantizar la seguridad jurídica en el ámbito internacional y respetar la personalidad humana protegiendo al hombre en el desenvolvimiento de sus actividades, procurando así el bien común de la sociedad internacional (resumen de clases de la cátedra de la doctora Feldstein de Cárdenas en la Facultad de Derecho y Ciencias Sociales de la Universidad Nacional de Buenos Aires, www.exapuni.com/apuntes/detalle/724/885/Privado%20(Derecho%20 Internacional%20Privado)/Resumen%20completo%20Feldstein).

contenidos de predominante esencia lógica, en el universo de las funciones el desarrollo temático comprende hechos y situaciones en ocasiones cambiantes y axiológicamente condicionados.

Otro fenómeno emparentado con la anotada carencia es lo peculiar de que si bien los mecanismos de la extraterritorialización hacen posible la realización de derechos humanos de máxima jerarquía –v.gr., el derecho a ser considerado persona y el de no ser sujeto pasivo de discriminaciones injustas o arbitrarias–, es poco lo que la doctrina repara sobre este particular. Incluso tampoco es usual hacer hincapié en que la admisión de una personalidad jurídica de alcance internacional conlleva la posibilidad de que, por medio de la autonomía de la voluntad[7], el sujeto genere su propio orden jurídico en materia de obligaciones y contratos, todo lo cual afianza la libertad del ser humano y su potencialidad jurídica creadora en una dimensión casi inimaginable[8]. Más aún, la inserción del contrato en el marco de los usos y costumbres internacionales, que perfila la *lex mercatoria* en su dimensión actual (ver el § 43), implica el reconocimiento mundial del pleno ejercicio de la autonomía de la voluntad con que los sujetos de derecho plasman sus obligaciones internacionales[9].

[7] Con recepción a nivel legal, uno de cuyos exponentes es la elección de la ley aplicable, tal como ocurre en el Código Civil peruano de 1984, art. 2095: "Las obligaciones contractuales se rigen por la ley expresamente elegida por las partes".

[8] Acerca de la autonomía de la voluntad, faceta fundamental en la articulación de los poderes del sujeto de derecho, Pereznieto Castro, *La autonomía de la voluntad en el derecho internacional privado*, "Revista de Derecho Privado", Cuarta Época, nº 10, jul.-dic. 2016, p. 125 y ss., observa que en "el arbitraje de inversión, especialmente en las reglas del Ciadi, [...] hay una transformación importante en la consideración jurídica de la persona humana en su proyección a nivel internacional, al grado de que en este tipo de tratados se le reconoce al individuo un nivel igual al del Estado nacional con quien entra en la contienda cuando se violen sus derechos, [...] lo que se ha considerado un paso firme e innovador hacia adelante en la cooperación respecto de la protección de la inversión extranjera. En estos casos, la autonomía de la voluntad [...] se ha convertido en el disparador de todo un proceso arbitral que involucra al inversionista extranjero y al Estado donde el inversionista ha realizado su inversión. Asimismo, la autonomía de la voluntad se ha convertido en el concepto detonador de un proceso en el cual el empresario sabe que el someterse a leyes que el derecho le permite, representa ventajas, ya que su inversión estará protegida por un tratado".

[9] Pereznieto Castro, *La revolución del derecho internacional privado en el mundo de hoy*, "Anuario Hispano Luso Americano de Derecho Internacional", nº 21, 2013, p. 401 y siguientes.

§ 94. ***Extensión en la doctrina española.*** – Dentro del abordaje que supera el habitual laconismo se encuentra alguna doctrina española, conteste en otorgar dos funciones, al menos, al derecho internacional privado. Una de ellas es la de ofrecer "seguridad jurídica internacional", dado que "no existe ningún derecho mundial aplicable a las situaciones privadas internacionales ni ninguna jurisdicción mundial que resuelva los litigios derivados de tales situaciones. [...] Los particulares [...] frente a (tales) situaciones [...] desconocen, en principio, ante qué concretos tribunales estatales pueden acudir y qué ley es aplicable a su situación jurídica. Ante tal incerteza [...] el derecho internacional privado [...] determina con precisión ante qué tribunales puede acudirse [...], precisa el concreto régimen jurídico de las situaciones privadas internacionales y [...] trata de evitar las situaciones jurídicas claudicantes, que son las existentes y válidas en un país pero que pueden resultar inválidas o inexistentes en otros países"[10]. La misma doctrina hace referencia a otra de las funciones que consiste en reducir los costes de la litigación internacional, haciendo posible obtener justicia en las relaciones transfronterizas. En definitiva, se trata de un derecho facilitador del intercambio internacional entre particulares[11]. En este sitial de reflexión, si bien se excluye el derecho interregional de la problemática del derecho internacional privado, se reconoce la existencia de un derecho interfederal que debe indicar qué organización jurisdiccional es competente para conocer en el caso. Precisamente, cuando se trata de situaciones interjurisdiccionales internas[12], para esta doctrina surgen problemas de competencia judicial, derecho aplicable y validez de resoluciones dictadas por las autoridades de otro; por lo tanto, el derecho internacional privado se debe ocupar también de la regulación de las situaciones privadas interfederales, como las que ocurren en los Estados Unidos de

[10] Calvo Caravaca - Carrascosa González (dirs.), *Derecho internacional privado*, vol. I, p. 29.

[11] Calvo Caravaca - Carrascosa González (dirs.), *Derechos internacional privado*, vol. I, p. 29.

[12] Piombo, *Teoría general y derecho de los tratados interjurisdiccionales internos,* obra en la que se ha utilizado la denominación de "interjurisdiccional" para referirse al convenio concertado entre unidades políticas internas dotadas de limitada soberanía legislativa, mientras que en *Estructura normativa del derecho internacional privado. Sistemática de la dimensión normológica*, se ha empleado la locución "interlocal" para referirse al derecho que tiene ese origen y ámbito de actuación.

América. En cambio, sostienen que en las interregionales no surgen problemas de competencia judicial interregional ni de validez interregional de decisiones, habida cuenta la distribución centralizada de las potestades respectivas, aunque sí los de derecho aplicable, que son similares a los de derecho internacional privado[13]. Llegando un poco más allá, la doctrina advierte que para un sector amplio del pensamiento contemporáneo que hace hincapié en el carácter necesariamente internacional que deben tener los casos para ser propios de la ciencia jusprivatista de los conflictos de leyes, el tema sería ajeno, pero no lo es porque tanto los mecanismos como los orígenes históricos señalan el perfecto paralelismo del derecho interlocal federal y los derechos interregionales con el derecho internacional privado[14].

§ 95. ***Categorizaciones.*** – De vuelta en torno a las consideraciones de orden general, observamos que se perfilan funciones que tradicionalmente se estiman propias del derecho internacional privado, como sucede cuando se solucionan las controversias emergentes de casos que contienen elementos extraños al foro por medio de la aplicación de un derecho más relacionado que el local con la índole de la controversia, tal como fue la postulación nacida con la idea universalista propia de los seguidores de Accursio. Otras funciones son reflejas y no representan más que el impacto de todo el sistema de la aplicación del derecho extranjero, tal como ocurre con el afianzamiento de la igualdad y la no discriminación en las relaciones jurídicas, o el fortalecimiento de la esfera de libertad cuando el operador actúa en el ámbito internacional[15]. También pueden ser categorizadas de manera horizontal, esto es, provenien-

[13] Calvo Caravaca - Carrascosa González (dirs.), *Derecho internacional privado*, vol. I

[14] Giménez Corte, *La función del derecho internacional privado en la era de la globalización: un manifiesto jurídico*, *ED*, 265-774.

[15] En virtud del valor justicia debe mediar, en el ámbito en el que cabe aplicar derecho extranjero, una igualdad de tratamiento entre los diversos ordenamientos jurídicos, pese que el orden público desbalancea a favor del derecho del foro. Además, el mismo espíritu impone igualdad de tratamiento entre las relaciones internas e internacionales, sin perjuicio de ejercer siempre una protección de la parte más débil [Vrellis, *Conflict de coordination de valeurs en droit international privé (a la recherche de la justice)*, "Recueil des Cours. Collected Courses", nº 328, 2007, p. 189 y siguientes].

tes de la eventual actuación del método de la extraterritorialización del derecho extraño al foro en cada una de las ramas que han experimentado el impacto de la transnacionalización. Correlativamente, también cabe una visión vertical cuando el método se convierte en la aplicación o inserción de un derecho de un sistema intergubernamental internacional, en otro sistema jurídico nacional o subnacional.

§ 96. ***Tratamiento del tema.*** – En rigor, no puede predicarse la existencia de convicción común respecto de las funciones (o misiones) que el derecho internacional privado cumple. La variación de enfoques y la insuficiencia de los esfuerzos doctrinales lo ha impedido, pese a que sí existe respecto de ciertos aspectos, como los derechos a ser considerado persona y a tener trato libre de discriminaciones arbitrarias. Sin perjuicio de esto, la existencia de un fondo común en el tema se capta más definidamente, teniendo presente que la mostración de las funciones exhibe al derecho de la extraterritorialidad como:

a) Realizando valores (así, p.ej., cooperación, seguridad).

b) Generando consecuencias en otros sectores del sistema jurídico interestatal (p.ej., validez extranacional de pagos efectuados en materia fiscal y previsional; adveración extranacional de una calidad mediante la expedición de certificaciones fitosanitarias o notariales).

c) Unificando en lo conceptual fenómenos que tienen como nota común la extraterritorialidad del derecho extranjero (a manera de muestra: reconocimiento de sentencias extranjeras en materia civil, penal y contenciosoadministrativa; regímenes referidos a la letra de cambio giradas entre diferentes plazas y libranzas emitidas para ser pagadas por otra administración bajo la forma de cheques postales).

§ 97. ***Inordinación de este ensayo en las corrientes doctrinales patrias.*** – La tarea de reacomodación que se propone, enderezada a obtener una perspectiva de mayor utilidad en el sistema, encuentra un elemento genérico de apoyo en el ámbito intelectual. Se trata del marco propicio ofrecido por el mundo jurídico argentino, que durante un lapso que excede el último siglo y medio, ha aportado ideas que gravitaron o gravitan en la ciencia del derecho, procurando afianzar valores que operan en sintonía con los propios de las funciones que cumplimenta la extraterritorialidad. Así, a manera de ejemplo, en el vecino terreno del derecho internacional público, hallamos temas como la construcción de una organización de la comunidad internacional sobre bases igualitarias como única posible con miras a una paz duradera, el rechazo de todas las imposiciones que no obedezcan a una causa justa desde el punto de vista de la humanidad, así como también propuestas que subrayan el respeto por la dignidad del hombre y la igualdad de los Estados[16]. En la filosofía jurídica, huelgan los comentarios frente a la significación que revisten las teorías egológica del derecho[17] y trialista del mundo jurídico[18], con la revalorización de la conducta humana en la primera y el protagonismo de la justicia en la segunda, frente al normativismo imperante en Europa continental y Latinoamérica. Incluso, en un nivel más localizado, la idea de transponer de lo probatorio a lo sustantivo trasuntado en la regla *in dubio pro operario*, que con un sentido humanístico y práctico favorece al trabajador en el marco del derecho laboral. También la articulación en el plano procesal de la transmisión sucesoria bajo la forma de juicio universal, favoreciéndose así la publicidad y la igualdad entre derechohabientes, como también la pluralidad de vías en la protección de los derechos humanos (amparo + acción de inconstitucionalidad + contenciosoadministrativo), procurando la mayor eficacia posible en cada situación concreta. Igualmente, la idea instalada en nuestro derecho comercial, visiblemente protectora de los verdaderos aportantes de capital y medios de trabajo, de la sociedad anónima de componentes como figura propia del transporte automotor de pasajeros[19]. Finalmente, en derecho internacional privado, la elaboración de una parte general de particular precisión, estructurada en orden a la idea de un sistema conflictualista tutelador del respeto al componente extranjero, determi-

16 Piombo (coord.), *Doctrinas argentinas de derecho internacional, passim*.

17 Cossio, *La teoría egológica del derecho y el concepto jurídico de libertad, passim*, y *Panorama de la teoría egológica del derecho*, "Revista Trimestral de Cultura Moderna", 1948, p. 67 y siguientes.

18 Goldschmidt, *Introducción filosófica al derecho, passim*; Ciuro Caldani, *Razones del trialismo. A Werner Goldschmidt treinta años después*, "Investigación y Docencia", vol. 52, 2016 2017, p. 125 y siguientes.

19 Ver www.enciclopedia-juridica.biz14.com/d/sociedad-de-componentes/sociedad-de-componentes.htm.

nando la ubicación de cada problema en la estructura de la norma indirecta con la correlativa generación de elementos que contribuyen a desencadenar la aplicación y otros, de sentido negativo, que obstan a su plasmación. Desde luego que lo abordado en el presente trabajo dista considerablemente de alcanzar el rango que significaron esas aportaciones. No obstante, establecer con la precisión asequible en qué ámbitos hunde sus raíces la extraterritorialidad, su alcance material y las funciones que cumple la aplicación del derecho extranjero, el reconocimiento de actos originados en otros sistemas jurídicos y la incorporación de procedimientos generados por funcionarios no pertenecientes a nuestra organización estatal, o lo más cercano temporalmente, que es el cumplimiento de las reglamentaciones extranjeras como suficiente y bastante en los procesos de integracón, configura una ventana abierta a la integración jurídica de pequeña intensidad pero de continuo accionar y beneficiosos efectos permanentes.

B) El tema en el siglo XXI

§ 98. ***Visión sintética.*** – Brindar un acercamiento a lo funcional que permita apreciar importancia y nexos genéricos, lleva a concretar una puntualización agrupada con un primer énfasis puesto en el sujeto de derecho, lo cual conduce al siguiente listado:

a) Preservar, a escala universal, la subjetividad jurídica.

b) Conservar los derechos adquiridos en caso de desplazamientos transfronterizos.

c) Potenciar el poder creador del sujeto de derecho.

d) Garantizar el acceso a la jurisdicción en las relaciones jurídicas extralocales.

e) Articular un reconocimiento de órganos estatales de manera primaria y circunscripta.

f) Posibilitar la cooperación entre jurisdicciones nacionales, subnacionales e internacionales en la adquisición de pruebas y en la ejecución de decisiones.

g) Insertar el derecho interno en el ámbito internacional.

h) Coadyuvar a la generación de vinculaciones que favorecen la paz mundial.

i) Respaldar la protección que dispensa el derecho internacional público.

j) Contribuir al afianzamiento de la igualdad y la no discriminación.

k) Impulsar el trato respetuoso de todos los elementos extralocales de las relaciones jurídicas.

l) Aportar a la formación fundamental del jurista.

m) Alentar el desarrollo progresivo del derecho propio por comparación con el derecho extranjero.

n) Viabilizar la actuación de soluciones multiculturales y favorecedoras del espíritu democrático.

ñ) Producir un comienzo de orden en la aplicación de los diferentes derechos estatales.

Advertimos que el reconocimiento de un Estado y de sus órganos que implica la actuación del derecho extranjero, además de aparecer como un despliegue funcional, se perfila también como un recaudo previo a la integración normativa que, en definitiva, es lo que desencadena la fenomenología jurídica examinada en los párrafos que siguen.

§ 99. ***La extraterritorialidad como complemento indispensable del sistema de protección de los derechos humanos.*** – Un primer llamado de atención emerge de lo que ha sido usual para el abordaje de las funciones de la extraterritorialidad; esto es, el tópico de la conservación de los derechos frente al cambio de situación de bienes y cosas, como también el ejercicio de los derechos más allá de la jurisdicción en la que ha tenido lugar el acto o hecho que se articula como su causa-fuente. Sin embargo, sin que lo expuesto de seguido implique variación fundamental, es la persona y su tratamiento lo que mejor permite, por su amplitud, apreciar la dimensión que abre la extraterritorialidad y sus múltiples despliegues. En este orden de ideas, resulta primordial recordar que las codificaciones internacionales sobre derechos humanos contienen, en lo que configura su entronque medular, además del derecho a la vida, que emerge como presupuesto básico, el derecho a ser considerado persona[20], es

[20] Declaración Universal de Derechos Humanos, art. 6º; Convención Interamericana de Derechos Humanos, art. 3º.

decir, a no constituir algo equiparable a una cosa o a un ser reductible a la servidumbre, sino solo concebible como titular pleno de relaciones jurídicas. Tanto en el sistema regional americano como en el propio de las Naciones Unidas se halla expresamente recogido en los instrumentos jurídicos fundamentales y como tal tiene vigencia desde mediados del siglo XX. Empero, para que todo ello funcione en la práctica frente a la existente fragmentación en ordenamientos jurídicos no solo nacionales sino también subnacionales –incluso incidiendo en este ámbito la proveniencia de familias jurídicas disímiles–, resulta indispensable que un sector del derecho asuma la tarea de dar concreto andamiento a esta prerrogativa en el ámbito donde se verifican los casos que requieren el pleno funcionamiento de la protección. Esto hace que el derecho internacional privado concebido en sentido tradicional o su expresión en el plano metódico –que es la extraterritorialidad del derecho extranjero–, sea un sector directamente complementario del derecho internacional de los derechos humanos, estableciendo la ley aplicable y los mecanismos reglamentarios que operan el "apuntalamiento" de las relaciones jurídicas en el plano internacional.

Un segundo llamado de atención finca en que durante siglos la realidad del derecho se construyó desde adentro, vale decir, desde el Estado hacia lo exterior. En la actualidad, si bien tal característica pervive, cada vez más los criterios y soluciones fluyen desde lo internacional hacia adentro, es decir, desde el ámbito donde coexisten otros países y organizaciones internacionales, hacia la organización interna del Estado, particular muy notorio en materia de derechos humanos. Tal composición de cosas permitirá entender, en su verdadera magnitud, el valor de la extraterritorialidad, que ciertamente solidificó las primeras coordenadas del fenómeno de que se trata.

§ 100. ***Las funciones consideradas desde el ángulo del sujeto de derecho.*** – Las trataremos seguidamente por separado.

a) *Preservar, a escala universal, la subjetividad jurídica.* Siguiendo una estructuración basada en una preeminencia sustantiva, el primer punto de anclaje de las funciones asumidas por la extraterritorialidad y sus despliegues finca en el derecho a ser considerado persona, el cual significa preservar, a escala universal, la aptitud para generar vinculaciones jurídicas. A falta de un estatuto que cubra a ese nivel la articulación técnica de la personalidad, es el derecho de cada país o entidad subnacional el que fija el alcance, en aptitud y limitaciones (de edad, de condiciones psíquicas, de educación), de tal sello jurídico fundamental. Para ese fin hará valer un vínculo nacido de un punto de conexión –comúnmente basado en la nacionalidad, el domicilio o la residencia–, el cual será tenido en cuenta por los otros países, aunque siguiendo su particular concepción respecto del ligamen que reputen más estrecho. Mas, en virtud del bloque internacional de derechos humanos, de ninguna manera tal atribución podrá ser desconocida o reducida en su alcance de manera de tornarla inconducente en atención a las finalidades que les son propias, además de que un creciente ámbito de *ius cogens* veda en la actualidad admitir incapacidades por razón del sexo o la religión. A su vez, los entes ideales (sociedades, fundaciones, corporaciones), cuya existencia tiene inicio por los mecanismos propios de la legislación de cada Estado, si bien pueden hallarse impedidos para actuar dentro de las fronteras de otro país en seguimiento de normas de policía de carácter local, tal situación no puede ser aprovechada para apoderarse de bienes y despojarlos de derechos sin un debido proceso que respete las prerrogativas comprendidas en las declaraciones internacionales que, desde luego, protegerán a las personas que conforman el elemento humano que moviliza la actuación de la entidad y en cuyo interés existen los mecanismos de la organización.

Acerca de la importancia de la función del epígrafe y de la fenomenología jurídica en concernencia, destacamos que ella resulta presupuesto a todo el conjunto de prerrogativas que hacen a la dinámica del mundo jurídico. De ahí en más, los derechos constitucionales a la igualdad, a usar y disponer de la propiedad y de entrar, permanecer y salir del territorio, entre otros, adquieren una nueva dimensión merced a la posible actuación de un derecho extranjero o de una situación nacida en otra jurisdicción. Reparamos en que los desarrollos de los derechos humanos en el plano internacional han puesto actualmente el acento en temas tales como el papel decisivo de la víctima[21] y de la reparación del perjuicio[22]; de manera similar, también en la solidaridad en favor del ser huma-

[21] Feria Tinta, *La víctima ante la Corte Interamericana de Derechos Humanos a 25 años de su funcionamiento,* "Revista del Instituto Interamericano de Derechos Humanos", vol. 43, p. 160.

[22] Nash Rojas, *Las reparaciones ante la Corte Interamericana de Derechos Humanos (1988 - 2007)*, especialmente p. 33 y siguientes.

no necesitado de asistencia frente a las carencias alimentarias[23] o la insuficiencia en la provisión de agua potable[24], como también en punto a las discriminaciones negativas que pueden afectar categorías en situación de desprotección como refugiados o desplazados[25], alzaprimándolas en relación con las clásicas proclamaciones en favor de la libertad, por ejemplo, de expresar ideas u opiniones políticas o económicas y de divulgarlas por cualquier medio de difusión. Empero, ello no cambia la concepción antes expresada, sino que la amplía y la hace más exigente, pues todo lo que haga al disfrute de tales derechos será acompañado por la extraterritorialidad y lo que los restrinja restará sumido en la territorialidad.

b) *Conservar los derechos adquiridos en caso de desplazamientos transfronterizos.* En una segunda dimensión, el derecho a ser considerado persona significa preservar, a escala universal, la aptitud para conservar los derechos adquiridos[26]. La idea de un trán-

[23] Ante las notorias carencias en la nutrición, en la Argentina se articuló una respuesta a través del Plan Nacional de Seguridad Alimentaria (PNSA), creado en 2003 en el marco de la ley 25.724, Programa de Nutrición y Alimentación Nacional, con el objetivo de posibilitar el acceso de la población en situación de vulnerabilidad social a una alimentación complementaria, suficiente y acorde a las particularidades y costumbres de cada región del país.

[24] El 28 de julio de 2010, por la res. 64/292, la Asamblea General de las Naciones Unidas reconoció explícitamente el derecho humano al agua y al saneamiento, reafirmando que ellos son esenciales para la realización de todos los derechos humanos. La resolución exhorta a los Estados y organizaciones internacionales a proporcionar recursos financieros, a propiciar la capacitación y la transferencia de tecnología para ayudar a los países, en particular a los países en vías de desarrollo, a proporcionar un suministro de agua potable y saneamiento saludable, limpio, accesible y asequible para todos.

[25] Marca el interés del derecho internacional por las personas víctimas de desplazamientos forzados la circunstancia de que aquel alcanza, incluso, a aquellos que los sufren o experimentan dentro de sus propios países; Arenas-Peralta, *La protección de las personas desplazadas al interior de su propio país*, "Revista Colombiana de Derecho Internacional", 2017, p. 9 y siguientes.

[26] El tema tiene una faceta que se vincula con la problemática misma de la extraterritorialidad, dado que en el pensamiento de dos clásicos autores anglosajones, Dicey y Beale, el juez nunca aplicaría un derecho extranjero y que, cuando parece hacerlo, se limita a reconocer y hacer ejecutar los *vested rights* (derechos vestidos o adquiridos) en otro país, incorporados a la legislación (Miaja de la Muela, *Los derechos adquiridos en la doctrina española y el sistema de derecho internacional privado español,* "Anuario Español de Derecho Internacional", 1974, p. 3 y siguientes). Desde la perspectiva parcialmente acorde de la teoría pura del derecho, Kelsen afirma que "el órgano de un Estado única-

sito internacional en el que el transponer una frontera pueda poner en crisis relaciones jurídicas con respecto a personas o cosas –v.gr., por ausencia de los recaudos impuestos para tener por adquirido el derecho por parte de la ley del Estado a cuyo territorio se accede– sirve para recordar que no basta dotar al sujeto de capacidad a los fines de adquirir derechos o asumir obligaciones, y respetarla en todas las jurisdicciones, sino que asimismo resulta indispensable otorgar la aptitud de conservar esas relaciones. Desde el mirador territorial, con el tránsito de una soberanía a otra, la aptitud de adquirir derechos se conserva; sin embargo, ella quedaría vacía de contenido si cada vez que se pasara una frontera dejaran de tener virtualidad las prerrogativas, facultades y poderes anudados a la personalidad jurídica en su anterior locación geográfica. Es aquí donde cobra especial sentido el tema de los derechos adquiridos, más allá de su significado en la fundamentación del derecho internacional privado.

Históricamente, un abordaje sistemático de la cuestión aparece en la obra de Pillet, quien le atribuye la calidad de ser un objeto más del derecho internacional privado, consistiendo en establecer si quien adquiere en un país un derecho o se inserta en una situación jurídica compleja que es fuente de derechos, puede reclamar en otros países el derecho o la condición jurídica que así ha adquirido. No se trataría "de una cuestión de goce de derechos porque el acto jurídico se ha verificado y de lo que se trata es de saber si ese derecho puede ser invocado en el extranjero". Tampoco configuraría una cuestión "de conflicto de leyes porque el derecho se adquirió conforme a la ley competente". Se trata de determinar, en definitiva, "si es posible exigir su respeto en otras jurisdicciones"[27]. La problemática apuntada cuenta con marco normativo internacional en la Convención Americana sobre Normas Generales del Dere-

---

mente puede aplicar normas pertenecientes al ordenamiento jurídico de dicho Estado. Pues un individuo solo es órgano de un Estado en la medida en que crea o aplica normas jurídicas de dicho Estado. La cuestión de determinar a qué sistema jurídico pertenece una norma no se refiere al fundamento de su validez. El fundamento de validez de todas las normas de un sistema jurídico nacional es la Constitución de la comunidad constituida por dicho sistema jurídico, es decir, la Constitución del Estado de derecho de que se trata" (Sánchez Lorenzo, *Estado democrático, postmodernismo y derecho internacional,* "Revista de Estudios Jurídicos de la Universidad de Jaén", nº 10, 2010 –segunda época–, p. 3, https://revistaselectronicas.ujaen.es/index.php/rej/issue/view/49).

[27] Caicedo Castilla, *Derecho internacional privado*, p. 4.

cho Internacional Privado, la cual consagra el respeto internacional de los derechos adquiridos en su art. 7°, en los siguientes términos: "Las situaciones jurídicas válidamente creadas en un Estado parte de acuerdo con todas las leyes con las cuales tengan una conexión al momento de su creación, serán reconocidas en los demás Estados parte, siempre que no sean contrarias a los principios de su orden público". Desde luego que fijar la calidad de adquirido en el sentido de este texto exige, previamente, determinar las normas que precisan los extremos que conducen a tenerlo por tal. Piénsese que un derecho puede estar debidamente adquirido para un sistema jurídico y no para otro, desde el momento en que pudieron omitirse exigencias formales requeridas por este último. En rigor de verdad, el criterio no tiene mayores dificultades cuando se trata de derechos reales, normalmente ligados a la ley de su registro o a la de su situación o ubicación. Tampoco cuando se trata de regímenes previsionales de trabajadores que, bajo un régimen convencional de reciprocidad, han verificado aportes con motivo de la prestación de servicios en otros Estados[28]. En los demás casos, el obstáculo fincará en una investigación que el operador jurídico se verá precisado a realizar en punto a la ley aplicable; empero, ello no conmoverá la existencia o pervivencia del derecho adherido a la persona de su titular. Cabe anotar que el mismo criterio ha sido recogido en el marco estatal en la ley general de derecho internacional privado de la República Oriental del Uruguay del 7/9/2016, cuyo art. 9° hace hincapié en que la conexión del acto debe ser relevante con el Estado extranjero y no sea contraria al orden público internacional uruguayo[29].

c) *Potenciar el poder creador del sujeto de derecho.* La idea de preservar, a escala universal, la subjetividad jurídica, debe ser completada con otra contribución que emerge del renovado poder que a la personalidad otorga la extraterrritorialización, habida cuenta de que ningún sector del espectro jurídico ha potenciado

[28] Ver el aporte de la profesora Lundqvist, especialmente § 62 y siguientes. Asimismo, el Convenio 157 de la OIT relativo a la conservación de los derechos en materia de seguridad social (año 1982).

[29] El Código Civil y Comercial argentino contempla *expressis verbis* el tema solo cuando se trata del traslado al territorio de la República de cosas muebles no registrables (art. 2596), imponiendo a los interesados –siguiendo en esto a los tratados de Montevideo– satisfacer los requisitos de forma exigidos por la ley argentina para la conservación de sus derechos sobre tales bienes.

hasta ahora de manera más enérgica a la persona. Repárese que la hace depositaria de la facultad de crear, en materia de derechos patrimoniales disponibles, su propio ordenamiento en todos los temas en los que no aparezcan comprometidos los principios basales del sistema que le sirve de continente. Esto, por cierto, marca una diferencia cualitativa con otros sectores del mundo jurídico, en los que priman actitudes de desconfianza o de sospecha, o acciones que solo procuran controlar o sancionar al sujeto. Así, repárese en la inserción del imputado en el marco penal, donde si bien las garantías tuteladoras de la libertad y dignidad adquieren jerarquía de esenciales (presunción de inocencia, veda de la doble acriminación, irretroactividad de la ley más gravosa), la entrada en el sistema lo es en calidad de sospechoso, o sea, como sujeto que concita restricciones a su esfera de libertad para asegurar la efectividad de eventuales pronunciamientos condenatorios. También téngase en cuenta el derecho administrativo en cuyo ámbito, si bien la persona aparece con la protección que merece todo administrado, este se halla en una relación de subordinación respecto del funcionario que controla sus acciones por el ejercicio del poder de policía, o por la preeminencia que significa, en las relaciones entre la Administración y el administrado, la presunción de legitimidad que revisten los actos que emerjan de la actuación, sea del gobierno central (nacional o federal), sea de los gobiernos locales dotados de autonomía o de soberanía parcial (provincia o región). La manifestación más conocida de esa calidad que convierte al hombre en sujeto privilegiado respecto de su situación en las demás ramas del mundo jurídico es, por cierto, la autonomía de la voluntad en el campo contractual[30], concretamente en la vertiente perteneciente a la

[30] Convención de Roma, 1980, art. 3°, Libertad de elección, *1*. "Los contratos se regirán por la ley elegida por las partes. Esta elección deberá ser expresa o resultar de manera segura de los términos del contrato o de sus circunstancias. Para esta elección, las partes podrán designar la ley aplicable a la totalidad o solamente a una parte del contrato". La Convención ICSID (Arreglo de Diferencias Relativas a Inversiones entre Estados y Nacionales de Otros Estados), cuyo ámbito de actuación se inserta en el Ciadi, preceptúa en su art. 42 que la controversia debe ser resuelta de conformidad con el derecho elegido por las partes, por lo que es admisible la introducción de más de un derecho con motivo del "despiece" de la normativa, la inserción de normas nacionales con fuentes convencionales internacionales, etc. (Parra, *The Convention and Centre for Settlements Disputes*, "Recueil des Cours", vol. 374, p. 379 y siguientes). La misma solución recoge el Código Civil y Comercial argentino en su art. 2651, el cual estatuye: "Los contratos se rigen por el derecho elegido por las partes en cuanto a su validez intrín-

autonomía conflictual. Esta piedra basal del moderno derecho de los negocios internacionales tiene, además, una doble significación institucional. Primariamente, es central reconocer que un sistema de conflicto de leyes constituye un instrumento para realizar la justicia en un mundo fragmentado en pluralidad de jurisdicciones, pasando a constituir, en un entorno así, la libre elección de la ley en un derecho humano esencial[31]. Pero también incide en el campo de la parte general del derecho internacional privado, cual es el haber implicado la virtual decadencia de la cuestión del carácter coactivo o imperativo de las reglas de conflicto[32], ligada con la posición que asignaba a dichas reglas la calidad de normas que fijaban los límites de la autoridad del Estado.

En el marco de la autonomía de la voluntad, la faceta de mayor actualidad es la elección de foro para litigar, en tanto que su proyección más vigorosa aparece en la sumisión a la jurisdicción arbitral internacional, lo cual implica la incorporación a un ámbito decisorio que permite soltar amarras respecto de muchas de las potestades que centraliza el Estado moderno; esto evitando la intervención de uno de los mecanismos de control más eficaces con miras a asegurar el imperio de la voluntad del poder legiferante de la organización política, concretamente los tribunales de justicia[33]. Al propio tiempo, al fijar foros predeterminados, "se logra un pronunciamiento más especializado, más rápido y que, por tanto, contribuye a bajar los gastos y, por ende, a redundar a la larga en el menor coste del servicio, lo cual beneficia a la comunidad toda"[34].

---

seca, naturaleza, efectos, derechos y obligaciones. La elección debe ser expresa o resultar de manera cierta y evidente de los términos del contrato o de las circunstancias del caso. Dicha elección puede referirse a la totalidad o a partes del contrato".

31 Basedow, *The law of open societies, "Recueil des Cours. Collected Courses"*, vol. 360, p. 202 y 205.

32 Oviedo Albán, *Ley aplicable a los contratos internacionales*, "Revista Colombiana de Derecho Internacional", nº 21, jul.-dic. 2012, p. 124.

33 La relación entre jurisdicción arbitral y autonomía de la voluntad se manifiesta en el grueso de la literatura (entre muchos, Moreno Rodríguez, "La autonomía de la voluntad en el derecho internacional privado paraguayo", en AA.VV., *Derecho internacional privado. Derecho de la libertad y del respeto mutuo. Ensayos a la memoria de Tatiana B. de Maekelt,* p. 416).

34 Basedow, *The law of open societies*, "Recueil des Cours. Collected Courses", vol. 360, p. 19 y 22.

De lo consignado en lo inmediato anterior emerge con patencia la ganancia de espacio para la libertad, con la correlativa posibilidad de fomentar, en el más puro sentido de la doctrina constitucional alberdiana, la iniciativa creativa del hombre como motor apropiado para generar nuevos bienes[35]. La función antes descripta muestra una perspectiva más amplia en la medida que también permite poner de resalto el perfil decididamente humanista del derecho internacional privado, pues deja a la persona física no solo llevar su aptitud para adquirir derechos y contraer obligaciones por el mundo, sino que le otorga la potestad de elegir la ley; incluso, para regular también relaciones familiares en aquellos sistemas que rigen la validez sustancial y formal del matrimonio por el derecho del lugar de celebración[36], o de lograr legalizar la descendencia apetecida mediante la subrogación de vientres cuando la figura es desconocida en el derecho que rige su capacidad[37]. Más aún, deja también en terreno influenciable por la voluntad, el adquirir una nueva nacionalidad o domicilio mutando así el estatuto personal[38] por el hecho, con consecuencias jurídicas, de establecer su residencia de modo permanente en una locación internacionalmente dis-

[35] Alberdi, *Sistema económico y rentístico de la Confederación Argentina según su Constitución de 1853*, "Revista de Instituciones, Ideas y Mercados, oct. 2010, p. 212 y ss.; Cachanosky, *Para Aberdi, el modelo económico está en la Constitución*, "La Nación", 8/6/2003. Remitimos a las observaciones del profesor Santi en los § 55 y 56.

[36] Argentina, art. 2622 del Cód. Civil y Comercial: "*La capacidad de las personas para contraer matrimonio, la forma del acto, su existencia y validez, se rigen por el derecho del lugar de la celebración, aunque los contrayentes hayan dejado su domicilio para no sujetarse a las normas que en él rigen* [...] *El derecho del lugar de celebración rige la prueba de la existencia del matrimonio*".

[37] Otra dimensión de la misma libertad se basa en la posibilidad de establecer nuevos vínculos de familia por medio del denominado –esto de manera algo peyorativa– "turismo procreativo", con el objeto de alquilar el servicio de madres con la finalidad de obviar impedimentos biológicos para tener descendencia, contando con legislaciones que establecen el vínculo de filiación con los aportantes del material genético y no con la mujer portadora del embarazo, tal como ocurre con la normativa sobre la familia de Ucrania (ver Audit, *Bioéthique et droit international privé*, "Recueil des Cours. Collected Courses", vol. 373, 2014, p. 231 y concs.; asimismo, ver https://biotexcom.es/; https://maternidad-subrogada-centro.es).

[38] Ver las limitaciones en materia de cambio de nacionalidad en Randelzhofer, "Nationality", en *Encyclopedia of Public International Law*, vol. III, sección 4, p. 501 y siguientes.

tinta, sin perjuicio de las demás condiciones que cada régimen fije (v.gr., tiempo mínimo de estancia en el lugar, desarrollo allí de actividad laboral o empresarial o existencia de hijos nacidos en el país del nuevo afincamiento)[39]. En definitiva, afianza el papel del individuo en la creación misma del derecho, es decir la facilitación del cosmopolitismo del sujeto jurídico. Incluso, aunque esto implique reiterar conceptos, todo resulta armónico con el movimiento destinado a alcanzar un régimen que escape al orden estatal fortificando la seguridad de los negocios internacionales mediante el arbitraje, en cuyo ámbito se ha edificado una dirección jurisprudencial que no hesita en afirmar la existencia de un sistema jurídico generado con independencia de la vinculación con los Estados[40]. Vale señalar que esto se vincula con la posibilidad, ya contemplada en el art. 1.2.*c* de la Ley Modelo de Uncitral sobre arbitraje comercial internacional, de que las partes caractericen a un contrato como "internacional" determinando que la cuestión objeto del acuerdo de arbitraje está relacionada con más de un país.

Este fenómeno puede ser observado en un despliegue que guarda estrecha vinculación como es el referido a la generación de reglas transnacionales con participación de actores no estatales, cuya evolución reciente se vincula, en el marco de las relaciones negociales transfronterizas, con la creciente importancia de mecanismos privados para morigerar la peculiar inseguridad jurídica propia de tales relaciones, embebidas en una perspectiva de apreciable desnacionalización. Dentro de los marcos que tienen en cuenta la situación, a manera de ejemplo cabe recordar nuevamente el Reglamento de Roma de 1980 de la Unión Europea, el cual torna posible a las partes incorporar, por referencia, un derecho no estatal, a algunas de las reglamentaciones relevantes en la ordenación de las relaciones privadas internacionales[41].

[39] Algunos países, como parte de una política de atracción económica, posibilitan obtener la ciudadanía a quien siendo residente realiza allí inversiones de capital en sectores inmobiliario, industrial y forestal, en cifras que se establecen reglamentariamente (Panamá, Malta, San Cristóbal, St. Kitts y Nevis, Portugal, etc. –www.panama-offshore-services.com/–).

[40] Gaillard, *Aspects philosophiques du droit de l'arbitrage international*, "Recueil des Cours. Collected Courses", vol. 329, p. 108.

[41] De Miguel Asencio, "Desarrollo y eficacia de reglas transnacionales con participación de actores no estatales", en Bouza i Vidal - García i Segura - Rodrigo Hernández (dirs.) - Pareja Alcaraz (coord.), *La gobernanza del interés público global*, p. 332.

d) *Garantizar el acceso a la jurisdicción en las relaciones no locales.* La conservación de los derechos con independencia de los cambios ocurridos en la ubicación espacial o jurisdiccional del sujeto de derecho o del bien objeto de la relación, de poco serviría si no se pudiera invocar su protección jurisdiccional allende las fronteras. De ahí que el derecho a la jurisdicción o a la tutela judicial, actualmente de emplazamiento usual en las constituciones contemporáneas[42], se proyecte internacionalmente como derecho de acceso a la justicia, dejando, entonces, de configurar obstáculos opuestos a su goce la nacionalidad, el domicilio o la residencia. Vale decir que la extraterritorialidad se funcionaliza nuevamente dotando al sujeto de poder para invocar la plena protección de su persona.

En un principio, el orden impuesto por el Tratado de Westfalia diferenció entre súbditos y extraños en el acceso a la justicia, derecho que solo era brindado como protección debida por el príncipe a los primeros. Luego, al compás de las necesidades económicas, surgieron las cláusulas de libre acceso a los tribunales en favor de los comerciantes extranjeros de naciones convencionalmente aliadas, extendiéndose luego los efectos de este otorgamiento con la cláusula de la nación más favorecida[43]. De ahí en más, el constitucionalismo y el derecho internacional privado abrieron el camino que conduce a la situación reseñada en el inicio de esta sección.

En definitiva, se trata de acudir en auxilio de quien reclama la asistencia ante el desconocimiento de lo que estima su derecho o prerrogativa, cuando ellos se fundamentan en un ordenamiento ajeno al sistema local. Primordialmente, se tutela aquí la potencialidad de suscitar la reacción jurisdiccional, pero en una medida igual a la que cada país prevé para las relaciones allí localizadas. Esto, además de considerarse en la actualidad consustancial al Estado

[42] Constitución de Ecuador del 20/8/2008, art. 75; Constitución de España de 1978, art. 24, 1.

[43] Tratado entre las Provincias Unidas del Río de la Plata y el Reino Unido del 2 de febrero de 1825, art. 9°, Biblioteca Digital de Tratados, Ministerio de Relaciones Exteriores, Comercio Internacional y Culto, http://tratados.cancilleria.gob.ar/busqueda.php?consulta=si&modo=c&pg=2. Consultar Vieira, *La cláusula de la nación más favorecida y el Tratado de Montevideo*, "Anuario Uruguayo de Derecho Internacional", t. IV, 1965-1966, p. 189. Antecedentes en Arnejo, *La cláusula de la nación más favorecida como instrumento de protección de nuestro comercio exterior*, http://bibliotecadigital.econ.uba.ar/download/tesis/1501-0144_ArnejoEJ.pdf.

de derecho y, además, de configurarse como un derecho humano esencial[44], tiene recepción positiva en los instrumentos normativos tanto universales como continentales[45].

§ 101. ***Las funciones enfocadas desde el derecho internacional.*** – Destacamos las siguientes.

a) *Articular un reconocimiento estatal primario y circunscripto.* En la aplicación de la norma indirecta, la atribución de una solución determinada a un derecho extranjero significa que, previamente, se lo considera como dotado de virtualidad jurídica, con independencia de cualquier reconocimiento formal en la esfera gubernativa del Estado que lo originara. Esto significa que el órgano jurisdiccional o administrativo determina, en situaciones de carencia de prescripciones al respecto, la existencia de un régimen jurídico generado por una organización de tipo político. Lo vertido en el § 4, así como lo anotado en el § 102, apdo. b, se relaciona con lo aquí expresado y releva de un mayor abundamiento.

b) *Posibilitar la cooperación entre jurisdicciones nacionales, subnacionales e internacionales en la adquisición de pruebas y en la ejecución de decisiones.* La aceptación de la actuación de un derecho extraño al foro con la finalidad de transvasar sus soluciones o

[44] En la literatura especializada: Albornoz, *Acceso a la justicia en las relaciones privadas internacionales. Intereses en juego*, "Revista de la Secretaría del Tribunal Permanente de Revisión", año 5, nº 9, mar. 2017, p. 170 a 195; Scotti, *El acceso a la justicia en el derecho internacional privado argentino. Nuevas perspectivas en el Código Civil y Comercial de la Nación*, "RED Sociales. Revista del Departamento de Ciencias Sociales UNLu", vol. 3, nº 6, p. 22 a 47.

[45] Pacto Internacional de Derechos Civiles y Políticos, art. 14: "*Todas las personas son iguales ante los tribunales y cortes de justicia. Toda persona tendrá derecho a ser oída públicamente y con las debidas garantías por un tribunal competente, independiente e imparcial, establecido por la ley, en la sustanciación de cualquier acusación de carácter penal formulada contra ella o para la determinación de sus derechos u obligaciones de carácter civil*". Convención Americana sobre Derechos Humanos, art. 8º: "*Toda persona tiene derecho a ser oída, con las debidas garantías y dentro de un plazo razonable, por un juez o tribunal competente, independiente e imparcial, establecido con anterioridad por la ley, en la sustanciación de cualquier acusación penal formulada contra ella, o para la determinación de sus derechos y obligaciones de orden civil, laboral, fiscal o de cualquier otro carácter*".

con el propósito de dar eficacia a actos y hechos ocurridos en otras jurisdicciones posibilitó desarrollar la colaboración entre órganos no vinculados entre sí. En el tramo inicial, relacionó tribunales con competencia en materia de derecho privado. En un momento ulterior, se extendió a los órganos de la justicia penal[46], para llegar luego a los especializados en lo administrativo[47]. Aunque esto último obliga, en aras de la claridad, a una inserción explicativa.

En el ámbito del derecho procesal civil, comercial y laboral, las alternativas se escalonan entre la admisión de la sentencia extranjera, previo examen por un proceso de *exequatur*, o la admisión lisa y llana o reconocimiento incondicionado, en el que las decisiones judiciales dictadas en un Estado surten efectos automáticamente en los demás Estados miembros. En el proceso de paulatino acercamiento ocurrido en el marco de la Unión Europea se determina la existencia de cuatro fases. La primera, de reconocimiento automático, salvo que se produzca oposición, en cuyo caso se debe tramitar la admisibilidad. La segunda, consistente en circunscribir la oposición a motivos taxativamente determinados, fuera de los cuales resulta inadmisible toda dilación. La tercera, donde el control se focaliza en la autenticidad de la sentencia extranjera y en los datos contenidos en un formulario y exigiéndose solo la presentación de esto último. La cuarta y última se centra en la supresión total del *exequatur*[48]. En lo penal, el primer atisbo conduce al reconocimiento de la cosa juzgada extranjera en el supuesto de condenas a penas privativas de libertad ejecutadas, esto con el ob-

[46] Convención Interamericana sobre Eficacia Extraterritorial de las Sentencias y Laudos Arbitrales Extranjeros (CIDIP II), art. 1°; acuerdo sobre traslado de personas condenadas entre los Estados parte del Mercosur del 16/12/2004 (ley 26.259).

[47] Acerca de este último aspecto, compárese el texto del Tratado de Derecho Procesal Internacional de Montevideo de 1889, art. 5°, que reduce el procedimiento de *exequatur* a los fallos civiles y comerciales, con el art. 423 del Cód. Bustamante, adoptado en 1928, que agrega las sentencias en lo contenciosoadministrativo. Téngase igualmente en cuenta que el Tratado de Montevideo de Derecho Procesal Internacional de 1940, en su art. 3°, introduce como documentos legalizables a las sentencias en lo conteciosoadministrativo pero sin mencionarlas, al propio tiempo, como títulos que dan lugar a la apertura de un procedimiento de *exequatur*; lo cual reduce su campo de acción a su inserción en un procedimiento probatorio o de deducción de litispendencia.

[48] Ybarra Bores, *La implantación del principio de reconocimiento mutuo en el ámbito de las sanciones administrativas pecuniarias en la Unión Europea*, "Revista Electrónica de Estudios Internacionales", n° 11, 2006, p. 1.

jeto de evitar la violación más flagrante al *bis in idem*, y poco más tarde a la recepción de la condena extranjera para determinar la reincidencia[49]. A la postre, el cumplimiento en el país de la nacionalidad de las penas privativas de la libertad[50].

A su vez, en su dimensión espacial, comenzó en la esfera interlocal, para luego amplificarse, incorporándose la cooperación entre los Estados y, más tarde, entre estos y los organismos internacionales[51], cuyo exponente más conspicuo es la asistencia a los requerimientos provenientes del Tribunal Penal Internacional[52]. En un tramo más cercano a nuestros días, se fueron agregando los circuitos trazados por las relaciones de naturaleza administrativa, de intergubernamentales a supranacionales (ver § 30). Desde luego que lo expuesto configura materia distinta de la convergencia que emerge del método indirecto o de integración –en rigor, microin-

[49] Piombo, *Estructura normativa del derecho internacional privado, passim.*

[50] Por ejemplo, a través de un régimen general como es el dispuesto en el Acuerdo del Mercosur sobre traslado de personas condenadas, aprobado por ley 26.259. Empero, también puede ocurrir con motivo de la incidencia de la nacionalidad en el régimen extradicional, conforme se lo prevé en el marco del Convenio de fecha 3/11/2010 que suscriben la Argentina, Brasil, España y Portugal, aprobado por ley 26.978, que autoriza a condicionar la entrega del nacional a que la condena sea ejecutada en el Estado de origen del reo (art. 5º).

[51] El tópico aparece, por ejemplo, en el Tratado de Derecho Procesal Internacional de Montevideo de 1940, art. 5º.

[52] El 18 de abril de 2017 se formalizó un acuerdo entre la República Argentina y la CPI que permite a este organismo la ejecución de sus sentencias en el país, en cumplimiento con lo establecido por el Estatuto de Roma que dio creación a dicho tribunal en 1998. En noviembre de 2016, entre las mismas partes se concertó otro sobre protección de testigos, dado que tanto dicha protección como la ejecución de sentencias de la CPI son dos de las tres áreas que no están expresamente incluidas en el Estatuto, por lo que deben ser objeto de acuerdos complementarios. La tercera área que requiere cooperación voluntaria de los Estados se refiere a la relocalización de acusados cuya libertad haya sido dispuesta por la Corte, sea porque han sido absueltos definitivamente o liberados provisionalmente hasta que recaiga sentencia, pero que no pueden regresar a sus países de origen porque su vida o integridad física podría encontrarse en grave riesgo (noticia del Ministerio de Relaciones Exteriores, www.cancilleria.gov.ar/acuerdo-de-cooperacion-con-la-corte-penal-internacional). Ver también Casares, *La Argentina y la Corte Penal Internacional*, "Infobae", 2/6/2018, que destaca la política argentina en favor de ese organismo jurisdiccional, la cual también es recogida por el periodismo europeo a raíz de la conferencia convocada por la Cancillería para memorar los 20 años de la creación del organismo (www.eldiario.es/politica/Argentina-Corte-Penal-Internacional-creacion_0_759075131.htm).

tegración– entre dos o más sistemas jurídicos, vinculándose por el carril de la norma indirecta. En la cooperación hay dos o más países y órganos internacionales actuando de consuno, mientras que en la integración normativa que produce el método que conduce a la extraterritorialidad del derecho extranjero, basta con el actuar de un Estado y de sus órganos, utilizando los contenidos o decisiones de otro u otros Estados para producir un cambio en el mundo jurídico del primero. Sin embargo, una y otra cooperación se coimplican dado que resulta beneficiaria de las actuaciones, sea en su conjunto, sea en coordinación sistemática, la vida humana en las comunidades en las que se manifiesta la aplicación o reconocimiento.

Todo lo que conforma la asistencia judicial o administrativa es, en sí misma, una función de colaboración basada en la extraterritorialidad de una suma de actos y, a la postre, del procedimiento que les da sentido y significación. Desmenuzando la secuencia que le otorga entidad, emerge que el primer paso es el de la extraterritorialidad del requerimiento de auxilio judicial o administrativo; el segundo, la que rodea a los actos que demande cumplimentar el cometido objeto de la requisitoria. En la línea media, un ligamen causal con el derecho del Estado requirente y de naturaleza lógica con el orden jurídico del país requerido. Solo por la idea de extraterritorialidad, un acto tendrá concreta virtualidad impulsora y los otros la certeza que dimana de los llevados a cabo por la autoridad requerida. Esto no cambia cuando se enfoca la ejecución de decisiones judiciales o administrativas, en la que la extraterritorialidad debe acompañar a la decisión por ejecutar y luego, también, a los actos que plasman el cumplimiento. En rigor, el fenómeno de que se trata se ha transformado, cuantitavamente considerado, de una secuencia en verdadera avalancha de actividades referidas a diferentes ramas del derecho, especialmente en las económicas, donde gravitan el transporte internacional, las transacciones bancarias referidas a los negocios de exportación e importación, los seguros y las inversiones extranjeras. Esto es todavía más notable en los zonas de libre comercio[53] o en los espacios de integración económica donde opera, entre otros gravitantes, el paradigma de la armo-

[53] Ver Acuerdo Comercial entre la República de Chile y la República Argentina, celebrado en el marco de Complementación Económica nº 35, que configura el sexagésimo primer protocolo adicional suscripto por los Estados del Mercosur, aprobado por ley 27.497.

nización[54], que implica replicar un modelo de solución en el sistema jurídico de cada Estado parte, con las adaptaciones que exigen los diferentes sistemas nacionales[55].

c) *Insertar el derecho interno en el ámbito internacional.* Es lugar común afirmar que el derecho internacional privado no es ni internacional ni privado, aunque esta última característica no es ahora motivo convocante. No se configuraría como internacional porque sus fuentes son nacionales, las decisiones que lo actúan son adoptadas por órganos nacionales y tales decisiones producirán sus primeros efectos en el orden nacional. Empero, si se hace hincapié en el método que emplea dicha disciplina respecto de un caso con elementos extranjeros cuando no operen causales que excluyan la extraterritorialidad, dista de ser inexacto el aserto para transformarse en la descripción de una realidad, toda vez que se trata de una norma surgida, en su perfil más clásico, de la actuación de dos ordenamientos estatales distintos, o sea, de una juridicidad creada por la confluencia de manifestaciones normativas propias de potestades soberanas más allá de cualquier consenso previo. Cabe llamar la atención acerca de que el derecho internacional privado introduce la noción de internacionalidad en relaciones que no hacen al interés directo de los Estados o de sus órganos subnacionales, o sea que en este supuesto se hace presente claramente como factor decisorio el objeto y no la naturaleza de las partes. Además, tal como se ha visto, trae consigo la conservación de derechos pese a los cambios de soberanía que puede experimentar el desarrollo de la relación originaria o, en su caso, la localización jurisdiccional de la controversias que se susciten. Esto va acompañado, aunque signifique reiterar conceptos, de la transfiguración de un sistema de capacidad local en un sistema de capacidad universal y

[54] A manera de ejemplo vale el trabajo de Rodríguez, *Bases de armonización legislativa en materia de salvataje de empresas en el Mercosur*, "Revista Electrónica del Instituto de Investigaciones Ambrosio L. Gioja", II, nº 2, otoño 2008.

[55] Desde luego que la armonización requerirá un doble examen comparatista, uno en el inicio de la tarea para conformar el modelo; otro en el epílogo, para captar las eventuales disimilitudes subsistentes luego de la adaptación (acerca de la operatividad del método juscomparatista en situaciones análogas a la considera, Garrido Gómez, *La utilidad del juscomparatismo en la armonización de los sistemas jurídicos,* "Boletín Mexicano de Derecho Comparado", nº 108, capítulo II, https://revistas.juridicas.unam.mx/index.php/derecho-comparado/article/view/3772/4675).

de negar toda discriminación *in peius* entre lo propio y lo extranjero. Asimismo propone, tal como se ha señalado anteriormente, que la autonomía de la voluntad puede crear un orden que abre la posibilidad de escapar a la jurisdicción de los Estados en la solución de controversias de naturaleza económica que no rocen el interés público. Vale decir que se crea una fenomenología jurídica que apunta hacia la esfera internacional.

d) *COADYUVAR A LA GENERACIÓN DE VINCULACIONES QUE FAVORECEN LA PAZ MUNDIAL.* Al transformar al hombre en ser portador de una personalidad jurídica de dimensión universal y, al mismo tiempo, eliminar las barreras que impiden o restringen el ejercicio extraterritorial de la capacidad, va de suyo que se habilita al sujeto de derecho para trazar nuevos vínculos jurídicos aptos a los fines de construir un entramado que hace a las relaciones de comercio que la Constitución argentina impone afianzar al gobierno patrio[56], vale decir, estableciendo un marco adecuado en lo legal, en lo reglamentario y en la voluntad de realización, pero cuyo nacimiento depende de la actividad de los habitantes del Estado. Cuando se concretan relaciones económicas mediante el intercambio de bienes o de servicios y se plasman vinculaciones interpersonales en los ámbitos del comercio internacional y las relaciones familiares, el peligro de que se generen conflictos se aleja paulatinamente para dar lugar a un ambiente propicio a la cooperación en función de finalidades comunes y de la satisfacción de necesidades recíprocamente compartidas[57]. Desde luego que los países pueden ver la necesidad de asegurar mercados –tal como ocurre con el

[56] El art. 27 expresa que el gobierno federal está obligado a afianzar sus relaciones de paz y comercio con las potencias extranjeras por medio de tratados que estén en conformidad con los principios de derecho público establecidos en la Constitución.

[57] La página web de la OMC sostiene qué entidad internacional se halla en condiciones, entre otros cometidos, de contribuir a la estabilidad y la paz (www.wto.org/spanish/thewto_s/whatis_s/10thi_s/10thi00_s.htm). Ver Fitzgerald, *El libre comercio genera paz*, www.elcato.org/el-libre-comercio-genera-paz. Uno de los economistas clásicos, Frédéric Bastiat, sostuvo que el libre comercio entre los países podría reducir el conflicto internacional, "porque el comercio forja conexiones entre las naciones y da a cada país un incentivo para evitar la guerra con sus socios comerciales". Si los bienes no cruzan las fronteras, los soldados lo harán" (extraído de Adorney, *Quieres la paz, promueve el libre comercio,* "Fundation for Economic Education", https://fee.org/articles/want-peace-promote-free-trade).

petróleo[58]– como un motivo para intervenir o crear conflictos, haciendo uso de la fuerza o amenazar con su empleo; pero esto resulta una perspectiva paulatinamente más lejana en un universo donde actúa una organización mundial que impulsa la liberalización del comercio, en el cual funcionan sistemas regionales que, de plano, eliminan barreras al intercambio de bienes y servicios y donde dos de las tres superpotencias militares no necesitan de petróleo extranjero[59]. Así las cosas, el sistema entero de funciones de la extraterritorialidad puede verse como un elemento auxiliar en el marco del derecho internacional público, desde que el objetivo principal de la Carta de la ONU, segundo ensayo de derecho constitucional internacional, es el afianzamiento de la paz como bien supremo[60].

e) *Respaldar la función de protección que impone el derecho internacional público.* La responsabilidad de proteger fue debatida y aprobada por la Cumbre Mundial de las Naciones Unidas en septiembre de 2005. En ella se proclamó la responsabilidad de cada Estado de resguardar a su población del "genocidio, de los crímenes de guerra, de la depuración étnica y de los crímenes de lesa humanidad", o sea que la comunidad mundial debe ayudar a los países a ejercer esa responsabilidad creando capacidades de protección. En la resolución también se afirma que cuando fuera evidente que el Estado no protege a su población de los crímenes mencionados, la comunidad internacional debe encarar medidas colectivas por vía del Consejo de Seguridad, pero sin concretar medios ni procedimientos para darle efecto útil cuando las previsiones establecidas

[58] La Primera Guerra del Golfo principió con la invasión de Kuwait por Irak en 1990 (ver informe en www.bbc.com/mundo/noticias/2015/12/151203_economia_conflicto_petroleo_gch).

[59] En efecto, tanto Rusia como los Estados Unidos de América exhiben una producción doméstica que satisface sus requerimientos (ver GAPP-Grupo Argentino de Productores de Petróleo, estadísticas del 14/2/18, www.gapp-oil.com.ar/foro/internacionales/ranking-cuales-son-los-principales-productores-de-petroleo-en-america-latina-top-ten-mundial/). China, en cambio, abastece solo el 40 % de sus necesidades.

[60] Si bien la función guarda el más estrecho contacto con los objetivos de la Naciones Unidas, esta organización cimera del orden mundial ha mostrado escaso interés por el derecho internacional privado, con excepción de lo que repercute en el ámbito del derecho comercial internacional (Bücher, *Cours général de droit international privé,* "Recueil des Cours. Collected Courses", vol. 341, p. 39 y 40).

en la Carta no funcionasen[61]. Es así que, introducido este concepto en el derecho internacional público, la extraterritorialidad en sus manifestaciones referidas al derecho penal y procesao penal, por poseer los institutos y figuras potencialmente aptos, facilita el ejercicio de ese deber de proteger; esto por medio de una cobertura jurídica dispensada al hombre en todas las contingencias en que se produzca, a su respecto, un desplazamiento internacional físico o jurídico. El concepto de "gobernanza global", ilustrado (ver, entre muchas correlaciones, § 42, apdo. c), precisamente se vincula a los modos de acción del Estado ubicados en todos los niveles en los que puede generarse un vínculo de interdependencia que imponga la acción[62]. De manera que esta concepción, rica en consecuencias en el marco del derecho internacional administrativo, coadyuva en favor de la postulación adoptada por la ONU.

§ 102. ***LAS FUNCIONES DESDE LA PERSPECTIVA DE LOS DERECHOS BÁSICOS CONSTITUCIONALIZADOS.*** – Aquí encontramos dos.

a) *CONTRIBUIR A LA IGUALDAD Y A LA NO DISCRIMINACIÓN.* La igualdad ha sido siempre tema de jerarquía constitucional. Fue postulación central cuando el credo liberal embistió contra la estructura del *ancient regime*, procurando, entre otros objetivos, la desaparición de los privilegios para contratar, obtener determinados bienes o cubrir cargos públicos, como también la eliminación de sumisiones o sometimientos que imposibilitaban modificar el encasillamiento social. Afirmada la idea de igualdad desde principios del siglo XIX, el siguiente siglo avanzó para apuntalar el goce del derecho prohibiendo distinciones en demérito de una categoría de personas apoyadas en causas ajenas a la idoneidad, como son el origen racial, social o nacional o la orientación sexual de la persona objeto de discriminación peyorativa. En el presente, la igualdad y la no discriminación, sea concebidos como principio único, sea pensados como principios separados aunque estrechamente vinculados, "genera efectos con respecto a terceros, inclusive a par-

[61] García Pérez, "La responsabilidad de proteger: redefinición y perivencia", en Bouza i Vidal - García i Segura - Rodrigo Hernández (dirs.) - Pareja Alcaraz (coord.), *La gobernanza del interés público global*, p. 211.

[62] Pamboukis, *Droit international privé holistique, droit uniforme et droit international privé,* "Recueil des Cours. Collected Courses", vol. 330, 2007, p. 48.

ticulares [...] ya que (allí) descansa todo el andamiaje jurídico del orden público nacional e internacional y es un principio fundamental que representa un orden objetivo de valores que impregnan la totalidad del sistema [...] y, por lo tanto reclama [...] ser aplicado sin intermediación en todos los sectores del Derecho"[63]. En el marco del derecho internacional privado, tradicionalmente se destaca la cualidad de mantener inalteradas las relaciones de derecho común existentes, fincando su accionar en el campo de la conservación de los derechos adquiridos. Sin embargo, no ha merecido esa misma atención la función de reafirmar la paridad entre aquellos que han conformado sus relaciones o las han modificado en el extranjero, y quienes realizan sus actos negociales en el territorio del país del foro. En esa postura, el derecho internacional privado o el derecho de la extraterritorialidad del derecho extranjero, erradica toda distinción que guarde una relación peyorativa entre lo nuestro y lo extraño, entre lo originado por el propio sistema jurídico y lo incorporado a este en función de la vinculación trazada por el derecho internacional privado. Toca hacerlo con el preciso objeto de no olvidar una función que, como esta, lo acerca al derecho constitucional y que repara en que no es cosa carente de importancia en un mundo donde la suspicacia y el odio entre grupos, etnias y sectores sociales, se ha traducido en discriminación negativa para el estimado extraño y, por el contrario, positiva para lo que guarda pertenencia con lo considerado nuestro. En realidad, no hay rama del derecho que contribuya más directamente a salvar una discriminación que el sector jurídico en trato, introduciendo el mayor rasero igualador que es susceptible de generarse en el marco de una materia ajena al área constitucional. De esto deriva el sentido de que se está en presencia de un sector que edifica su discurso en la construcción de un andamiaje para equiparar o igualar, con las obvias diferencias que marca el tipo de la relación jurídica de que se trate.

b) *IMPULSAR EL TRATO RESPETUOSO DE TODOS LOS ELEMENTOS EXTRALOCALES DE LAS RELACIONES JURÍDICAS.* Existe un elemento basal de la aplicación del derecho extranjero: la justicia que realiza es la de brindar tratamiento diferenciado a lo que efectivamente es extraño al escenario foral, no la de nacionalizar o absorber; o sea, no abor-

[63] Pereznieto Castro, *El derecho internacional privado y los derechos humanos*, "Revista de Derecho Privado", cuarta época, nº 12, jul.-dic. 2017, p 123 y ss., recogiendo conceptos del tribunal americano de esa materia.

dar como propio algo que le es ajeno; esto dado que la justicia a la cual se aspira consiste en respetar lo extraño al foro de lo que, a la postre, será uno de los componentes de la solución del caso o de la reglamentación del instituto[64]. La idea es lograr un equilibrio entre elementos distintos que tienen la particularidad de exhibir fuentes de jerarquía semejantes y de similar exigibilidad. De ahí que una vez determinado el derecho que rige el acto o que debe aplicarse a una situación, siendo extranjero, mal cumpliría su función el operador tratándole como algo maleable a lo cual se le puede dar cualquier interpretación, cuando lo que cuadra es atribuir el sentido que sea más conforme a su sistema jurídico y a su particular captación de los valores gravitantes[65], excepto que el paso por filtros dirimentes como el representado por el orden público local imponga descartar, en todo o en parte, el componente extraterritorial. Esto quiere decir que la inserción en el mundo de los valores de la situación por integrar o el caso por resolver, no tiene la misma dimensión que cuando se aplica el derecho propio. Hay –en tal situación– un sentido de representación, de llevar intacto el sentido o de respetar lo esencial de lo diferenciador, en lo que

[64] Ley uruguaya de derecho internacional privado (año 2016), art. 2°: "El derecho extranjero debe ser aplicado de oficio e interpretarse tal como lo harían los tribunales del Estado a cuyo orden jurídico pertenece la norma respectiva". Ley venezolana de derecho internacional privado (1998), art. 2°: "El derecho extranjero que resulte competente se aplicará de acuerdo con los principios que rijan en el país extranjero respectivo, y de manera que se realicen los objetivos perseguidos por las normas venezolanas de conflicto".

[65] Lo que desde el punto de vista normativo se denomina principio de remisión integral, que obliga a calificar, interpretar y determinar el derecho extranjero conforme a las disposiciones transitorias y a la jurisprudencia del propio país extranjero (Sánchez Lorenzo, *Estado democrático, postmodernismo y derecho internacional,* "Revista de Estudios Jurídicos de la Universidad de Jaén", n° 10, 2010 –segunda época–, p. 3, https://revistaselectronicas.ujaen.es/index.php/rej/issue/view/49). En nuestro trabajo colectivo se llega a la misma conclusión mediante la teoría del uso jurídico del maestro Goldschmidt, adoptada por el art. 2° de la Convención Interamericana sobre aplicación del derecho extranjero, dejando constancia que al análisis tradicional aquí se adhieren dos elementos que se corporizan, por una parte, en el significado de la extraterritorialidad en el marco de la teoría general del derecho y, por la otra, en el sentido que tiene la actuación del derecho extraño al foro en un marco no convencional en el ámbito del derecho internacional público. Una de las críticas de matiz iusfilosófico a la teoría, que acompañamos en los planteos generales, en Mosciatti Olivieri, *La aplicación del derecho extranjero, teoría del uso jurídico,* "Revista Chilena de Derecho", t. 20, n° 1, p. 39 y siguientes.

importa la aplicación o construcción. En verdad, una proyección del trato benévolo pergeñado en el campo del derecho de extranjería con relación a las personas[66], esta vez recibido con un sentido exigente y particularmente demandante. Atribuir a la utilización del derecho extranjero una finalidad política tendiente a fomentar el predominio de un determinado sistema jurídico, por ejemplo, el derecho anglosajón en los negocios jurídicos referidos al comercio internacional, aparte de infundado no condice con la esencia de un sector del derecho, cuya estructura y funciones, apontocadas en el respeto, afianzan un sentido democrático en la tarea de edificar el imperio de la ley. Esto, como verdadera cualidad inmanente a la materia de que se trata, debe transmitirse a todos los aspectos de la actuación jurídica extranjera, incluyendo de plano el reconocimiento de actos, documentos y procedimientos. Así las cosas, se produce un enlace que vincula y retroalimenta el derecho a ser considerado persona, como también el derecho a la igualdad en su proyección estatal e internacional.

§ 103. ***Las funciones apreciadas desde el sitial iusfilosófico.*** – En este caso, destacamos cuatro.

a) *Aportar a la formación fundamental del jurista.* Un sector del mundo jurídico cuyos objetivos pasan por potenciar la personalidad negocial del hombre, asegurar su respeto universal, tornar posible el goce transfronterizo de los derechos adquiridos, difundir el respeto por los actos y procedimientos extranjeros y propender al rechazo de discriminaciones negativas, entre otros cometidos positivamente valuables para la vida humana, reúne para sí un especial sentido formativo tanto en los estudios de derecho como en el ejercicio profesional[67]. Resulta, entonces, poco menos que impres-

[66] Comprendiendo las inversiones que pueden realizar esas personas, tanto físicas como jurídicas, tal como lo previó el Pacto Roca-Runciman del 1° de mayo de 1933. Ver Escudé - Cisneros (dirs.), *Historia de las relaciones exteriores de la República Argentina,* t. X, www.argentina-rree.com/10/10-012.htm, capítulo dedicado a enfocar las inversiones británicas en nuestra patria.

[67] Aun desde posiciones donde priman las concepciones materiales acerca de las soluciones que aporta el derecho internacional privado, se destaca el mérito del enfoque crítico sobre el derecho y de defensa de los valores fundamentales de la vida que genera el estudio de esta materia (Toniollo, *Enseñanza del derecho internacional privado,* "Revista de la Facultad de Ciencias Jurídicas y Sociales de la Universidad Nacional del Litoral", nueva época, vol. 10, p. 237 y siguientes).

cindible contar con una enseñanza especializada que, al suministrar lo esencial de lo jurídico, destaque la importancia que implica el aseguramiento de tales valores en función del mejoramiento de la convivencia y el logro de la paz en una dimensión que trasciende lo local o nacional. Desde luego que esa función formativa sobre la cual ponemos énfasis no termina con la captación de reglas y principios, sino que se extiende a desentrañar las conexiones existentes con todos los sectores de la enciclopedia jurídica. Importa, asimismo, analizar valores que, por estar vinculados a los principios básicos de las leyes fundamentales o los propios del ordenamiento internacional que es supraconstitucional, acercan su estudio a los ámbitos de la teoría general del derecho y, más genéricamente, de la filosofía del derecho. En otras palabras, solo con una enseñanza que ponga énfasis en la extraterritorialidad del derecho, se obtendrá educación con valor formativo en la preparación para el ejercicio de la actividad jurídica en un marco crecientemente internacionalizado en el que se impone consolidar, aun cuando sea por vía indirecta, la paz y la concordia; esto, a través de multiplicar las oportunidades de anudar vinculaciones en el todos los ámbitos de la vida de relación.

b) *Alentar el desarrollo progresivo del derecho propio por comparación con el extranjero.* La aplicación y el reconocimiento del derecho extranjero permite comparar ordenamientos y disposiciones, facilitando el ejercicio del poder de crítica sobre el derecho propio y contribuyendo a generar, en situaciones que se presentan como perjudiciales a los valores vinculados con la administración de justicia o la cooperación internacional, proposiciones para su mejoramiento[68]. Concretamente, alienta el desarrollo progresivo del derecho, previa labor comparativa con el derecho extranjero entendido como normativa, experiencia y valoración, o sea, en su entera tridimensionalidad. Una perspectiva de la actuación del derecho extraño al foro destaca que ella importa la utilización de instrumentos propios del método comparatista[69]. En efecto, apunta a extraer los elementos disímiles (cuando se trata de sistemas homogéneos entre sí por

[68] Criterio trasuntado en las señeras enseñanzas de Franz von Liszt en el mar del derecho penal y Edouard Lambert en el ámbito del derecho privado (González Varas Ibáñez, *Pasado, presente y futuro del derecho comparado,* "Revista Chilena de Derecho", vol. 26, nº 3, p. 649 y siguientes).

[69] Según Ciuro Caldani, el derecho comparado constituye, en gran medida, "el marco y la base del desarrollo del derecho internacional privado" (*El derecho*

provenir de un tronco jurídico común), o las similitudes (cuando concierna a sistemas asentados sobre bases distintas en temas fondales). Va de suyo que en tanto el derecho internacional privado tiene toda una estructura normativa, el derecho comparado funciona en una forma de analizar, interrelacionando o vinculando distintos sectores[70]. Otra etapa del análisis indica que pueden confluir el derecho comparado y el derecho internacional privado cuando se examina la solución a un caso por medio de los principios generales del derecho, circunstancia en la que, al tratarse de un sector con alcance interno (derecho interregional, derecho federal o interlocal), solo confrontará con aspectos comunes a los demás que integran el ordenamiento del Estado en el que actúa el operador. Empero, cuando se trata de casos internacionales, los elementos de referencia se establecen por un proceso de inducción que comienza a partir de los institutos operantes y en los ordenamientos comprometidos, tal como lo establece una fuente de particular importancia del derecho internacional público como es el Estatuto de la Corte Internacional de Justicia. En rigor, toda aplicación del derecho extranjero conduce a un examen comparatista, al menos en punto a su compatibilidad con los principios básicos del sistema jurídico del operador (control de orden público).

A su vez, la importación de criterios de solución de un régimen jurídico distinto del foro puede traducirse también en un impulso para tender a uniformar pautas interpretativas, especialmente cuando se ponen en tela de juicio el sentido de convenciones multilaterales. Desde luego que tal dinámica supone que la solución extranjera aparezca como más adecuada a los valores vivenciados por la comunidad o a las exigencias del tráfico jurídico en aquellas áreas en las que la diversidad de criterios de armonización desemboca en incertidumbre que, por cierto, es contraria a la esencia misma del derecho que, naturalmente, persigue la certeza[71].

---

comparado y su relación con el derecho internacional privado, "Cuadernos de Filosofía del Derecho", vol. 10, 1988, p. 16).

[70] Esto se vive con plena intensidad en ámbitos en los que las convergencias políticas, económicas y sociales provocan contactos de gran intensidad, como ocurre en la Unidad Europea, donde la problemática es moneda corriente tanto en las cátedras como en las asesorías jurídicas privadas (ver, p.ej., www.german-law.com/es/competencias/transacciones-societarias-y-comerciales/derecho-internacional-privado-y-derecho-comparado/).

[71] López de Oñate, *La certeza del derecho, passim,* quien centraba el estado de crisis del derecho en la ausencia de certeza que aumentaba con los cambios

La realización de la función de referencia en el epígrafe de este parágrafo no puede ser identificada con la idea, impulsada a principios de la vigésima centuria, de que el objetivo del derecho internacional privado era la formación de una convicción jurídica idéntica, apuntando al establecimiento de un derecho especial para las relaciones de carácter internacional. En verdad, llegar a la uniformidad del derecho no constituye un logro en sí mismo[72], excepto cuando se trata de procedimientos en los que no se halle en juego la justicia como valor supremo sino, de manera predominante, valores utilitarios como la celeridad en los trámites, la eficacia en las medidas preventivas o la economía en los gastos causídicos. De todos modos, la aplicación extraterritorial del derecho presupone, conforme lo enseñara Savigny, un cierto nivel de comunidad ideológica[73], que desde luego torna razonable cualquier movimiento de aproximación normativa que la expansión de las comunicaciones por internet, el avance del comercio virtual y la actuación en red de los órganos intergubernamentales contribuye a favorecer decisivamente.

c) *Viabilizar la actuación de soluciones multiculturales y favorecedoras del espíritu democrático.* La idea de multiculturalismo, de particular dinámica en el panorama político contemporáneo, tiene un cierto sesgo proteiforme. Lo central es una pluralidad de derechos rigiendo sobre un mismo territorio, dirigidos a una parte de la población identificada por su origen nacional, étnico, religioso o idiomático. Esta situación de fragmentación representa una posibilidad de enfoque más igualitario en el reparto de justicia; pero,

---

políticos, económicos y sociales que se desarrollaron con posterioridad a la Primera Guerra Mundial.

[72] Fernández Prida estimaba en el "Prólogo" a la obra de Asser y Rivier, la existencia de una verdadera "obsesión de ilustres jurisconsultos, para quienes todo el ideal del progreso jurídico se reduce a la uniformidad. Para ellos, la misión del derecho internacional privado es la formación de una convicción jurídica idéntica, expresada por medio de la uniformidad en las leyes". Agrega que dos fórmulas o aspectos se habían propuesto para el logro de coincidencia: la uniformidad *absoluta,* consistente en hacer idénticas las leyes interiores, cualesquiera que sean las personas o las relaciones jurídicas a que aquellas se apliquen, y la *relativa,* consistente en establecer un derecho especial, uniforme para las relaciones de carácter internacional. Dentro de esta fórmula, se respeta la diversidad legislativa, pero desde el instante que la cuestión ofrece carácter internacional debe regularse por este derecho especial uniforme, "solución que nos recuerda el *ius gentium*" (Asser - Rivier, *Derecho internacional privado,* p. 6 y concordantes).

[73] Trigueros Saravia, *Estudios de derecho internacional privado,* p. 69 a 74.

indudablemente, implica restricciones cuando se configuren conflictos con el régimen jurídico del grupo cultural dominante. Esta idea de pluralidad jurídica se implementó en América Latina a partir de los años noventa, con reformas constitucionales que reconocieron derechos a poblaciones indígenas[74] y también a grupos cuyos ancestros provenían de la radicación forzada de personas para aportar trabajo esclavo[75]. Los fundamentos normativos del multiculturalismo, la tolerancia y la coexistencia entre grupos étnicos y la salvaguarda de sus libertades se traducen en un pluralismo jurídico desigual que establece limitaciones en criterios personales, territoriales y materiales a los sistemas jurídicos de grupos culturales no centrales. Tal entramado reconoce la existencia de sistemas jurídicos distintos de los propios de la cultura dominante, siempre que operen exclusivamente para las comunidades que los adoptan y no interfieran con la cultura del resto de la sociedad. Ninguna de las estructuras creadas configura, en principio, materia propia del derecho internacional privado o de la actuación del derecho extranjero, porque constituyen parte de un mismo sistema constitucional.

[74] Constitución Política del Estado boliviano del 7/2/2009, cuyo art. 1° declara que "Bolivia se constituye en un Estado Unitario Social de Derecho Plurinacional Comunitario, libre, independiente, soberano, democrático, intercultural, descentralizado y con autonomías. Bolivia se funda en la pluralidad y el pluralismo político, económico, jurídico, cultural y lingüístico, dentro del proceso integrador del país".

Con ideación similar, aunque con un rango de expresión menor en cuanto a la extensión de la materia, la Constitución de la República de Nicaragua del 19/11/1986, con las reformas introducidas hasta el presente, estatuye en su art. 8° que se trata de un Estado multiétnico, mientras los arts. 89 y 90 se ocupan de las comunidades indígenas de la costa atlántica, a los que se garantiza la preservación de su identidad cultural, a dotarse de sus propias formas de organización y a administrar los asuntos locales según sus tradiciones.

[75] Constitución Política de la República del Ecuador, del 20/10/2008, con las reformas incorporadas hasta el 21/12/2015, capítulo referente a los derechos de las comunidades, pueblos y nacionalidades. "*Art. 56.* Las comunidades, pueblos, y nacionalidades indígenas, el pueblo afroecuatoriano, el pueblo montubio y las comunas forman parte del Estado ecuatoriano, único e indivisible. *Art. 57.* Se reconoce y garantizará a las comunas, comunidades, pueblos y nacionalidades indígenas [...] los siguientes derechos colectivos: *1.* Mantener, desarrollar y fortalecer libremente su identidad, sentido de pertenencia, tradiciones ancestrales y formas de organización social [...] *4.* Conservar la propiedad imprescriptible de sus tierras comunitarias, que serán inalienables, inembargables e indivisibles. Estas tierras estarán exentas del pago de tasas e impuestos. *5.* Mantener la posesión de las tierras y territorios ancestrales y obtener su adjudicación gratuita".

No obstante, normas indirectas y distribuciones competenciales serán los instrumentos más idóneos para tornar técnicamente viable el sistema. El derecho internacional privado, en su concepción más amplia, se transformaría en pieza central del diálogo jurídico intercultural, convirtiéndose en una suerte de *ius communicationis*[76], tan importante en su proyección como el que en su época significó el primer derecho reconocido por los internacionalistas clásicos como operativo en favor de la especie humana[77].

La diversidad que presupone el multiculturalismo –llevando a un segundo plano lo que puede tener contenido racial, religioso o lingüístico–, se vincula estrechamente con la democracia que, precisamente, se edifica sobre la base de un gobierno de la mayoría con respeto de las minorías que ideológicamente no se identifican con sus ideas[78]. Vale decir, un régimen político donde convive la diversidad, esta vez de opiniones, acerca de los objetivos prioritarios que cabe atender en cada una de las ramas de la administración y en la orientación misma del sistema de gobierno; sometido este al escrutinio de la investidura electoral periódica y al control permanente del poder judicial. Los valores que resguarda la aplicación del derecho extranjero, que llevan a una pluralidad jurídica en aras de potenciar la personalidad jurídica del ser humano y de los instrumentos de que se sirve, favorecen de plano a la democracia en su dimensión real, en cuanto ampliación de las posibilidades de movilizar a un sector de los habitantes en un sentido de mejoramiento y de mayor disfrute de la libertad[79] y de los bienes que esta posibilita.

[76] Expresión de François Rigaux, traída por Sánchez Lorenzo, *Estado democrático, postmodernismo y derecho internacional*, "Revista de Estudios Jurídicos de la Universidad de Jaén", nº 10, 2010 –segunda época–, p. 7, https://revistaselectronicas.ujaen.es/index.php/rej/issue/view/49.

[77] Así, por ejemplo, Fray Francisco de Vitoria, aunque utilizándolo como argumento para justificar la presencia de los españoles en América (De Santes Guanter, *Los mensajes simples en el jus communicationis de Francisco de Vitoria,* "Persona y Derecho", nº 20, 1989, p. 191 y siguientes).

[78] Específicamente con relación al rol de las minorías en el orden democrático, remitimos a Escobar Martínez, *Las minorías en la democracia constitucional. El caso español*, "Universitas", vol. 54, nº 109, 2005, p. 583 a 618.

[79] La vinculación del sistema democrático de gobierno con el goce de la libertad, la inserción de los partidos políticos y el parlamentarismo, expresiones estas de la diversidad, en la obra de Kelsen, *Esencia y valor de la democracia*, p. 15 y siguientes.

d) *Producir un comienzo de orden en la aplicación de los diferentes derechos estatales.* Ligada con las ideas básicas expuestas en este trabajo opera la tesis, en algún tiempo de amplia recepción en la doctrina, que afirma que el sector del mundo jurídico en examen procura colocar en armonía las diferentes legislaciones[80], determinando –con la relativa precisión de un sistema cuya movilización y encastre depende de la voluntad humana– el régimen a que debe ser sometida cada relación o situación relevante para el derecho[81], como también el respeto positivo que esa solución debe merecer a las demás soberanías y jurisdicciones. Dentro de una dirección de pensamiento contemporánea, el punto de vista es retomado con una mayor relatividad refiriéndose a la función de coordinación que desempeña el derecho internacional privado[82]. Así, una de las variantes por la que discurre esa corriente de pensamiento es la que hace hincapié en que el derecho internacional privado se ciñe a fijar límites espaciales. En este orden de ideas operó Bustamante y Sirvén, quien afirmaba que el derecho internacional privado es un derecho de los que se han llamado adjetivos, es decir, un de-

[80] Para un clásico como fue Asser, "el derecho internacional privado atañe al conjunto de principios que determinan la ley aplicable, ora a las relaciones jurídicas entre personas pertenecientes a territorios diversos, ora a los actos realizados en país extranjero, ora, en fin, a todos los casos en que se trata de aplicar la ley de un territorio en otro". Según este modo de ver, se concibe el derecho internacional privado como "una especie de derecho supremo, como un derecho de las leyes", tal como lo dice Jitta; "respetando así el sentido tradicional en que se expresa la larga serie de tratadistas que, desde los tiempos feudales, viene estudiando la solución de las llamadas concurrencias o conflictos legislativos" (Fernández Prida, "Prólogo", en Asser - Rivier, *Derecho internacional privado*, p. 9).

[81] "Hasta el período que se extiende entre las dos guerras mundiales el derecho internacional privado fue concebido como una emanación de las soberanías estatales. Cada poder soberano comprometía su imperio en la vigencia de las normas jurídicas que dictaba y existía un verdadero ejercicio de la competencia en la aplicación del derecho de fondo propio a las especies conectadas a más de un ordenamiento jurídico. Esta concepción del derecho internacional privado como repartidor de competencias entre ordenamientos jurídicos es impugnada y desvirtuada a mitad del siglo XX y finalmente reemplazada por una concepción privatista según la cual la función del derecho internacional privado –y particularmente de la regla de conflicto bilateral– es la regulación de manera justa de los casos con elementos extranjeros" (Najurieta, *Coordinación de ordenamientos jurídicos en materia de adopción internacional*, p. 15).

[82] Ver Mayer, *Le phenoméne de la coordination des ordres juridique étatiques en droit privé (cours général de droit international privé)*, "Recueil des Cours. Collected Courses", vol. 327, p. 25 y siguientes.

recho para el funcionamiento del derecho, como lo es el procesal, desde que se consagra a señalar, en el orden teórico y constituyente, los límites en el espacio para el ejercicio de la función generadora del derecho nacional y, en el orden práctico, los de la aplicación de cada ley ya promulgada y vigente. No obstante tratarse de un punto de vista en algunos aspectos dejado actualmente de lado, ha readquirido importancia porque la fragmentación creciente del derecho internacional público en sectores especializados, organizaciones autónomas y entidades supranacionales sin que haya un derecho constitucional mundial formalmente establecido[83], brinda motivo para el desenvolvimiento de un derecho que coordine y posibilite la cooperación entre ordenamientos; en otras palabras, que fije carriles por los que transite, en favor del desarrollo de la personalidad humana, sin que alcance a ser lo que antes se concibió como un verdadero super-derecho. No obstante, resultan valederas las observaciones en el sentido de que hallar la armonía internacional de las soluciones puede ser útil en un cierto número de casos; pero de difícil reconducción a la categoría de objetivo exclusivo del derecho internacional privado, el cual solo puede aspirar, en las actuales circunstancias, a superar algunas de las incoherencias de mayor entidad que muestra un examen comparativo de los casos ocurrentes[84].

[83] Rodrigo - García, *Unidad y pluralismo en el derecho internacional público*, *passim*.

[84] Conf. Batiffol, *Aspects philosophiques du droit international privé*, p. 212 y 220.

Capítulo VII

CONSECTARIOS

§ 104. ***Respuesta a los interrogantes fundamentales.*** – Las quince problemáticas desplegadas en los desarrollos que anteceden implican, en su conjunto, un ensayo de contestación al interrogante acerca de qué funciones cumple la extraterritorialidad. Complementan esta exposición las funciones mencionadas por la doctrina española contemporánea (§ 94).

Para responder a la pregunta acerca de qué extensión tiene el sector materia de examen, cabe contemplar a una primera tronera por la cual desfilan las ramas del mundo jurídico que han recibido el impacto del derecho extranjero, conformando en su respectiva estructura un sector de sentido transnacional.

La respuesta al interrogante en cuanto a qué exteriorización asume la extraterritorialidad, se delinea no bien se examinan los institutos y situaciones atingentes a la aplicación del derecho extraño al foro, al reconocimiento de los actos, de las situaciones jurídicas y de los documentos extranjeros y a la actuación de funcionarios fuera del territorio del país al cual prestan sus servicios.

La contestación a cuál es su importancia se perfila a través de la sumatoria de la extensión material y de las funciones, a lo que se adiciona la magnitud alcanzada por el proceso de actuación en red de los organismos internacionales.

Por último, los interrogantes en relación con dónde se halla ubicado en la faz sistemática y qué proyecciones tiene del derecho de la extraterritorialidad del derecho extranjero, son respondidos partiendo de la base de que no nos hallamos en presencia de una rama del derecho, sino de un método de carácter general aplicable a todos los fenómenos jurídicos.

La determinación de las funciones sin colocar barreras articuladas sobre conceptos que ya se encuentran superados por el avance de la ciencia del derecho, produce mayor acercamiento al objetivo de la igualdad de trato en relación con los diversos órdenes jurídicos, restringiendo así, al propio tiempo, desbalances emergentes del orden público u otros factores restrictivos[1], particularmente sensibles a nivel de los vínculos originados por la denominada "gobernanza mundial"[2].

§ 105. ***La senda hacia las conclusiones.*** – Lo que se deja apuntado en todo este trabajo dibuja una senda que, complementada con los estudios que se realicen en derredor de una realidad en continua expansión, posibilita trazar un cabal derrotero. Lo ya actuado permite asumir algunas afirmaciones centrales. En este preciso sentido que las funciones desempeñadas por el derecho extranjero en las áreas que la literatura usual del derecho internacional privado de la actualidad niega de plano que pertenezcan a la materia, se parigualan en cantidad y nexos funcionales a las que usualmente son motivo de atención por parte de la doctrina especializada. Aquí cabe retornar una observación efectuada en el comienzo de este libro, concretamente que en tanto en el marco de la ontología clásica el ser y la sustancia son considerados independientemente de los efectos que pueden producir, en la perspectiva de la denominada efectualidad el ser es inseparable de sus efectos, "el ser en tanto es efectual produce ciertos efectos y a su vez está determinado por ellos". Son los efectos, entonces, los que definen el ser de las cosas[3]. Sentado esto, una revisión de las funciones constituye el paso indispensable para recalar en los efectos, toda vez que sea el supuesto de un caso por resolver mediante la aplicación de la ley extranjera, sean las hipótesis de inserción por reconocimiento de un acto proveniente de ajena jurisdicción o de un procedimiento llevado a cabo en común por dos o más Estados, una

[1] Vrellis, *Conflict de coordination de valeurs en droit international privé (a la recherche de la justice)*, "Recueil des Cours. Collected Courses", vol. 328, 2007, p. 189 y siguientes.

[2] Pamboukis, *Droit international privé holistique, droit uniforme et droit international privé,* "Recueil des Cours. Collected Courses", vol. 330, 2007, p. 48.

[3] Viale, *La efectualidad, una aproximación conceptual,* "DPI Cuántico", 7/6/2017, haciendo suyo el pensamiento del filósofo italiano Agamben, *Altísima pobreza. Reglas monásticas y formas de vida*, p. 71.

vez colocados en los carriles que vinculan alguna de las funciones arriba indicadas, irán concatenando las afinidades que aquí interesan. Establecido el terreno donde se exteriorizan las funciones y se producen los efectos, se despliega la posibilidad de apuntar, en forma concreta, para qué sirve la extraterritorialidad del derecho extranjero.

§ 106. ***Irrelevancia de una heterogeneidad no obstructiva.*** – Con relación a la vinculación con las normas de extranjería o de contenido sustantivo, cabe tener presente que las asignaturas de la carrera de derecho necesariamente agrupan elementos pertenecientes a más de un sector del mundo jurídico, toda vez que en el plano didáctico deben interrelacionarse con todo lo que es afín, sea por método, sea por objeto o por esencia; de ahí que su consideración conjunta o unitiva no prejuzga necesariamente sobre su encasillamiento material. Así, lo constitucional está presente en casi todas las materias de la carrera de Derecho, lo penal sustantivo en los desarrollos de lo procesal penal, las sociedades comerciales en el tratamiento de la personalidad jurídica en general, el sistema de derechos reales inmobiliarios en el derecho agrario, etcétera. La actuación de lo jurídico extranjero, vinculada a un método que abarca todo el espectro normativo, implica, además de la integración de más de un derecho, un acto de reconocimiento de carácter internacional que comprende tanto al Estado como a sus órganos normoproductores. A su vez, la aplicación o reconocimiento de ese derecho extraño al foro debe transitar en el marco trazado por lo jurídico interno por un proceso de adaptación que implica una particular problemática que comprende, entre otros ítems, lo concerniente al significado de los conceptos empleados, a la evitación del fraude a la ley local, y al mantenimiento del orden público del *forum*. Tampoco altera la consideración efectuada la concurrencia de las normas materiales de orden público o de extranjería del derecho del país donde debe solucionarse el caso o aplicarse la normatividad extranjera, que por su naturaleza pertenecen, según su índole, a los derechos civil, comercial, fiscal, administrativo, procesal o penal locales, en su faceta transnacional. O sea que si bien el estudio, por su continencia material, puede ser abordado por cada una de las ramas respectivas, también es susceptible y conveniente que por su finalidad o función lo sea por otra, de misión específica mente centralizadora, aunque siempre teniendo presente la distinta naturaleza y alcance de cada sector o instituto. Es decir, tener claro que si bien sobre el derecho internacional privado campean diversidad de concepciones, tales posiciones, por lo menos las que conllevan un enfoque de tipo material, en rigor integran también la rama transnacional de cada disciplina de la enciclopedia jurídica, advenidas al afianzarse la preeminencia del orden jurídico internacional merced a disposiciones de esencia constitucional[4] y también a raíz de la actuación de entidades supranacionales, organismos intergubernamentales, comisiones interestatales y tribunales internacionales.

§ 107. ***Epílogo que constituye un prólogo.*** – Volvemos al inicio de este libro. No hay en lo expuesto nada nuevo pero sí una reconfiguración de contenidos y funciones. La extraterritorialidad no es elemento caracterizador del derecho internacional privado en el sentido más clásico, ni tampoco uno de los métodos que conforma su objeto. Es mucho más pues representa un camino, propio de la teoría general del derecho, para integrar los diferentes sistemas jurídicos. Ella tiene una faceta internacional y otra interna. La primera opera en el marco de un proceso de microintegración entre dos sistemas que se complementan para generar la norma aplicable o reconocer un procedimiento o acto. La segunda tiene su sede en el derecho interno, enfocando la problemática propia del tratamiento del derecho extranjero (calificaciones, cuestión previa, reenvío, etc.) y de las normas de contenido directo que enfocan este tema. Paralelamente, cada rama del derecho que alberga el tratamiento de los casos y situaciones que en su ámbito la conectan con otras soberanías o jurisdicciones internacionales, y concitan allí la extraterritorialidad y las soluciones directas. En el resultado se articulan las funciones, cada vez más importantes, que cumple la extraterritorialidad. El resultado práctico está a la vista: la posibilidad de aplicar todo el herramental y las soluciones encontradas en diferentes ramas para enfocar con unidad, certeza y visión de futuro el crecimiento exponencial de un sector del derecho. Esto permite pensar lo jurídico desde una plataforma de

[4] La Corte Suprema ha sentado que los preceptos que configuran el *ius cogens* internacional, cualquiera sea su fuente de constancia formal; son directamente aplicables en el ámbito interno y su actuación no lesiona el principio de irretroactividad de las leyes penales, toda vez que rigen desde tiempo inmemorial (Pagliari, *Derecho internacional y derecho interno. El sistema constitucional argentino*, "Ars Boni et Aequi, Revista Jurídica de la Universidad Bernardo O'Higgins", año 7, nº 2, p. 17 y ss., especialmente 20 y 21).

coexistencia que se encuentra en un punto de encuentro entre el orden interno y el internacional, contribuyendo indirectamente a la paz y permitiendo que el hombre pueda vivir el mundo como un escenario con divisiones; pero que tales fraccionamientos no operen como obstáculos sino como nuevas plataformas de lanzamiento de las relaciones jurídicas.

Muchos de los estudiosos especializados en el derecho internacional privado han actuado tomando para sí la extraterritorialidad como un bien propio y exclusivo, apropiándose de ella y configurando una rama del mundo jurídico. Empero, cuando aquella ha comenzado a mostrar una extensión que ni siquiera se podía intuir pocas décadas atrás, tomó cuerpo una corriente que ha restringido la operatividad del instituto considerando que muchas de sus partes más dinámicas resultan ajenas o extrañas para así circunscribir el fenómeno a la materia civil y comercial. Esto no solo implica un fraccionamiento antinatural de un fenómeno único, sino una contramarcha en un proceso de integración jurídica que debe acelerarse en tiempos que se impone levantar barreras, eliminar obstáculos y facilitar el camino hacia el goce de los derechos en todas las dimensiones de la realidad jurídica. Este libro mira a ese presente, pero también procura destacar los parámetros útiles para interpretar una acrecentada expansión, que puede intuirse en el futuro inmediato.

Más allá de las consecuencias prácticas de la posición adoptada, que ha sido la preocupación de toda esta obra, se delinean consecuencias teóricas, concretamente a nivel de la denominada "parte general" del derecho internacional privado.

No cabe duda de que la noción de "parte general" de una rama del mundo jurídico conlleva la idea de ser el sector que mejor expresa la consolidación técnica de esa rama. Configura la porción estructural que de manera más concluyente patentiza la homogeneidad lógica, ontológica y valorativa del material agrupado, o sea, la posibilidad de generar hilos conductores que otorguen al todo la necesaria dosis de unidad y cohesión. Por medio de una especialización creciente del saber jurídico se ha llegado a las decenas de asignaturas que exhiben las currículas universitarias, mostrando un grupo de ellas partes generales de sólida conformación técnica; así, por ejemplo, la edificada en el ámbito del derecho penal a partir del delito.

El derecho internacional privado pertenece este último grupo, toda vez que muestra una parte general compleja, cuyo acrecimiento por agregación de nuevas problemáticas se produjo en un tiempo relativamente breve, de extensión poco más que secular. Incluso, en épocas más cercanas, en tierra argentina se produjeron esfuerzos de metodización, sobresaliendo la construcción de Goldschmidt acerca de la inserción de la problemática general en el marco de la concepción normológica. Casi coetáneamente, también aquí se concretaron los debates a que diera lugar la recepción del pluralismo metódico de origen doctrinal francés, con profundas repercusiones en orden al objeto del derecho internacional privado. *A posteriori* advino el desembarco de la doctrina hispánica que centra el objeto de la materia en el tráfico jurídico externo del Estado, ocasionando esta idea reverberaciones en algunas de las estructuras clásicamente incorporadas a la disciplina. No obstante, excepto el protagonismo que paulatinamente van adquiriendo el acto jurisdiccional y la entreayuda procesal, cabe afirmar que reina cierta quietud en la consideración doctrinal de los temas propios de la parte general del derecho internacional privado.

Lo dicho puede dejar de ser reflejo de la realidad en un tiempo próximo si atendemos a que de lo expresado en los desarrollos de este trabajo surgen tres nuevos perfiles definitorios. Concretamente, en primer lugar, la formación de un sistema paralelo de actuación del derecho extranjero fuera de los ámbitos tradicionalmente abarcados por la aplicación de ese mismo derecho extranjero; en segundo lugar, un sistema de extraterritorialidad de dos velocidades y una nueva forma de diseminación de los actos y procedimiento en los ordenamientos jurídicos que no fueron donde aquellos tuvieron origen. En tercer lugar, el aumento de la importancia cuantitativa del reconocimiento de los actos y procedimiento basados en el derecho extranjero por sobre la aplicación directa de lo jurídico extraño al foro, lo cual diversifica las funciones que este último despliega.

Con esa actuación diversificada y en todas las ramas constitutivas del ordenamiento jurídico, resulta indetenible la reinserción de la extraterritorialidad que, bajo sus diversas formas, resulta idónea para enriquecer todas las ramas jurídicas conforme lo adelantara –trazando con esto una perspectiva hacia el futuro– la metodología de los congresistas reunidos en Montevideo durante el año 1889.

En el mismo orden de ideas, resulta impostergable el redimensionamiento del reconocimiento, que debe dejar su rol como institución aislada y enfocada hacia un tipo determinado de actos estatales, abarcando no solo las decisiones de autoridades extranjeras jurisdiccionales sino las originadas en las administraciones de los demás Estados de la comunidad internacional, como también las situaciones jurídicas generadas en otros espacios soberanos.

Atento a esas incontrastables realidades estimo, entonces, que necesariamente debe ocurrir, en el análisis a nivel de parte general, al menos un reacomodamiento estructural y cualitativo; esto de cara a un futuro no lejano. Bien entendido que doy por sabido que muchos notables sostenedores de las posiciones materiales consideran una utopía, incluso como algo perdido en la noche de los tiempos, la posibilidad de edificar una parte general del derecho internacional privado. Pero estoy persuadido que el método de la extraterritorialidad, medular a nivel de la teoría general del derecho, sí la necesita y finca allí su adaptabilidad a la proteiforme experiencia internacional.

Así lo pensamos, con acendrada convicción, los autores de este libro.

BIBLIOGRAFÍA

AA.VV., *Curso de cooperación penal internacional,* Montevideo, Carlos Álvarez, 1994.

— *Curso de derecho procesal internacional y comunitario del Mercosur,* Montevideo, Fundación de Cultura Universitaria, 1997.

— *Derecho internacional privado. Derecho de la libertad y del respeto mutuo. Ensayos a la memoria de Tatiana B. de Maekelt*, Asunción, Cedep-Asadip, 2010.

— *El nuevo derecho administrativo global en América Latina*, Bs. As., Rap, 2009.

— *Estudios de derecho internacional en homenaje al profesor Ernesto J. Rey Caro*, Córdoba, Marcos Lerner, 2002.

— *Estudios de derecho internacional tributario. Los convenios de doble imposición*, Bogotá, Legis, 2006.

— *Mélanges Pierre Bellet,* Paris, Litec, 1991.

— *Nada personal. Ensayos sobre crimen organizado y sistema de justicia*, Bs. As., Depalma, 2001.

Abarca Junco, Ana P. (dir.), *Derecho internacional privado*, Madrid, Colex, Universidad Nacional de Educación a Distancia, 2005.

Adorney, Julian, *Quieres la paz, promueve el libre comercio,* "Fundation for Economic Education", https://fee.org/articles/want-peace-promote-free-trade.

Adriasola, Gabriel, "El principio de reserva política en la cooperación penal internacional", en AA.VV., *Curso de cooperación penal internacional,* Montevideo, Carlos Álvarez, 1994.

Agamben, Georgio, *Altísima pobreza. Reglas monásticas y formas de vida,* Valencia, Pre Textos, 2014

Aguilera Barchet, Bruno, *Historia de la letra de cambio en España. Seis siglos de práctica trayecticia*, Madrid, Tecnos, 1988.

Ahumada Pacheco, Hermes, *Manual de seguridad social*, Santiago de Chile, Andrés Bello.

Albaladejo García, Manuel - Díaz Alabart, Silvia, *Comentarios al Código Civil y compilaciones forales*, Jaén, Edersa, 1995.

Alberdi, Juan B., *Sistema económico y rentístico de la Confederación Argentina según su Constitución de 1853*, "Revista de Instituciones, Ideas y Mercados", oct. 2010.

Albornoz, María M., *Acceso a la justicia en las relaciones privadas internacionales. Intereses en juego*, "Revista de la Secretaría del Tribunal Permanente de Revisión", año 5, nº 9, mar. 2017.

Alcolada Chico, María T., *La entrega vigilada y su impacto en la esfera de los derechos fundamentales y la sociedad globalizada*, Madrid, Facultad de Derecho de la Universidad Complutense, 2015.

Aldeeb Abu-Sahlieh, Sami A., *Las sanciones en derecho musulmán y su influencia en los países árabes*, "Anuario de Derecho Penal, Universidad de Friburgo", 2010.

Alegria, Héctor, *Globalización y derecho*, "Pensar en Derecho", Eudeba, Facultada de Derecho, Universidad de Buenos Aires, 2012.

Almonacid Lamelas, Víctor - Sancliment Casadejú, Xavier, *El impacto de las TIC en la configuración clásica del derecho. Especial referencia al principio de territorialidad*, "Tecnología, Ciencia y Educación", nº 4, may.-ago. 2016, p. 25.

Altamira Gigena, Raúl E., *La seguridad social en Latinoamérica como instrumento de unidad, DT*, 1983-B-1411.

Altmark, Daniel R. - Molina Quiroga, Eduardo, *Tratado de derecho informático*, Bs. As., La Ley, 2012.

Ambos, Kai - Malarino, Ezequiel - Elsner, Gisela (eds.), *Cooperación y asistencia judicial con la Corte Penal Internacional*, Konrad Adenauer - Instituto de Ciencias Criminales, Georg-August-Universität-Göttingen, 2007.

Amorin Pereira, José E., *A doutrina holandesa comitas gentium*, "Revista da Facultade de Direito de la Universidade Federal de Minas Geraes", nº 3, 1963.

Arbonés, Mariano, *Derecho procesal internacional comparado*, "Revista Notarial del Colegio de Escribanos de la Provincia de Córdoba", t. 1992-I, p. 63, http://escribanos.org.ar/rnotarial/wp-content/uploads/2015/07/RNCba-63-1992-05-Doctrina.pdf.

Arenas-Peralta, Laura, *La protección de las personas desplazadas al interior de su propio país*, "Revista Colombiana de Derecho Internacional, 2017.

Argerich, Guillermo, *La Convención sobre Reconocimiento y Ejecución de Sentencias Arbitrales Extranjeras, una red de cooperación jurídica internacional, LL*, 30/11/2018 (t. 218-F).

Armagnague, Juan F., *Derecho internacional público*, Bs. As., Astrea, 2018.

Arminjon, Pierre, *Précis de droit international privé (les notions fundamentales)*, Paris, Dalloz, 1915.

Arnejo, Ezequiel, *La cláusula de la nación más favorecida como instrumento de protección de nuestro comercio exterior*, tesis doctoral, Facultad de Ciencias Económicas de la UBA, http://bibliotecadigital.econ.uba.ar/download/tesis/1501-0144_ArnejoEJ.pdf.

Ascarelli, Tullio, *Sociedades y asociaciones comerciales*, Bs. As., Ediar, 1947.

Asser, Tobías M. C. - Rivier, Alfonso, *Derecho internacional privado*, Madrid, La España Moderna, 1893.

Audit, Mathias, *Bioéthique et droit international privé*, "Recueil des Cours. Collected Courses", vol. 373, 2014.

Barraguirre (h.), Jorge, "Los tratados bilaterales de inversión y el Convenio Ciadi ¿la evaporación del derecho administrativo doméstico?", en AA.VV., *El nuevo derecho administrativo global en América Latina*, Bs. As., Rap, 2009.

Barrios de Ángelis, Dante, *El proceso civil, comercial y penal de América Latina*, Bs. As., Depalma, 1989.

— "El derecho procesal internacional", en Landoni Sosa, Ángel (dir.), *Curso de derecho procesal internacional y comunitario del Mercosur*, Montevideo, Fondo de Cultura Universitaria, 1997.

Basedow, Jurgen, *The law of open societies. Private ordering and public regulations of international relations. General course on private international law*, "Recueil des Cours. Collected Courses", vol. 360, 2013.

Basile, Dante, *El reciclaje de capital ilícito*, "Revista de la AAEF", abr. 2001.

Bassiouni, Cherif, *International criminal law*, New York, Transnational Publishers Inc. Dobbs Ferry, 1987.

— *Introduction au droit pénal international,* Bruxelles, Emile Bruylant, 2002.

Batiffol, Henri, *Aspects philosophiques du droit international privé*, Paris, Dalloz, 1956.

— *Le pluralisme des méthodes en droit international privé,* "Recueil des Cours. Collected Courses", vol. II (t. 139), 1973.

Battini, Stefano, "The proliferation of global regulatory regimes", en Cassese, Sabino (ed.), *Research handbook on global administrative law*, Cheltenham, Elgar Publishing, 2016.

Beccaria, Césare, *De los delitos y de las penas*, Madrid, Imprenta Alban, 1822.

Bentham, Jeremías, *Tratado de las pruebas judiciales*, Madrid, Imprenta de Tomás Jordán, 1835.

Benvenisti, Eyal, *The law of global governance,* "Recueil des Cours. Collected Courses", vol. 368, 2014.

Bergson, Henri, *La evolución creadora*, Barcelona, Planeta, 1985.

Bertazza, Humberto J., "La evasión fiscal y los acuerdos internacionales de colaboración", presentado en XIII Encuentro Internacional de Administradores Tributarios en Argentina, 2003, www.iefpa.org.ar/seminarios/2003/documentos/bertazza.pdf.

Bertolino, Pedro J., *El funcionamiento del derecho procesal penal*, Bs. As., Depalma, 1985.

Biocca, Stella M. - Feldstein de Cárdenas, Sara - Basz, Victoria, *Lecciones de derecho internacional privado. Parte general*, Bs. As., Universidad, 1997.

Biscay, Pedro, *Estrategias de lucha contra la corrupción: algunas reflexiones para el contexto latinoamericano*, "Revista Probidad", nº 26, mar. 2004.

Blakesly, Christopher, "Extraterritorial jurisdiction", en Bassiouni, Cherif, *International criminal law*, New York, Transnational Publishers Inc. Dobbs Ferry, 1987.

Blanco Cordero, Isidoro, *El delito de blanqueo de capitales*, Pamplona, Aranzadi, 1997.

Bodin, Jean, *Los seis libros de la República*, Madrid, Tecnos, 1997.

Bodnar, Alice L., *NRDC v. EPA: Testing the waters of the constitutionality of delegation to international organizations*, "Ecology Law Quarterly", nº 34, 2007.

Boggiano, Antonio, *Curso de derecho internacional privado. Derecho de las relaciones privadas internacionales*, Bs. As., Lexis Nexis - Abeledo-Perrot, 2004.

Boggiano, Antonio, *Tratado de derecho internacional privado,* Bs. As., La Ley, 2017.

Bogoslavsky Minoli, Tatiana I., *A 160 años del desarrollo de la teo*ría de la nacionalidad. Pascual Estanislao Mancini, "En Letra Digital", https://enletra.wordpress.com/2014/03/05/.

Botta, Paulo, El concepto de fundamentalismo islámico, Córdoba, Centro de Estudios del Medio Oriente Contemporáneo, 2007, www.files.ethz.ch/isn/103379/2007_01_fundamentalismo.pdf. Bourdieu, Pierre, *Campo intelectual y proyecto creador, problemas del estructuralismo*, Bs. As., Nueva Visión, 1971.

Bouza, Núria - García, Caterina - Rodrigo, Ángel J. (dirs.), *La gobernanza del interés público global*, Madrid, Tecnos, 2015.

Bouza, Núria - García, Caterina - Rodrigo, Ángel J. (dirs.) - Pareja, Pablo (coord.), *La gobernanza del interés público global. XXV Jornadas de la Asociación Española de Profesores de Derecho Internacional y Relaciones Internacionales. Barcelona, 19-20 de septiembre de 2013*, Madrid, Tecnos, 2015.

Braccia, Mariano, *Derecho internacional tributario,* Bs. As., La Ley, 2016

Brunnée, Jutta, *International law in a transcivilizational world, book review*, "Harvard International Law Journal", t. 59, nº 2, 2018.

Breyer, Stephen G., *The court and the world*, New York, Vintage Books, 2015.

Bücher, Andreas, *La dimension sociale du droit international privé. Cours général,* "Recueil des Cours. Collected Courses", vol. 341, 2010.

Büthe, Tim - Mattli, Walter, *The new global rulers*, Princeton, Princeton University Press, 2013

Cachanosky, Roberto, *Para Aberdi, el modelo económico está en la Constitución,* "La Nación", 8/6/2003.

Caicedo Castilla, José J., *Derecho internacional privado*, 6ª ed., Bogotá, Temis, 1967.

Calvo Caracava, Alfonso - Carrascosa González, Javier (dirs.), *Derecho internacional privado*, 11ª ed., Granada, Comares, 2010.

Canales, Esteban, *La Inglaterra victoriana*, Madrid, Akal, 2008.

Canelo Figueroa, Carola, *Derecho procesal internacional*, Santiago de Chile, Jurídica de Chile, 2015.

Cantú, César, *Historia universal,* Bs. As., Sopena Argentina, 1956.

Carbone, Sergio, *Conflicts de lois en droit maritime,* "Recueil des Cours. Collected Courses", vol. 340, 2009.

Carnegie Endowment for International Peace, *Control de la corrupción: clave para el comercio orientado al desarrollo,* "Revista Comercio, Equidad y Desarrollo", nº 4, nov. 2002.

Carnevali, Raúl, *La ciencia penal italiana y su influencia en Chile,* "Política Criminal", nº 6, 2008.

Casanovas, Oriol, "La dimensión pública del derecho internacional actual", en Bouza, Núria - García, Caterina - Rodrigo, Ángel J. (dirs.) - Pareja, Pablo (coord.), *La gobernanza del interés público global. XXV Jornadas de la Asociación Española de Profesores de Derecho Internacional y Relaciones Internacionales. Barcelona, 19-20 de septiembre de 2013*, Madrid, Tecnos, 2015.

Casares, Martín, *La Argentina y la Corte Penal Internacional*, "Infobae", 2/6/2018.

Casini, Lorenzo, "The expansion of the material scope of global law", en Cassese, Sabino (ed.), *Research handbook on global administrative law*, Cheltenham, Elgar Publishing, 2016.

Cassese, Sabino (ed.), *Research handbook on global administrative law*, Cheltenham, Elgar Publishing, 2016.

Cassese, Sabino - D'Alterio, Elisa, "The development of global administrative law", en Cassese, Sabino (ed.), *Research handbook on global administrative law*, Cheltenham, Elgar Publishing, 2016.

Cervini, Raúl, "La cooperación judicial penal internacional. Concepto y proyección", en AA.VV., *Curso de cooperación penal internacional,* Montevideo, Carlos Álvarez, 1994.

Chiti, Edoardo - Mattarella, Bernardo G. (eds.), *Global administrative law and EU administrative law*, Berlin, Springer, 2011.

Ciuro Caldani, Miguel Á., *El derecho comparado y su relación con el derecho internacional privado,* "Cuadernos de Filosofía del Derecho", vol. 10, 1988.

— *Necesidad de un complejo de ramas del mundo jurídico para un nuevo tiempo,* "Investigación y Docencia", vol. 40, 2007.

— *Razones del trialismo. A Werner Goldschmidt treinta años después,* "Investigación y Docencia", vol. 52, 2016-2017.

Colombos, John, *Derecho internacional marítimo*, Madrid, Aguilar, 1961.

Cossio, Carlos, *Hans Kelsen, el jurista de la época contemporánea*, en "Anales de la Facultad de Ciencias Jurídicas y Sociales de la Universidad Nacional de La Plata", t. XII, parte 2ª, La Plata, 1941, p. 535.

— *La teoría egológica del derecho y el concepto jurídico de libertad,* Bs. As., Abeledo-Perrot, 1964.

— *Panorama de la teoría egológica del derecho*, "Revista Trimestral de Cultura Moderna", 1948.

Crouzet, Maurice (dir.), *Historia general de las civilizaciones*, vol. II, Barcelona, Ediciones Destino, 1961.

D'Alterio, Elisa, "Judicial regulation in the global space", en Cassese, Sabino (ed.), *Research handbook on global administrative law*, Cheltenham, Elgar Publishing, 2016.

Daniel, Tim, "Repatriación de fondos estatales robados: selección de casos de estudio y la Convención de la ONU contra la Corrupción", en Transparency International, *Informe global de la corrupción 2004*, Icaria, 2004.

Dann, Philipp, "The global administrative law of development cooperation", en Cassese, Sabino (ed.), *Research handbook on global administrative law*, Cheltenham, Elgar Publishing, 2016.

David, René - Jauffret-Spinosi, Camille, *Los grandes sistemas jurídicos contemporáneos*, México, UNAM, Centro Mexicano de Derecho Uniforme, Facultad Libre de Derecho de Monterrrey, 2010.

De Boisséson, Matthieu, "Réflexions sur l'espace et le temps dans l'arbitrage international", en AA.VV., *Mélanges Pierre Bellet*. Paris, Litec, 1991.

De Jesús, Alfredo, "La autonomía del arbitraje internacional", en Mantilla Espinosa, Fabricio - Pizarro Wilson, Carlos, *Estudios de derecho privado en homenaje al profesor Cristián Larroumet*, Bogotá, Universidad del Rosario, 2008.

De Miguel Asencio, Pedro A., "Desarrollo y eficacia de reglas transnacionales con participación de actores no estatales", en Bouza, Núria - García, Caterina - Rodrigo, Ángel J. (dirs.) - Pareja, Pablo (coord.), *La gobernanza del interés público global. XXV Jornadas de la Asociación Española de Profesores de Derecho Internacional y Relaciones Internacionales. Barcelona, 19-20 de septiembre de 2013*, Madrid, Tecnos, 2015.

De Rivacoba y Rivacoba, Manuel, *El derecho penal en América Latina a finales del siglo XX*, "Direito e Ciudadania", año IV, nº 10-11, 2000-2001.

De Santes Guanter, José, *Los mensajes simples en el jus communicationis de Francisco de Vitoria*, "Persona y Derecho", nº 20, 1989.

Del Carpio Delgado, Juan, *El delito de blanqueo de bienes en el nuevo Código Penal*, Valencia, Tirant lo Blanch, 1997.

Delgado Barreto, César, *Problemática del derecho internacional privado contemporáneo*, "Themis, Revista de Derecho", t. 63, año 2013, p. 164.

Di Giovanni, Adriana, "La cooperación penal internacional", en AA.VV., *Curso de cooperación penal internacional*, Montevideo, Carlos Álvarez, 1994.

Díaz, Vicente O., *Ilícitos tributarios*, Bs. As., Astrea, 2006.

Dikenstein, Manuel, *Las operaciones de importación: acerca de su triangulación*, www.despachantesargentinos.com/.

Dreyzin de Klor, Adriana, *Derecho internacional privado*, Bs. As., Zavalía, 2015.

Duncker Biggs, Federico, *Derecho internacional privado. Parte general*, Santiago de Chile, Jurídica de Chile, 1967.

Enciclopedia del diritto, Milano, Giuffré, 1970.

Encyclopedia of Public International Law, North Holland, Elsevier, 1997.

Escalante Barreto, Estanislao, *El agente encubierto como instrumento de política criminal y represión penal: negación de los fundamentos del proceso penal constitucional*, Universidad Nacional de Colombia, Facultad de Derecho, Ciencias Políticas y Sociales, Maestría en Derecho, 2010.

Escobar Martínez, Lina, *Las minorías en la democracia constitucional. El caso español*, "Universitas", vol. 54, nº 109, 2005.

Escudé, Carlos - Cisneros, Andrés (dirs.), *Historia de las relaciones exteriores de la República Argentina*, www.argentina-rree.com/10/10-012.htm.

Etcheberry Celhay, Javier, *Las atribuciones de la administración tributaria para la obtención y manejo de información*, Conferencia técnica "Los aspectos clave en el control de las administraciones tributarias", Centro Interamericano de Administraciones Tributarias (CIAT), Lisboa, 1998.

Etchegaray, Ricardo, *Transparencia fiscal internacional: el rol de la AFIP*, "El Cronista Comercial", 1/11/2012.

Fabián Caparrós, Eduardo A., "La prevención y represión del lavado de activos desde una óptica internacional comparada", en Pérez Noriega, Fernando - Ramírez León, Lucero (coords.), *Memoria del Seminario Internacional sobre Corrupción y Lavado de Dinero*, México, Instituto Belisario Domínguez, Senado de la República, 2011.

Faus, Joan, *Los cierres de la Administración pública estadounidense provocados por desacuerdos congresionales entre demócratas y republicanos*, "El País" (Madrid), 20/1/2018.

Feldstein de Cárdenas, Sara, *Historia de una aldea famosa en el derecho internacional privado,* "Revista de Derecho Procesal Civil y Comercial", nº 4, sep. 2013, https://ar.ijeditores.com/articulos.php?idarticulo=66362.

Feria Tinta, Mónica, *La víctima ante la Corte Interamericana de Derechos Humanos a 25 años de su funcionamiento,* "Revista del Instituto Interamericano de Derechos Humanos", vol. 43, 2006.

Fernández Arroyo, Diego, *El derecho internacional privado en el diván. Tribulaciones de un ser complejo*, en "Derecho internacional privado y derecho de la integración", Asunción, Paraguay, CEDEP, 2013.

Fernández Arroyo, Diego (dir.), *Derecho internacional privado de los Estados del Mercosur*, Bs. As., Zavalía, 2003.

Fernández Arroyo, Diego - Moreno, José A. (coords.), *Derecho internacional privado y derecho de la integración, libro homenaje a Roberto Ruíz Díaz Labrano*, Asunción, Cedep, 2013.

Fernández Arroyo, Diego P. - Véscovi, Eduardo, *Aspectos generales del reconocimiento*, en *derecho internacional privado de los Estados del Mercosur*, Bs. As., Zavalía, 2003.

Fernández de Lis, Daniel, *La Reforma en Inglaterra: antecedentes, desarrollo e intentos católicos por revertirla,* "Descubrir la Historia", 26/10/2018, https://descubrirlahistoria.es/2018/10/la-reforma-en-inglaterra-antecedentes-desarrollo-e-intentos-catolicos-por-revertirla/.

Fernández Prida, Joaquín, "Prólogo", en Asser, Tobías M. - Rivier, Alfonso, *Derecho internacional privado,* Madrid, La España Moderna, 1893.

Fernández, Rodrigo A., *Hacia una nueva conceptualización del homo economicus. Aportes a la teoría del consumidor,* "Visión de Futuro", nº 2, año 6, vol. 12, jul.-dic. 2009.

Fernández Rozas, José C., *Ius Mercatorum,* "Revista del Consejo General del Notariado", 2004.

Ferrajoli, Luigi, *Derecho y razón*, Madrid, Trotta, 2009.

Fierro, Guillermo J., *La ley penal y el derecho internacio*nal, Bs. As., Tea, 1997.

Figgis, John N., *El derecho divino de los reyes y tres ensayos adicionales*, México, Fondo de Cultura Económica, 1970.

Figueroa, Indira, *OCDE y el intercambio de información tributaria*, "Revista Martes Financiero", mayo 2004.

Figueroa Véjar, Alejandro A., *Los principios de supremacía y operatividad en el derecho comunitario como fundamento de la integración*, "Revista Chilena de Derecho", número especial, 1998.

Fiore, Pasquale, *Digesto italiano*, Torino, UTET, 1895.

— "Sentenze straniere ed atti", en Fiore, Pasquale, *Digesto italiano*, Torino, UTET, 1895.

Fitzgerald, Sara, *El libre comercio genera paz*, www.elcato.org/el-libre-comercio-genera-paz.

"Francesco Accursio", en *Enciclopedia italiana de scienze, lettere e arti,* Milano, Instituto Giovanni Treccani, 1929.

Frowein, Jochen, "Recognition", en *Encyclopedia of Public International Law*, vol. 3, North Holland, Elsevier, 1998.

Fresnedo, Cecilia, *Curso de derecho internacional privado. Parte general*, Montevideo, Fundación de Cultura Universitaria, 2002.

Fresnedo de Aguirre, Cecilia, *La cooperación cautelar internacional en el MERCOSUR*, http://hedatuz.euskomedia.org/6422/1/14055072.pdf.

Gaillard, Emmanuel, *Aspects philosophiques du droit de l'arbitrage international,* "Recueil des Cours. Collected Courses", vol. 329, 2007.

García Pérez, Rafael, "La responsabilidad de proteger: redefinición y perivencia", en Bouza, Núria - García, Caterina - Rodrigo, Ángel J. (dirs.) - Pareja, Pablo (coord.), *La gobernanza del interés público global. XXV Jornadas de la Asociación Española de Profesores de Derecho Internacional y Relaciones Internacionales*, Madrid, Tecnos, 2015.

Garrido Gómez, María I., *La utilidad del juscomparatismo en la armonización de los sistemas jurídicos,* "Boletín Mexicano de Derecho Comparado", nº 108, capítulo II, https://revistas.juridicas.unam.mx/index.php/derecho-comparado/article/view/3772/4675.

Giménez Corte, Cristián, *La función del derecho internacional privado en la era de la globalización: un manifiesto jurídico, ED*, 265-774.

Godson, Roy - Olson, William, *International organized crime: emerging threat to US security,* Washington, National Strategy Information Center, 1993.

Goetz, Walter (dir.), *Historia universal*, Madrid, Espasa Calpe, 1975.

Goldschmidt, Werner, *Derecho internacional privado. Derecho de la tolerancia (basado en la teoría trialista del mundo jurídico)*, Bs. As., Abeledo-Perrot, 2009.

— *El S.O.S. del derecho internacional privado y otros ensayos*, Bs. As., Editorial de Belgrano, 1976.

— *Introducción filosófica al derecho. La teoría trialista del mundo jurídico y sus horizontes,* Bs. As., Depalma, 1987.

Gómez, María del C., *Nociones fundamentales de derecho penal. Parte general, adaptado al EEES*, Madrid, Tecnos, 2015.

González Martín, Nuria (coord.), *Estudios jurídicos en homenaje a Marta Morineau,* t. I, México, UNAM, 2016.

González Saborido, Juan B., *La garantía constitucional de la movilidad de las jubilaciones y pensiones. Un contrapunto entre los poderes legislativo y ejecutivo con el poder judicial*, www.infojus.gov.ar, Id SAIJ: DACF150780.

González Varas Ibáñez, Santiago, *Pasado, presente y futuro del derecho comparado,* "Revista Chilena de Derecho", vol. 26, nº 3.

Gordillo, Agustín, "Hacia la unidad del orden jurídico mundial", en AA.VV., *El nuevo derecho administrativo global en América Latina,* Bs. As., RAP, 2009.

— *Tratado de derecho administrativo y obras selectas,* Bs. As., FDA, 2013.

Gorosito Zuluaga, Ricardo, "Una visión macropolítica de los procesos de cooperación judicial internacional penal. La construcción de la cooperación en el contexto del emergente orden post estatal", en AA.VV., *Curso de cooperación penal internacional,* Montevideo, Carlos Álvarez, 1994.

Gorostegui, Carlos O., *Situación de los migrantes residentes en Argentina respecto de los beneficios jubilatorios,* "Revista Aequitas", nº 9, 2015.

Gotlib, Gabriel - Vaquero, Fernando M., *Aspectos internacionales de la tributación argentina,* Bs. As., La Ley, 2005.

Granato, Leonardo - Oddone, Carlos N., *La protección del inversor extranjero a través de los acuerdos bilaterales de inversión,* en "Tendencias. Revista de la Facultad de Ciencias Económicas y Administrativas de la Universidad de Nariño", vol. VIII, nº 2, 2007.

Green, Timothy, *The smugglers,* New York, Walker, 1969.

Guerrero, Sergio, *Derecho internacional privado,* México, Porrúa, 2006.

Helleiner, Eric, "State power and the regulation of illicit activity in global finance", en Priman, Richard - Andreas, Peter, *The illicit global economy and state power,* Maryland, Rowman & Littlefield, 1999.

Hernández-Bretón, Eugenio, "En recuerdo de la profesora Tatiana B. de Maekeld", en AA.VV., *Derecho internacional privado. Derecho de la libertad y del respeto mutuo. Ensayos a la memoria de Tatiana B. de Maekelt,* Asunción, Cedep, 2010.

Highton, Elena, *Sistemas concentrado y difuso de control de constitucionalidad,* http://old.csjn.gov.ar/docus/documentos/verdoc.jsp?ID=89740.

Hijas, Eduardo, *La professio juris en las sucesiones y matrimonios con elementos transfronterizos,* "Notarios del Siglo XXI", nº 83, feb. 2019, p. 1, www.elnotario.es/hemeroteca/revista-69/6972-la-professio-iuris-en-las-sucesiones-y-matrimonios-con-elementos-transfronterizos.

Huesa, Rosario, "La protección del interés público global: una nueva dimensión para las normas y obligaciones internacionales", en Bauza, Núria - García, Caterina - Rodrigo, Ángel J. (dirs.), *La gobernanza del interés público global,* Madrid, Tecnos, 2015.

Huzinga, Johan, *Homo ludens,* Madrid, Alianza Editorial - Emecé Editores, 2007.

Internet Society, *Internet y los efectos extraterritoriales de las leyes,* www.internetsociety.org/es/resources/doc/2018/internet-y-los-efectos-extraterritoriales-de-las-leyes.

Irigoin Barrenne, Jeannette, *El derecho espacial,* www.anepe.cl/el-derecho-espacial/.

Jayme, E., *Identité culturelle et intégration: le droit international privé postmoderne,* "Recueil des Cours. Collected Courses", vol. 251, 1995.

Jorge, Guillermo, *Repatriación de bienes obtenidos ilícitamente*, *paper* inédito.

Juenger, Friedrich K., *Derecho internacional privado y justicia material*, trad. de Diego P. Fernández Arroyo - Cecilia Fresnedo de Aguirre, México, Porrúa, 2006.

Kagan, Robert A., "On the visibility of income tax law violations", en Roth, Jeffrey - Scholz, John T. (eds.), *Taxpayer compliance*, Philadelphia, University of Pennsylvania Press, 1989.

Kelsen, Hans, *Esencia y valor de la democracia*, Barcelona, Labor, 1934.

— *Teoría pura del derecho*, México, UNAM, 1982.

Keohane, Robert - Nye, Joseph, *Poder e interdependencia*, Bs. As., Grupo Editor Latinoamericano, 1988.

Kingsbury, Benedict - Krisch, Nico - Stewart, Richard B., *The emergence of global administrative law*, "Law and Contemporary Problems", nº 28, 2005.

Kleinheisterkamp, Jan - Lorenzo Idiarte, Gonzalo A. (coords.), *Avances del derecho internacional privado en América Latina, liber amicorum Jurgen Samtleben*, Montevideo, Fundación de Cultura Universitaria, 2002.

Kriegel, Alberto - Kriegel, Mauricio - Kriegel, Emilio H. - Hermann, Eduard - Osenbrügen, E., *Cuerpo del derecho civil romano*, trad. I. García del Corral, Barcelona, Jaime Molinas, 1889.

Lamela, Pablo F., "El impacto de las redes transgubernamentales en la evolución del derecho administrativo internacional", en AA.VV., *El nuevo derecho administrativo global en América Latina*, Bs. As., Rap, 2009.

Landoni Sosa, Ángel (dir.), *Curso de derecho procesal internacional y comunitario del Mercosur*, Montevideo, Fondo de Cultura Universitaria, 1997.

Lawrence, David M., *Private exercise of governmental power*, "Indiana Law Journal", nº 671, 1986.

Legler, Thomas, "La gobernanza global", en Legler, Thomas - Santa Cruz, Arturo - Zamudio, Laura (eds.), *Introducción a las relaciones internacionales: América Latina y la política global*, México, Oxford University Press, 2013.

Legler, Thomas - Santa Cruz, Arturo - Zamudio, Laura (eds.), *Introducción a las relaciones internacionales: América Latina y la política global*, México, Oxford University Press, 2013.

Lehmann, Matthias, *El reconocimiento: ¿una alternativa al derecho internacional privado?*, "Cuadernos de Derecho Transnacional", vol. 8, nº 2, oct. 2016.

Llerena, Patricia, "Criminalidad organizada trasnacional y finanzas", en AA.VV., *Nada personal. Ensayos sobre crimen organizado y sistema de justicia*, Bs. As., Depalma, 2001.

Lodi-Fe, María D., *Reciprocidad jubilatoria en convenios internacionales*, "Colección Práctica Profesional Jurídica. Jubilaciones & Pensiones", 2015.

López de Miguel, Mariano, *El fundamentalismo islámico. Origen y expansión desde 1979 al 11 de setiembre de 2001*, "Repositorio de la Universidad de Cantabria", https://repositorio.unican.es/xmlui/bitstream/handle/10902/3898/Mariano%20L%C3 %B3pez%20de%20Miguel.pdf.

López de Oñate, Flavio, *La certeza del derecho*, Bs. As., EJEA, 1953.

López Espadafor, Carlos M., *Tendencias y fuentes de la fiscalidad internacional*, "Cuadernos de Derecho Transnacional", nº 11, mar. 2019.

Lorenzetti, Ricardo L., *Fundamentos del derecho privado. Código Civil y Comercial de la Nación Argentina*, Bs. As., La Ley, 2017.

Maekeld, Tatiana, *El desarrollo del derecho internacional privado en las Américas*, www.oas.org/juridico/spanish/tatiana_maekelt.htm.

Mahiou, Ahmed, *Le droit international de la dialectique del rigueur et de la flexibilité (cours général de droit international publique)*, "Recueil des Cours. Collected Courses", vol. 331, 2007.

Mairal, Héctor, "El silencio de los tribunales argentinos", en AA.VV., *El nuevo derecho administrativo global en América Latina*, Bs. As., Rap, 2009.

Mantilla Espinosa, Fabricio - Pizarro Wilson, Carlos, *Estudios de derecho privado en homenaje al profesor Cristián Larroumet*, Bogotá, Universidad del Rosario, 2008.

Mantilla Serrano, Fernando, *La ejecución de laudos anulados y la Convención de Nueva York*, "International Law. Revista Colombiana de Derecho Internacional", nº 15, jul.-dic. 2009.

Marabotto Lugaro, Jorge A., *Un derecho humano esencial: el acceso a la justicia*, "Anuario de Derecho Constitucional Latinoamericano, Instituto de Investigaciones Jurídicas de la UNAM", 2003.

Marzorati, Osvaldo J., *Derecho de los negocios internacionales*, 3ª ed., Bs. As., Astrea, 2007.

Mattarella, Bernardo G., "The influence of european and global administrative law on national administrative acts", en Chiti, Edoardo - Mattarella, Bernardo G. (eds.), *Global administrative law and EU administrative law*, Berlin, Springer, 2011.

Mayer, Pierre, *Le phenoméne de la coordination des ordres juridique étatiques en droit privé (cours général de droit international privé)*, "Recueil des Cours. Collected Courses", vol. 327.

Mendizábal Bermúdez, Gabriela - Kurczyn Villalobos, Patricia, *Apuntes sobre el derecho internacional de la seguridad social y su relación con América Latina*, "Revista Latinoamericana de Derecho Social", t. 25, 2017.

Mendoza García, Eva, *En testimonio de verdad: los signos de los escribanos públicos*, "Baética", 2013.

Meng, Werner, "Recognition of foreign legislative and administrative acts", en *Encyclopedia of Public International Law*, vol. 3, North Holland, Elsevier, 1997.

Mesa-Lago, Carmelo, *Las reformas de pensiones en América Latina y su impacto en los principios de seguridad social*, Santiago de Chile, Cepal, Unidad de Estudios Especiales, Secretaría Ejecutiva, 2004.

Miaja de la Muela, Adolfo, *Derecho internacional privado*, Madrid, Atlas, 1976.

— *Los derechos adquiridos en la doctrina española y el sistema de derecho internacional privado español*, "Anuario Español de Derecho Internacional", 1974.

Morelli, Gaetano, *Derecho procesal civil internacional*, Bs. As., Ejea, 1953.

Moreno Rodríguez, José A., *Derecho aplicable y arbitraje internacional*, Pamplona, Aranzadi, 2014

— "La autonomía de la voluntad en el derecho internacional privado paraguayo", en AA.VV., *Derecho internacional privado. Derecho de la libertad y del respeto mutuo. Ensayos a la memoria de Tatiana B. de Maekelt*, Asunción, Cedep-Asadip, 2010.

Mortari, Vincenzo P., voz "Glossatori", en *Enciclopedia del diritto,* Milano, Giuffré, 1970.

Mosciatti Olivieri, Piero B., *La aplicación del derecho extranjero, teoría del uso jurídico,* "Revista Chilena de Derecho", t. 20, nº 1, 1993.

Muir Watt, Horatia, *Private international law beyond the schism*, "Transnational Legal Theory", vol. 2, 2011, issue 3.

Muir Watt, Horatia - Tusseau, Guillaume, *Fiction juridique, idéologie et gouvernance globale*, "La Lettre de la Recherche à Sciences Po", 2016-06.

Muñoz Conde, Francisco, *Teoría general del delito,* Bogotá, Temis, 1999.

Najurieta, María S., *Coordinación de ordenamientos jurídicos en materia de adopción internacional,* Córdoba, Academia Nacional de Derecho y Ciencias Sociales de Córdoba, 2004.

— *El pluralismo metodológico en el derecho internacional privado actual, ED*, 161-1064.

Nash Rojas, Carlos, *Las reparaciones ante la Corte Interamericana de Derechos Humanos (1988 - 2007)*, Santiago de Chile, Facultad de Derecho, Centro de Derechos Humanos, 2009.

Novissimo digesto italiano, Torino, UTET, 1961.

Nuovo digesto italiano, Torino, UTET, 1938.

Nussbaum, Arthur, *Historia del derecho internacional,* Madrid, Revista de Derecho Privado, 1949.

Ochoa Muñoz, Javier - Madrid Martínez, Claudia, *Problemas de acceso transnacional a la justicia en el derecho internacional privado. Perspectiva latinoamericana*, proyecto de la Asociación Americana de Derecho Internacional Privado (ASADIP), Publicaciones Digitales del XLI Curso de Derecho Internacional de la OEA, en http://www.oas.org/es/sla/ddi/docs/publicaciones_digital_XLI_curso_derecho_internacional_2014.

Oliveira, Dolores, *Inversiones desde paraísos fiscales, la tentación que puede complicar a startups,* "El Cronista", 30/4/2018, www.cronista.com/economia-politica/Inversiones-desde-paraisos-fiscales-la-tentacion-que-puede-complicar-a-startups-20180430-0017.html.

Opertti Badán, Didier, "Características de la moderna cooperación penal internacional en asuntos penales con especial referencia a los últimos desarrollos convencionales en el ámbito multilateral y bilateral", en AA.VV., *Curso de cooperación penal internacional,* Montevideo, Carlos Álvarez, 1994.

— "La asistencia judicial internacional. Un enfoque general. Últimos desarrollos en materia penal", en AA.VV., *Curso de derecho procesal internacional y comunitario del Mercosur,* Montevideo, Fundación de Cultura Universitaria, 1997.

Organización de los Estados Americanos, *Desarrollo del derecho internacional privado,* www.oas.org/dil/esp/derecho_internacional_privado_desarrollo.htm.

Orlando, Pablo, *El derecho penal islámico y su concepción de la pena*, en "Derecho y Humanidades", Universidad de Chile, nº 16, vol. I, 2010.

Osborn, Alex, *Applied imagination: principles and procedures of creative thinking*, New York, Charles Scribner's Sons, 1979.

Oslé, Rafael D., *¿Qué es el derecho global?*, Asunción, Cedep, 2009.

Otero García Castrillón, Carmen, *El alcance extraterritorial del derecho de la competencia y su utilización como medida comercial*, "Gaceta Jurídica de la Unión Europea y de la Competencia", nº 212, mar.- abr. 2001

Oviedo Albán, Jorge, *Ley aplicable a los contratos internacionales,* "Revista Colombiana de Derecho Internacional", nº 21, jul.-dic. 2012.

Pagliari, Arturo, *Derecho internacional y derecho interno. El sistema constitucional argentino*, "Ars Boni et Aequi", Universidad Bernardo O'Higgins, año 7, nº 2.

Pamboukis, Charalambos, *Droit international privé holistique, droit uniforme et droit international privé,* "Recueil des Cours. Collected Courses", vol. 330, 2007.

Pareja, E., *¿Qué es la Sharia?*, "Revista Jurídica de la Facultad de Derecho de la Universidad Nacional de Mar del Plata", año 2, nº 2.

Parra, Antonio, *The Convention and Centre for Settlements Disputes*, "Recueil des Cours" , vol. 374, 2015.

Paulo VI, encíclica *Populorum progressio* (26/3/1967), *http://www.vatican.va/content/paul-vi/es/encyclicals/documents/hf_p-vi_enc_26031967_populorum.html.*

Paz Mesa-Moles Martel, María, *Génesis y formación del derecho internacional privado (una aproximación histórica)*, Madrid, Universidad Rey Juan Carlos, Facultad de Ciencias Jurídicas y Sociales, 2007.

Paz Rubio, José M. - Robredo Barrio, María D. - Bolufer Nieto, Inmaculada, *Tratados internacionales en materia penal,* Madrid, Colex, 1997.

Pérez Noriega, Fernando - Ramírez León, Lucero (coords.), *Memoria del Seminario Internacional sobre Corrupción y Lavado de Dinero*, México, Instituto Belisario Domínguez, Senado de la República, 2011.

Pereznieto Castro, Leonel, *El derecho internacional privado y los derechos humanos,* "Revista de Derecho Privado", cuarta época, nº 12, jul.-dic. 2017.

— *La autonomía de la voluntad en el derecho internacional privado*, "Revista de Derecho Privado", UNAM, cuarta época, nº 10, jul.-dic. 2016.

— *La revolución del derecho internacional privado en el mundo de hoy,* "Anuario Hispano Luso Americano de Derecho Internacional", nº 21, 2013.

Perugini de Paz y Geuse, Alicia, "Derecho internacional privado notarial", en Armella, Cristina N. (dir.) - Esper, Mariano (invest.), *Summa notarial, registral e inmobiliaria*, t. IV, Bs. As., Abeledo-Perrot, 2013.

Peyrano, Jorge W., *Sobre el activismo judicial, LL*, 2008-B-837.

Pillet, Antoine, *Principios de derecho internacional privado*, Madrid, Librería General de Victoriano Suárez, 1923.

Pedrais García de Cortázar, Antonio, *Fundamentos de teoría general del derecho*, Santiago de Chile, Librotecnia, 2014.

Piombo, Horacio D., *Administración de las relaciones internacionales: defectos estructurales*, en AA.VV., "Estudios de derecho internacional en homenaje al profesor Ernesto J. Rey Caro", Córdoba, Marcos Lerner, 2002

— *Estructura normativa del derecho internacional privado. Sistemática de la dimensión normológica*, Bs. As., Depalma, 1984; actualizada en 1987 y 1991.

— *Obras de entes binacionales. Sus proyecciones en el campo del derecho internacional privado*, "Anuario Argentino de Derecho Internacional", t. II, 1978.

— *Proceso de codificación del derecho internacional privado en la Argentina, recepción legislativa del Código Goldschmidt*, "Revista Internacional del Notariado", nº 86, XLI, dic. 1990.

— "Reconocimiento y ejecución de sentencias penales extranjeras", Informe al III Congreso Ordinario de la Asociación Argentina de Derecho Internacional, Corrientes, 1975.

— *Teoría general y derecho de los tratados interjurisdiccionales internos*, Bs. As., Depalma, 1994.

— *Tratado de la extradición*, Bs. As., Depalma, 1997-1999.

Piombo, Horacio D. (coord.), *Doctrinas argentinas de derecho internacional*, Bs. As., Astrea, 2016.

Plazas Vega, Mauricio A., "Métodos para evitar la doble tributación internacional", en AA.VV., *Estudios de derecho internacional tributario. Los convenios de doble imposición*, Bogotá, Legis, 2006.

Preiser, Wolfgang, "History of the law of nations, ancient times to 1648", en *Encyclopedia of Public International Law*, North Holland, Elsevier, 1995.

Priman, Richard - Andreas, Peter, *The illicit global economy and state power*, Maryland, Rowman & Littlefield, 1999.

Pujas, Veronique, "Inmunidad y extradición: obstáculos a la justicia", en Transparency International, *Informe global de la corrupción 2004*, Icaria, 2004.

Quintana Adriano, Elvia A., "Derecho público y derecho privado", en González Martín, Nuria (coord.), *Estudios jurídicos en homenaje a Marta Morineau*, t. I, México, UNAM, 2016.

Rabino, Mariela C., *La constitucionalización en el derecho international privado argentino*, "Revista Jurídica de Buenos Aires", nº 41, 2016.

Rafecas, Daniel, *Una aproximación al concepto de garantismo penal*, "Lecciones y Ensayos", Facultad de Derecho, Universidad de Buenos Aires, t. 80, 2009.

Raffo Magnasco, Benito, *Bien común y política en la concepción filosófica de Santo Tomás de Aquino*, "Actas del Primer Congreso Nacional de Filosofía, Mendoza, Argentina", t. 3, mar.-abr. 1949.

Ramazzini Bechara, Fabio, *Cooperação jurídica internacional em matéria penal. Eficácia da prova produzida no exterior*, São Paulo, Saraiva, 2011.

Ramírez León, Lucero, *El control parlamentario y el rediseño de las políticas públicas*, México, Centro de Estudios Sociales y de Opinión Pública, Cámara de Diputados, 2013.

Randelzhofer, Albrecht, "Nationality", en *Encyclopedia of Public International Law*, North Holland, Elsevier, 1997.

Répertoire Pratique de Législation, de Doctrine et de Jurisprudence, París, Librairie Dalloz, 1925, t. 11, p. 435 y siguientes.

Resa Nestares, Carlos, *Empleo y delincuencia: la historia de una relación contradictoria y el caso del crimen organizado,* "Sistema", nº 140-141, 1997.

— *Evolución reciente de la delincuencia organizada transnacional en España*, www.uam.es/personal_pdi/economicas/cresa/text2.html, 2003.

Restrepo Uribe, Esteban, *Transnacionalización de normas legales, apuntes sobre el caso de la propiedad intelectural*, "Con-texto", 1998-I.

Ricobono, Salvatore, voz "Glossatori", en *Nuovo digesto italiano*, Torino, UTET, 1938.

Roca, María J., *La influencia de la reforma protestante en el Derecho,* "e-Legal History Review", t. 14, jun. 2012 (RI §412120), www.iustel.com/v2/revistas/detalle_revista.asp?numero=14&id=15.

Rodrigo, Ángel - García, Caterina, *Unidad y pluralismo en el derecho internacional público*, Madrid, Tecnos, 2011.

Rodríguez, Mónica S., *Bases de armonización legislativa en materia de salvataje de empresas en el Mercosur*, "Revista Electrónica del Instituto de Investigaciones Ambrosio L. Gioja", II, nº 2, otoño 2008.

Rodríguez Fernández, Ricardo, "El 'agente encubierto' y la 'entrega vigilada' (comentarios a la LO 5/1999, de 13 de enero, de modificación de la ley de enjuiciamiento criminal)", Criminalidad Organizada, reunión de la Sección Nacional Española preparatoria del XVI Congreso de la Asociación Internacional de Derecho Penal en Budapest, Almagro, 1999, Universidad de Castilla-La Mancha, p. 91 y ss., www.cienciaspenales.net.

Rodríguez Prieto, Rafael, *Reseña del libro de Pasquale Stanislao Mancini sobre la nacionalidad*, "Revista Internacional de Pensamiento Político", vol. 2, 2006.

Rodríguez Reyes de Mezoa, Mirian, *La cooperación judicial internacional y la tutela judicial efectiva*, Universidad Central de Venezuela, 2014.

Rooke, Peter, "La Convención de la ONU contra la Corrupción", en Transparency International, *Informe global de la corrupción 2004*, Icaria, 2004.

Rossi, Guido, voz "Glossatori", en *Novissimo digesto italiano*, Torino, UTET, 1961.

Ruiz Díaz Labrano, Roberto, "Friedrich Karl von Savigny y el derecho internacional privado", en AA.VV., *Derecho internacional privado. Derecho de la libertad y del respeto mutuo. Ensayos a la memoria de Tatiana B. de Maekelt*, Asunción, Cedep-Asadip, 2010.

Rundstein, Simon, *L'arbitrage international en matiére privée*, "Recueil des Cours. Collected Courses", vol. 23.

Saggs, H. W. F., *The greatness that was Babylon*, New York, Hawthorn, 1962.

Sagüés, Néstor P., *El "control de convencionalidad", en particular sobre las constituciones nacionales*, *LL*, 2009-B-761.

Saldaña, Quintiliano, *La justice pénale internationale,* "Recueil des Cours. Collected Courses", 1925-V.

Salineros Vidal, Carlos, *Acción internacional en el campo de la seguridad social,* Santiago de Chile, Jurídica de Chile, 1969.

Salmon, Jean, *Quelle place pour l'État dans le droit international d'aujourd'hui?*, "Recueil des Cours. Collected Courses", vol. 347, 2011.

Sampil, Sela, "Exequátur", en *Enciclopedia Jurídica Española*, Barcelona, Seix, 1910.

Sandiford, Roberto, voz "Piratería", en *Novissimo digesto italiano*, Torino, UTET, 1966, t. XIII, p. 111.

Santos Belandro, Rubén, *Viejas y nuevas fuerzas que en el siglo XXI inciden sobre el derecho internacional privado: el territorio, la frontera, la soberanía y los espacios*, "Suplemento de Derecho Internacional Privado y de la Integración", sep. 2013.

Sánchez Lorenzo, Sixto, "¿Cómo cuadrar democracia, globalización y derecho internacional?", en Von Bogdandy, Armin, *Hacia un nuevo derecho público*, México, UNAM, 2011.

— *Estado democrático, postmodernismo y derecho internacional*, "Revista de Estudios Jurídicos de la Universidad de Jaén", nº 10, 2010 –segunda época–, p. 3, https://revistaselectronicas.ujaen.es/index.php/rej/issue/view/49.

Santi, Jorge, "Nacionalidad de las sociedades mercantiles", en Piombo, Horacio D. (coord.), *Doctrinas argentinas de derecho internacional*, Bs. As., Astrea, 2016.

Sanz Gadea, Eduardo, *Medidas antielusión fiscal*, "Inspector de Hacienda del Estado", doc. nº 22/2001.

Saucedo, Ricardo J., *Régimen del notariado en el Mercosur*, Bs. As., Ediciones Jurídicas, 1998.

— *Visión panorámica de los documentos notariales extranjeros desde la República Argentina, con especial referencia a su fuerza probatoria*, "Revista Notarial", nº 955, 2007.

Saux, Edgardo I. (dir.), *Tratado de derecho civil*, Santa Fe, Rubinzal-Culzoni, 2018.

Scotti, Luciana, *El acceso a la justicia en el derecho internacional privado argentino. Nuevas perspectivas en el Código Civil y Comercial de la Nación*, "RED Sociales. Revista del Departamento de Ciencias Sociales UNLu", vol. 3, nº 6, 2016.

— *Estanislao S. Zeballos: maestro de la escuela argentina de derecho internacional privado en la Universidad de Buenos Aires*, www.derecho.uba.ar/publicaciones/libros/pdf/facultad-de-derecho-y-ciencias-sociales-ensenanza-de-su-historia/estanislao-zeballos-maestro-de-la-escuela-argentina-de-derecho-internacional-privado-en-la-uba.pdf.

— "Los escenarios del derecho internacional privado actual: globalización, integración y multiculturalidad", en Fernández Arroyo, Diego - Moreno, José A. (coords.), *Derecho internacional privado y derecho de la integración, libro homenaje a Roberto Ruíz Díaz Labrano*, Asunción, Cedep, 2013.

— *Manual de derecho internacional privado*, Bs. As., La Ley, 2017.

Segarra Tormo, Santiago, "La adecuación de los sistemas de información, la tributación en un contexto de globalización económica", XXXII Asamblea General del CIAT, 2000.

Sevares, Julio, *El capitalismo criminal: gobiernos, bancos y empresas en las redes del delito global*, Bs. As, Grupo Editorial Norma, 2003.

Shelley, Louise, *Maffia and the italian state: the historical roots of the current crisis,* "Sociological Forum", nº 9, 1994.

Siqueiros, José L., *Cooperación procesal internacional. El sistema norteamericano del discovery,* https://archivos.juridicas.unam.mx/www/bjv/libros/7/3343/27.pdf.

Sociedad Latinoamericana para la Calidad, *Brainstorming*, homepage.cem.itesm.mx/alesando/index_archivos/MetodolDisMejoraDeProcesos/LluviaDeIdeas.pdf.

Sommer, Christian, *El reconocimiento y la ejecución en los laudos arbitrales del CIADI: ¿ejecución directa o aplicación del exequatur?*, "Revista Electrónica Cordobesa de Derecho Internacional Público", 2011-I, https://revistas.unc.edu.ar/index.php/recordip/issue/view/38.

Sosa Pinilla, Pedro (coord.), *Facilitación del transporte en los pasos de frontera de Sudamérica, asistencia técnica bilateral y apoyo en la implementación de ejercicios de controles integrados, IIRSA, capítulo V*, www.iirsa.org/admin_iirsa_web/Uploads/Documents/pfd_ftpf2_cap5_fray_bentos.pdf.

Soto, Alfredo M., *Temas estructurales del derecho internacional privado,* Bs. As., Estudio, 2009.

Stewart, Richard B., "Global standards for national societies", en Cassese, Sabino (ed.), *Research handbook on global administrative law*, Cheltenham, Elgar Publishing, 2016.

— *Remedying disregard in global regulatory governance*, "New York University Journal of International Law and Politics", nº 108, 2014.

— *The global regulatory challenge to US administrative law*, "New York University Journal of International Law and Politics", vol. 37, nº 4, summer 2005.

— *U.S. administrative law: a model for global administrative law?*, "AUT Law and Contemporary Problems", nº 68, 2005.

Taiana de Brandi, Nelly A., *El derecho de autoprotección y la eutanasia. El mensaje del papa Francisco de fecha 17 de noviembre de 2017,* "Revista del Notariado", t. 931, www.revista-notariado.org.ar/.

Tanzi, Attila M., *Derecho internacional*, Bs. As., Astrea, 2019.

Tanzi, Vito, *El impacto de la globalización económica en la tributación*, "Boletín AFIP", nº 25, ago. 1999.

Tavares, Juárez, "Los límites dogmáticos de la cooperación penal internacional", en AA.VV., *Curso de cooperación penal internacional,* Montevideo, Carlos Álvarez, 1994.

Teijeiro, Guillermo O., *Estudios sobre la aplicación espacial de la ley tributaria*, Bs. As., La Ley, 2002.

Tellechea Bergman, Eduardo, "Consideración procesal y asistencia judicial internacional", en Kleinheisterkamp, Jan - Lorenzo Idiarte, Gonzalo A. (coords.), *Avances del derecho internacional privado en América Latina, liber amicorum Jurgen Samtleben*, Montevideo, Fundación de Cultura Universitaria, 2002.

— *Propuestas con miras a la profundización y actualización de la cooperación jurisdiccional internacional y el reconocimiento de los fallos extranjeros en el ámbito interamericano*, "Revista Jurídica de Buenos Aires", año 41, nº 93, 2016, p. 33.

Thot, Ladislao, *Historia de las antiguas instituciones de derecho penal: arqueologia criminal,* Bs. As., América Unida, 1927.

Trigueros Saravia, Eduardo, *Estudios de derecho internacional privado,* México, UNAM, 1980.

Toniollo, Javier A., *Enseñanza del derecho internacional privado,* "Revista de la Facultad de Ciencias Jurídicas y Sociales de la Universidad Nacional del Litoral", nueva época, vol. 10.

Torassa, Marcos - Casoetto, Juan P., *Convención Multilateral de Asistencia Administrativa Mutua en Materia Fiscal*, "El Cronista", 26/12/2012, www.cronista.com/fiscal/Convencion-Multilateral-de-AsistenciaAdministrativa-Mutua-en-Materia-Fiscal-20121226-0009.html.

Tusseau, Guillaume, "Reconciling legal pluralism and constitutionalism: new trajectories for legal theory in the global age", International Academia of Comparative Law, XXth General Congress, Fukuoka (Japan), July 22nd-28th, 2018, https://aidc-iacl.org/general-congress/wp-content/uploads/sites/6/2018/06/TUSSEAU-RAPPORT-GENERAL-.pdf.

Transparency International, *Informe global de la corrupción 2004*, Icaria, 2004.

Union of International Associations (UIA), *Yearbook of International Organizations*, https://uia.org/sites/uia.org/files/misc_pdfs/pubs/yb_2017_vol4_lookinside.pdf.

Uzal, María E., *Derecho internacional privado*, Bs. As., La Ley, 2016.

Vallarta Marrón, José L., *Derecho internacional público,* México, Porrúa, 2009.

Varela, Pablo S., "Algunas consideraciones sobre el intercambio internacional de información tributaria", en AA.VV., *Estudios de derecho internacional tributario. Los convenios de doble imposición*, Bogotá, Legis, 2006.

Vazzano, Florencia, *La teoría general del derecho como asignatura necesaria en el plan de estudios de la carrera de abogacía*, "Docencia y Derecho. Revista para la Docencia Jurídica Universitaria", t. 8, 2014.

Vega Carrasco, Miguel, *Breve historia de la Reforma Protestante,* "Descubrir la Historia", nº 11, 2017.

Vettorel, Arianna, *EU regulation n. 2016/1191 and the circulation of public documents between EU member states and third countries = Il regolamento (UE) n. 2016/1191 e la circolazione dei documenti pubblici tra stati membri e paesi terzi,* "Cuadernos de Derecho Transnacional", vol. 9, nº 1, 2017.

Viale, Pablo M., *La efectualidad, una aproximación conceptual,* "DPI Cuántico", 7/6/2017.

Vidal Albarracín, Héctor G., *La subfacturación en importación. ¿Delito o infracción aduanera?*, *LL*, 1996-A-53.

Vidales Rodríguez, Catalina, *Los delitos de receptación y legitimación de capitales*, Valencia, Tirant lo Blanch, 1997.

Vieira, Manuel A., *La cláusula de la nación más favorecida y el Tratado de Montevideo,* "Anuario Uruguayo de Derecho Internacional", t. IV, 1965-1966.

Villalpando, Santiago, "Managing international civil servants", en Cassese, Sabino (ed.), *Research handbook on global administrative law*, Cheltenham, Elgar Publishing, 2016.

Virgos Soriano, Miguel - Garcimartín Alférez, Francisco J., *Derecho procesal civil internacional. Litigación internacional*, 2ª ed., Madrid, Thomson Civitas, 2007.

Volokh, Alexander, *The new private-regulation skepticism: due process, non-delegation, and antitrust challenges*, "Journal of the Federalist Society Practice Groups", nº 15, 2014.

Von Bogdandy, Armin, *Hacia un nuevo derecho público*, México, UNAM, 2011.

Vrellis, Spyridon, *Conflict de coordination de valeurs en droit international privé (a la recherche de la justice)*, "Recueil des Cours. Collected Courses", vol. 328, 2007.

White, Ellen, *El conflicto inminente*, capítulo 13, www.es.amazinghope.net/el-conflicto-inminente/.

Wolff, Martin, *Derecho internacional privado,* Barcelona, Labor, 1936.

Yasuaki, Onuma, *Questioning prevalent cognitive frameworks in the emerging multi-polar and multi-civilizational world of the twenty-first century*, "Recueil des Cours. Collected Courses", vol. 342, 2010.

Ybarra Bores, Alfonso, *La implantación del principio de reconocimiento mutuo en el ámbito de las sanciones administrativas pecuniarias en la Unión Europea*, "Revista Electrónica de Estudios Internacionales", nº 11, 2006.

Zaffaroni, Eugenio R., *No hay seguridad sin libertad*, "Clarín", 20/5/1999.

Zapata de Tamantini, María E. - Tamantini, Carlos A., *El principio de irrenunciabilidad,* "Trabajo y Seguridad Social", nº 14, 1987.

Zaring, David, *Sovereign mismatch and the new administrative law*, "Washington University Law Review", nº 91, 2013.